沖縄の新聞は本当に「偏向」しているのか

安田浩一

JN032255

朝日文庫

本書は二〇一六年六月、小社より刊行されたものに
加筆・修正しました。

沖縄の新聞は本当に「偏向」しているのか●目次

第2章　捨て石にされ、主権を奪われ続ける島　87

沖縄本島の市町村

沖縄県公式HP「沖縄県内の市町村」をもとに作製

沖縄の米軍基地

沖縄県公式HP「沖縄の米軍基地」(2018年5月時点) をもとに作製

原則として、肩書・年齢・組織名、その他データ等の数字は取材当時のものです。敬称は省略しました。

沖縄の新聞は本当に「偏向」しているのか

写真　著者

プロローグ
新聞記者としての「軸足」

彼女は生ビールをぐいっと喉元《のどもと》へ注ぎ込んだ。

ジョッキをテーブルの上に置くと、小さなため息を漏らす。

「偏向だと言われることの意味がわからないんですよ」

那覇市内の居酒屋。私と向かい合って座ったのは「沖縄タイムス」記者の湧田《わくた》ちひろ（33）だった。社会部などを経て現在は学芸部に所属している。

たとえば——と彼女は続けた。

「いまでも本土に住む友人から『沖縄は基地がないとやっていけないのよね』なんて言葉を聞くことが少なくないんですよ」

表情に少しばかりの陰りが浮かんでいる。

「そんな友人からすれば、私が立っている場所が〝偏向〟に見えるのかもしれない。いま、そうした見方が非常にわかりやすい形となって各所で露呈しているんだと思っています」

湧田が記者を志したのは20年前。中学生のときだった。

1995年、沖縄県内で米海兵隊員らが12歳の女子小学生を拉致したうえ、集団暴行するといった事件が起きた。

この暴行事件では日米地位協定の取り決めによって、容疑者である3人が即座に日本側へ引き渡されなかったことも、大きな問題となった。

沖縄県民が抱えていた反基地感情がこれによって爆発した。県議会をはじめ県内各議会において米軍への抗議決議が相次いで採択された。同年10月21日には、宜野湾《ぎのわん》市で、約8万5千人が参加した県民総決起大会が行われる。これによって沖縄に集中する米軍基地の整理・縮小や、地位協定の見直しを求める訴えが高まった。

事件は中学生だった湧田の心を激しく揺さぶった。

同世代の少女が暴行された。住んでいる沖縄が蹂躙《じゅうりん》された。怒りと悔しさで胸が苦しくなった。

「それまでだって沖縄で生きている以上、様々な不条理は見聞きしてきました。でも、少女が暴行されたという事実、そしてあまりにも不平等な取り決めによって米兵はすぐに逮捕もされないのだということをまざまざと見せつけられ、言いようのないショックを受けたんです」

沖縄には不平等、不均衡、そして理不尽な関係のなかで成立しているもうひとつの世界がある。その現実を、日本という国は、日本人は知っているのだろうか。そうした思いが膨らむ一方だった。

だから彼女は記者になることを決めた。地元で記者をしたいと熱望するようになった。沖縄を伝えたい、訴えたい、そして変えたい。

その思いはいまでも変わらない。それは沖縄の現実が、いまだ変わっていないからでもある。あのときの憤《いきどお》りが、悔しさが、消えることのない瘡蓋《かさぶた》として彼女の胸に張り付いたままだ。

地元の高校を卒業して、東京の大学に進んだ。

世間は「ちゅらさん」(NHKの朝ドラ)ブームの中にあった。「本土」の人間にとって、沖縄がぐっと身近に感じられるようになった時期でもある。

沖縄が知られ、興味を持ってもらえることはうれしかった。

だが、それは本当の意味での「理解」には遠かった。

大学の友人が無邪気に尋ねてくる。

「ねえ、沖縄はいまでもみんなゾーリで歩いてるの?」

「もしかして裸足で歩いちゃったりもする?」

彼女が少しばかり困った表情を見せると、友人たちは「いや、冗談だってば」と慌てて話題を変えた。

そう、冗談なのだろう。そうに違いない。友人同士の気楽さから、他愛のない言葉を投げただけなのだろう。それは、わかっている。

しかし、そうした言葉を耳にするたびに気持ちが暗くなった。

「やっぱり、どこかに偏見があったのだと思う。無邪気さのなかに隠されている差別と偏見を垣間見ると、なんともやりきれない気持ちになりました。でも、情けないことに怒ることも反論することもできなかったんですよね」

結局、友人たちと一緒に笑いながら「そんなことあるわけないよう」と、おどけて返すだけだった。

「言い返せなかったんです」。苦笑しながら湧田は泡盛の新しいグラスに手を伸ばした。憤りも悔しさも、まるで他人事のように受け流すことで、どうにか自我を保つしかなかった。

卒業後、沖縄に戻って「タイムス」に入社した。念願の記者となった。沖縄のためにしたいことが、山ほどあった。

しかし、どんなに張り切って仕事をしても、次々と見たくもない風景が網膜に焼き付いていく。笑えない現実に打ちのめされる。

入社して間もないころ、サツ回りを担当するなかで、最初の大事件が米兵によるレイプ事件だった。被害者は女子中学生だった。

「取材しながら吐き気を催してしまいました。犠牲になるのはいつも少女です。悔しくて。やるせなくて」

その後、何度も米兵の犯罪を取材することになる。そうしたリアルな「風景」の積み重ねが、観念論ではなく、現実への怒りとして彼女のなかに蓄積されていく。

少し前のことだ。沖縄に配備されたオスプレイ（垂直離着陸輸送機）の訓練を追いかけた。

「その際、キャンプ・ハンセン（金武《きん》町）の近くにある民家を取材したんです。話を聞いているさなか、ちょうどオスプレイが上空を通過しました。ものすごい爆音でした。それだけじゃなくて、テーブルの上に置かれたコップが、がたがたと小刻みに揺れていたんです」

ガラスのコップはオスプレイの爆音を受けて振動する。まるで目まいを起こしたのかと錯覚させるほどにぼやけて見えた。揺れている、というよりも「震えて見えた」という。

人が、地域が、怒りに震えている。

沖縄は、ずっと揺れている。いや、揺さぶられている。

しかし、それがなかなか「本土」の人間に伝わらない。わかってもらえない。理解されない。

「ですから、沖縄を、あるいは沖縄のメディアを貶《おとし》めるような言葉を耳にしても、私はそれほど驚かないんです」

いまに始まったことではないから、と湧田は続けた。

沖縄は身勝手。基地があってこその沖縄。沖縄の新聞は偏向している。そうした言葉を耳にするたびに思い出すのは「本土」に住む友人たちの顔だ。嫌いじゃない。いつまでも付き合っていきたい。大事な友人たちだ。沖縄を訪ねてくるたびに、忘れずに声をかけてくれる。そして一緒に食事もするし、せっかく訪ねてきてくれたのだから、喜んで島内を案内もする。

でも、友人たちは沖縄を知らない。自分の胸のうちも知らない。

「基地がないと沖縄はやっていけないよね」

どこまでも続く米軍基地の鉄条網を目にしても、友人たちはそう言って、沖縄を知ったつもりになっている。

沖縄への偏見、蔑視は特別なものじゃないと、湧田は繰り返し強調した。

「だからなおさら、沖縄の現状を強く訴えていくことが大事なんじゃないかな。それこそ沖縄の記者の務めだと思うんです。偏見や蔑視の声が大きくなればなるほど、ますますその思いも強くなっています」

国家や米軍といった圧倒的な力を目の前にして、たとえ微力であったとしても沖縄の現実を伝えたいという思いが湧田にある。それが「偏向」だとして、なにが悪かろう。

そもそも対等ではない関係のなかで沖縄は存在している。やられっぱなしの沖縄が、不平等を覆《くつがえ》すための言論を駆使することを批判されるいわれはない。

沖縄の新聞が、沖縄の思いやこだわりを伝えなかったら、いったい誰が伝えてくれるというのか。

基地と隣り合わせの街がある。戦場として9万人を超える住民の命が奪われたという歴史がある。土地を奪われ、犠牲を強いられてきた人がいる。

そして、小さな決意を風化させることなく大人になった湧田のような記者がいる。

「ずっと沖縄に寄り添っていきたい。そんな記事を書き続けたい。そこに軸足を置くべきなんだと、いま、あらためて感じているところなんです」

戦争を知らなくても、戦争へと続く道は目の前にある。オスプレイの爆音で小刻みに「震える」コップもまた、彼女にとって、いや、沖縄にとって、小さな戦場だった。彼女はそれを伝え続ける。

沖縄で生きていくために、沖縄を伝えるために、ぶれるわけにはいかないのだ。

湧田の話を聞きながら、ときにその心情に胸苦しさを覚えながらも、しかし同時に私は彼女が眩《まぶ》しかった。決意と覚悟と自身の揺れをも過不足なく話すことのできる彼女が光って見えた。

誤解のないように付記しておく。湧田はけっして「タイムス」お墨付きのスター記者というわけではない。「反基地」のアジテーターとして認知されているわけでもなく、普段は医療や福祉、子どもの問題などを地道に追いかけている。その日も、手の空いている記者はいないものかと呼びかけたとき、たまたまタイミングよく仕事を終えたばかりの彼女が、酒席に付き合ってくれたに過ぎない。

さらに言えば、沖縄を語ることじたいを、私はことさら美化したいわけでもない。眩しく感じたのは、新聞記者としての「軸足」を、はっきり見てとることができたからだ。

決意や覚悟も時間の経過とともに風化させるがままの私には、それが何よりも羨《うらや》ましかった。

取材の過程で、沖縄にはそうした足腰を持った記者が大勢いることを知った。様々なきっかけや偶然を機会に、沖縄を伝え続ける記者たちがいる。

そして、「偏向」攻撃のなかにあって、それでも地域と関わり続け、走り回っている記者を、今回は私が追いかけた。

それは私にとって沖縄の歴史と「いま」を知ることでもあった。「本土」との体温の違い、風景における格差を確認する作業でもあった。

湧田はなんの気負いもなく、「沖縄に寄り添い続ける」と話した。

20年前に漠然と記者を目指した少女は、いま、地域の鼓動を感じながら沖縄を書き続けている。

その姿を、こころざしを、熱と足音を、私は伝えたい。

湧田の話を聞きながら、あらためて、切実に、そう思った。

〝偏向攻撃〟の渦中にある記者たちを訪ねてまわるようになったのは、そのときからである。

第1章

沖縄に向けられる差別の視線

百田発言に潜む〝嫌沖〟の心理

公園を横切り、丘の上に続く長くて急な階段を上る。真夏の陽射しが容赦なく体に突き刺さる。数えたら120段あった。額に浮かんだ汗を拳で拭《ぬぐ》い、息を切らし、重たい足を引きずるようにして頂上にたどり着いたら、さらに、地球儀を模した球体の展望台が待っていた。ゴールはまだ先だ。中の階段を一気に駆け上って展望台の最上階に立つと、ようやく視界がぱっと開けた。南国の空は吸い込まれそうなくらいに澄んだ紺青色《こんじょう》に晴れている。視界を遮るものはなにもない。

展望台最上階の解き放たれた雰囲気のなか、母子が弁当を広げていた。

嘉数《かかず》高台公園（沖縄県宜野湾《ぎのわん》市）――いま、市民の憩いの場として利用される公園は、かつての激戦地でもある。

公園内には沖縄戦時に住民が避難した洞窟や、日本軍が使用したトーチカが残されていた。トーチカの内部には無数の弾痕があり、ここで激しい戦闘があったことを物語る。

この丘に陣取った日本軍と、それを攻め落とそうとする米軍との間で16日間にも及ぶ激戦が展開された。米兵はここを「死の罠《わな》」あるいは「いまいましい丘」と呼んだという。

そうした戦跡にあって、しかし見晴らしのきく展望台の上は、忌まわしさも忘れるような穏やかで優しい風が吹いていた。

南側には浦添《うらそえ》や那覇の市街地が広がる。西の彼方、海の向こうに浮かんで見えるのは慶良間《けらま》の島並みだ。沖縄本島でも稀有《けう》なビューポイントは、北東の方角に視線を転じたとき、はじめて風景の歪《ゆが》みを網膜に収めることになる。小高い丘の上を流れる心地よい風は、その瞬間、殺伐とした空気に変わり、生々しい現実をくっきりと浮かび上がらせた。

住宅やビルが密集する宜野湾の市街地を目で追うと、あるところからバッサリと、まるで鉈《なた》で乱暴に断ち切ったように街並みが途絶え、その向こう側に広大な滑走路が横たわっているのであった。「世界で最も危険な基地」といわれる普天間《ふてんま》基地だ。

総面積4・806平方キロ。宜野湾市の実に約25％を占有している基地の姿は、まさに戦後の沖縄を象徴する風景でもある。

市街地を分断する形で広がる滑走路は、不自然というよりも、どこか理不尽で暴力的な印象を与えた。いや、これは暴力そのものではないのか。人間の営みを無視するかのようにふてぶてしく居座り、そして周囲を威嚇《いかく》しているように見える。

戦後の70年間。沖縄はこのような暴力を内に抱え、時を刻んできた。

嘉数高台公園の展望台から見た普天間基地＝2015年7月、沖縄県宜野湾市

この日、私にとっては久しぶりの沖縄だった。

それまで何度も仕事で沖縄を訪ねたことはある。基地問題、サミットや知事選などの取材。沖縄戦時の集団自決をめぐる問題で長尺のルポを書いたこともあった。

だが、私は取材者としても、けっして沖縄が抱える諸問題に通暁《つうぎょう》しているわけではないし、特段に深い興味と関心を抱いていたわけでもなかった。数多い取材先のひとつであり、そして、他の地域と同様、仕事で「通り過ぎる」場所のひとつでしかなかった。

それでも、その日は、居ても立ってもいられない気持ちで沖縄へ飛んだ。その少し前から胸の中で何かがざわざわと波打ち、じっとしていることができなかった。

私の場合、取材はいつもそうやって始まる。

暗い穴の中から誰かが手招きしているかのような気配を感じ、自然と足が動いてしまう。使命感でも正義感でもない。まず、現象があり、何も考えることなくそこへ飛び込むことで、あとから理由と理屈が追いかけてくる。

とにかく「風景」を目に収めなければいけないような気がした。沖縄の空気を生身に感じたかった。

傾斜に沿った長い踏みづらからなる階段を上ることとは、取材前の儀式でもあった。

そして、基地を一望する展望台の上で、私はこの暴力と矛盾に満ちた風景を肯定するかのような言説が存在することに、あらためて激しい憤りを覚えていた。

「普天間基地は田んぼの中にあった。周りには何もない。そこに商売になるということで人が住みだした」——作家・百田尚樹《ひゃくたなおき》の言葉である。

基地ができるまでの経緯が端折《はしょ》られたばかりか、近隣住民があたかも「商売目的」で移り住んできたかのような認識を、百田は示したのだ。

これがきっかけで、私は沖縄へ飛んだようなものだった。

ことのあらましを振り返ってみよう。

この暴言が飛び出したのは2015年6月25日、安倍晋三首相に近い自民党の若手国会議員ら約40人が、党本部で開いた勉強会「文化芸術懇話会」の席上である。

講師役として招かれたのが百田だった。

『永遠の0（ゼロ）』（太田出版）、『海賊とよばれた男』（講談社）、『カエルの楽園』（新潮社）などベストセラーを連発する人気作家であり、また「探偵！ナイトスクープ」など高視聴率番組の放送作家も務めるなど、多彩な才能で知られている。

彼がチーフライターをしている「探偵～」は私も好きな番組のひとつだ。

百田の作家としての力量を疑う余地はないし、多くの人から涙も笑いも引き出すことのできる才能を、私は本当に羨ましく思う。

一方、人気作家であるがゆえに、その発言は注目され、ときに物議を醸《かも》してきた。

百田は13年11月から1年3カ月にわたりNHK経営委員を務めたが、在任中の14年2月3日、東京都知事選で元航空幕僚長・田母神俊雄《たもがみとしお》の応援演説に立ち、他の候補者を「人間のクズのようなもの」などと非難、自らを「憲法改正派」としたうえで「南京《ナンキン》大虐殺はなかった」「何も知らない子どもたちに自虐史観を与える必要はどこにもない」などと選挙カーの上から訴えた。あくまでも「個人の信条」としての発言だったが、NHK経営委員の立場にある者が特定候補を公然と支援したことを疑問視する声も強かった。

また、同年5月には自民党岐阜県支部連合会の定期大会に出席した際、軍隊を持たないバヌアツ、ナウル両共和国を「家にたとえると、くそ貧乏長屋で、泥棒も入らない」

と発言。さらに翌6月には静岡市で行われた講演でも日教組を「日本のがん」とするなど、暴言、放言の類いは続いた。

そんな百田を「文化芸術懇話会」が講師として招いたのは「シナリオライターとして画面の向こうの視聴者に働きかけるテクニックを学ぶ」ことが目的だったという。

もちろん「テクニック」だけが注視されたわけではなかろう。一連の発言からもわかるように、百田は自民党総裁選で安倍への支援を表明するなど、安倍政権との「近さ」はよく知られている。安倍とは共著本も出版したことがあった。そうした〝距離感〟が認知されていたからこその人選であろうことは間違いない。

いわば〝同志〟ともいうべき者たちとの集まりでもある。政治的な立ち位置を同じくする気安さから、緊張を欠いた部分もあったのだろう。案の定、百田の発言は報道陣の同席が許された冒頭の2分間で、早くもメディア全体に対する挑発的な物言いとなった。

自己紹介の挨拶を終えた百田は次のように述べた。

「マスコミの皆さんに言いたい。1分間しかおられないので、しっかり言いたいのですが、まず公正な報道をお願いします。それプラス、日本の国を自分たちの報道でいかによくしていくか、この気持ちをしっかり持ってもらいたい。反日とか売国とか、日本を貶めるために書いているとしか思えない記事はやめていただきたい」

その後、報道陣は部屋から退出し、百田の講演会がはじまった。講演内容は集団的自衛権などの話題が中心で、少なくともその時点で沖縄やメディアについて触れられることはなかったという。

百田のみならず、出席議員からも問題発言が相次いだのは、講演後の質疑応答の場面だった。

暴言の口火を切ったのは衆院議員の大西英男だ。かつて女性議員に対し「まず自分が子どもを産まないとダメだぞ」とヤジを飛ばしたことで知られる議員である。

「マスコミを懲《こ》らしめるには、広告料収入がなくなるのが一番」と前置きしたうえで、こう続けた。

「政治家には言えないことで、安倍晋三首相も言えないことだが、不買運動じゃないが、日本を過《あやま》つ企業に広告料を支払うなんてとんでもないと、経団連などに働きかけしてほしい」

「文化人」への懇願という形をとりながら、明らかに報道への圧力を示唆したものだった。

これに続けて発言したのは同じく衆院議員の井上貴博だ。

「福岡の青年会議所理事長のとき、マスコミを叩《たた》いたことがある。日本全体でやらなきゃいけないことだが、スポンサーにならないことが一番（マスコミは）こたえることがわかった。経団連も商工会も〝番組ワースト10〟とかを発表して、それに（広告を）出している企業を列挙すればいい」

過去の〝成果〟を誇示したのみならず、経済界の主観で「ワースト」を判断し、その対象となった企業を晒《さら》しあげろと述べているのだ。

この2人の発言だけでも、けっして尋常とは言えまい。「自由」と「民主」を謳《うた》う党の人間とは思えない暴論だ。この議員たちは国家に管理された大本営発表こそが理想の報道だと考えているのだろうか。

そしていよいよ「沖縄」が飛び出す。

前出2人の議員に続いて声を上げたのは、やはり衆院議員の長尾敬だった。

「沖縄の特殊なメディア構造をつくったのは戦後保守の堕落だ。(百田)先生なら沖縄の歪んだ世論を正しい方向に持っていくために、どのようなアクションを起こすか。左翼勢力に完全に乗っ取られているなか、大事な論点だ」

沖縄における「世論の歪み」は、沖縄メディアの「特殊」性にあると断じたうえで、百田に助言を求めたのである。

これに対し、百田は次のように答えた。

「私も沖縄は、あの二つの新聞社がめっちゃ頭に来てね。僕ね、琉球タイムス（ママ）でしたか、一回記事に大きな見出し書かれてね。『百田尚樹、また暴言』って。『また暴言』はないやろって。本当にもう、あの二つの新聞社から私は目の敵《かたき》にされているんで。まあほんとに、沖縄のあの二つの新聞社はつぶさなあかんのですけども」

これが「つぶせ」発言の全容である。

しかし、沖縄への言及はさらに続く。

「沖縄県人がどう目を覚ますか。あってはいけないことだが、沖縄のどっかの島でも中国にとられてしまえば目を覚ますはず」

「もともと普天間基地は田んぼの中にあった。周りに何もない。基地の周りが商売になるということで、みんな住みだし、いまや街の真ん中に基地がある。騒音がうるさいのはわかるが、そこを選んで住んだのは誰やと言いたくなる。基地の地主たちは大金持ちなんですよ。彼らはもし基地が出て行ったりしたら、えらいことになる。出て行きましょうかと言うと『出て行くな、置いとけ』。何がしたいのか」

「米兵が起こした犯罪よりも、沖縄人が起こしたレイプ犯罪のほうが、はるかに率が高い。例えば米兵が女の子を犯した。それで米兵は出て行けと言う。じゃあ、高校生が町の女の子を犯したらその高校を全部撤去するのか」

正直、これら発言を書き起こすことにも躊躇《ちゅうちょ》する。後に百田は「冗談で言ったこと」だと抗弁したが、たわむれの軽口にも限度というものがあるはずだ。

沖縄に根差す言論が否定されただけではない。言葉で生きている作家が、ネットで流布している虚偽に満ちた言説を丸呑《の》みし、少しの懐疑も見せることなく言い放った。透けて見えるのは沖縄への「蔑視」だ。地域に生きる人の営みを無視した、差別と偏見だ。

「発言」の真意について、できれば百田から直接に話を聞いてみたかった。結果から言えば、百田は取材を受けることを拒んだ。無視されたわけではない。取材を申し込んだ本書の編集者も、そして私も、百田からは「いまは時間的に余裕がない」といった内容のメールを受け取っている。けっしてぞんざいに断ってきたわけではなく、文面じたいは誠実さを感じさせるものであったことは強調しておきたい。

ちなみに百田は著書『大放言』（新潮新書）で、「放言は一つの文化」と前置きし、次のように記している。

〈放言は、常識に対するアンチテーゼであり、現状における問題提起であり、過激な提言であった。またしばしば毒舌的であり、ユーモラスで知的な面もあった〉

〈放言を笑って聞くだけの度量のある社会にしようではないか。一見、無茶苦茶な意見に聞こえる「放言」であっても、そこには一分の真実と魂があるはずだ〉

その「放言」が国家権力など強き者に向けられたのであれば、その通りだろう。たとえば、言論の自由が認められない旧共産圏や独裁国家で、庶民の言葉は武器のひとつだった。国家や権力者を嘲笑し、揶揄《やゆ》し、毒を吐くことこそが抵抗だった。ときにユーモラスに、ときに辛辣《しんらつ》に「放言」を繰り出すことで、独裁者の無力化を図った。「放言」や「暴言」に光り輝く一瞬があるとすれば、それは、百田が言うところの「魂」が抵抗の手段として用いられるときである。

だが、彼も自民党議員も権力の側に立ち、安全圏から弾《たま》を放った。

そもそも「笑って聞く」ことのできる話なのか。百田や自民党議員の口から飛び出した言葉の数々は、ユーモアの欠片《かけら》さえみることのできない、ネットにおける中傷コメントとさほど変わりはない。

実際「嫌韓」ならぬ「嫌沖」の言説は巷《ちまた》にあふれている。身勝手、左翼の島、反日。一部保守論壇やネットを中心に流布するこうした「嫌沖」の言葉を何の検証もなくなぞっただけにすぎない。誇張、デマ、ときには妄想をも動員する「ネトウヨの作法」そのものだ。

撃ち込まれたのは圧倒的な力によって人権すら脅かされてきた人と地域である。沖縄は歪められ、侮辱され、貶められたのだ。

そこに「笑って聞くだけの度量」を求めるなど、お門違《かどちが》いも甚だしい。一方的に殴られた側を「そのくらい耐えるもんだ」と突き放すようなものだ。

これは百田個人の問題ではない。いや、百田の発言は「わかりやすさ」という点で抜きんでただけであり、真に問われるべきは、その〝仕掛け〟に関わった者たちだ。

用意された舞台がそもそもキナ臭いではないか。

文化芸術懇話会——設立趣意書によると、芸術家との意見交換を通じ「心を打つ『政策芸術』を立案し、実行する知恵と力を習得すること」を目的としている。

文化芸術統制に血道を上げたナチスドイツを連想したのは私だけではあるまい。

ナチスは「文化芸術」をプロパガンダとして利用した。その価値観に合致せぬものは「退廃」とされ、排除の対象となった。

特定の価値観に基づく芸術文化を推進しようとする試みじたいが、ファシズムのにおいを発散させている。「政策芸術」なる文言を用い、政治に文化を取り込もうとすることじたい、ナチスドイツをはじめとする独裁国家の常套《じょうとう》手段である。

だからこそ「度量のある社会に」などという百田の言葉にも余計に鼻白む。

仕掛けたのは政権政党である自民党の議員たちだった。しかも同懇話会代表（当時）の木原稔（衆院議員）をはじめ、所属議員の多くは価値観という点で安倍首相と近い関係にあり、会合は党本部で行われたものだった。

彼らは権力中枢から言論統制を正当化させるような言葉を放ち、手垢《てあか》のついた〝沖縄攻撃〞と〝報道圧力〞を繰り返したのだ。異常な会合だったと言わざるを得ない。

たとえばこの丘の上に立ち、分断された市街地を見下ろし、広大な基地を視界に捉え、あるいは荒れ果てたトーチカと弾痕を目にしても、同じ言葉を繰り返すのであろうか。

歴史は無視され、現実は捏造《ねつぞう》された。

湿気を含んだ南国の風に吹かれながら、私は丘を下りた。下り坂ではあっても、往路と同じく足取りは重い。沖縄の空は残酷だ。解き放たれたような輝きを見せつけて、歪んだ現実をも影のように映し出す。

偏見を増幅させる「言葉と空気」

突然に訪ねたにもかかわらず、上江洲《うえず》安徳《あんとく》（80）は嫌な顔ひとつ見せることなく私を家のなかに招き入れてくれた。

普天間基地のすぐ近く、滑走路がすぐ目の前という場所に住んでいる。

ふかした紅芋とさんぴん茶がテーブルの上に並んだ。

芋をつまみながらの雑談も、しかし、長くは続かない。

上江洲は私の目を見据え、訴えた。

「ずっと、鉄条網の中で生きてきたんです」

どこか寂しげな声だった。

「あなたは、鉄条網に囲まれているのが米軍基地だと思っているでしょう。違います。逆ですよ。私たち沖縄の人間こそが、鉄条網に囲まれた中で暮らしているんです」

上江洲は苦渋に満ち満ちた表情を見せる。

いまは滑走路となっている基地の北端に、子ども時代の思い出が詰まっているのだという。

かつて――そこには石大工を営む生家があり、集落の中を美しい松並木が通り、そして学校や郵便局、商店、旅館、闘牛場、役所があった。

1945年4月、米軍が沖縄本島に上陸した。上江洲が10歳のときである。戦火を逃れるため北部の今帰仁《なきじん》村に疎開した。終戦を迎え、その後数カ月は同地の米軍収容所で暮らした。冬になってようやく故郷の宜野湾に戻ってきたが、生家に近寄ることができなかった。米軍によって張り巡らされた鉄条網が行く手を阻んだのである。

地域一帯を米軍が接収し、飛行場がつくられていた。

仕方なく生家に近い鉄条網の外側で暮らすようになり、現在に至った。帰るべき故郷を米軍に奪われ、基地にへばりつくような生活を余儀なくされている。

先祖代々の墓は、いまも基地の中にある。だが自由に墓参りすることもできない。

「いちいち米軍の許可をもらわないとならないんですよ」

そう言って上江洲は一枚の書面を私に手渡した。

「Request for permission to enter United States Forces facilities and areas」と題されたこの書面、米軍基地内への「入域許可申請書」である。

事前に市役所と米軍基地司令官宛てにこれを提出し、およそ1週間後に許可が下りてようやく墓参が可能となるのだ。

「屈辱ですよ。腹立たしい。そして悔しくて仕方ない。なぜ、自分の祖先の墓参りに許可が必要なのか」

墓は自宅から目と鼻の先にある。距離は近いのに、鉄条網が立ちはだかる。しかも、わざわざ「お伺い」を立てねば中に入ることができない。

「そのうえ警備上の理由から数キロ離れた基地南端のゲートを通って墓に向かわないとならないんです」

地元では、この〝遠回り〟をめぐるエピソードには事欠かない。

かつて、基地の西側に位置する民家で火災が発生した。そのころ消防署は基地の東側にしかなかったので、消防車は司令部の許可を得たうえで、基地内を横切って消火に向かった。さすがに緊急車両の通行だけは事前に一報を入れれば許されていた。しかし、サイレンを鳴らして基地内を走行中の消防車を、米軍ジープが止めた。訝《いぶか》る消防署員に対し、米兵はこう告げたという。

「基地内を走る日本の車両は制限速度が時速15キロと定められている。速度オーバーだ」

一刻を争う状況でありながら、米軍は地域住民の人命よりも基地内の秩序を優先したのである。以来、消防車は基地の反対側で火事が発生しても、基地内を横切ることはせず、鉄条網へ沿うように〝遠回り〟して現場に向かうようになったという。数倍もの距離を走ることになっても、そのほうが早く到着することができたのだ。

「地域住民の命がいかに軽視されているか、ということですよ。だいたい、米兵は自由に鉄条網を乗り越えることができても、

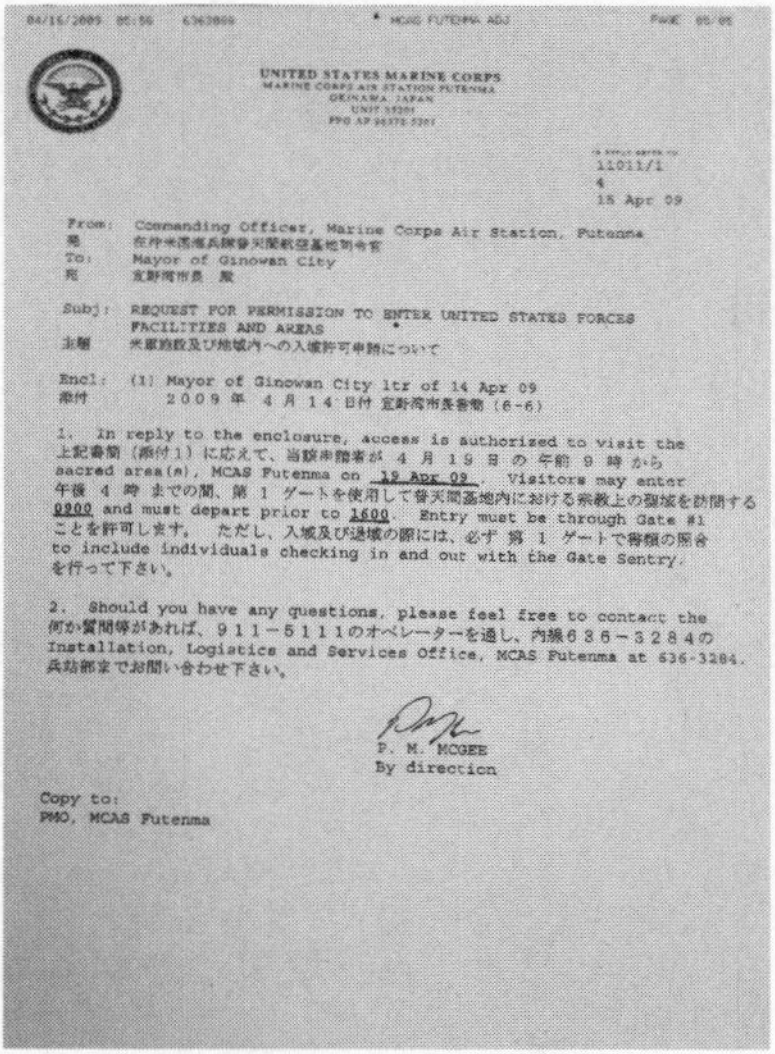

UNITED STATES MARINE CORPS
MARINE CORPS AIR STATION FUTENMA
OKINAWA, JAPAN

11011/1
4
15 Apr 09

From: Commanding Officer, Marine Corps Air Station, Futenma
発　在沖米国海兵隊普天間航空基地司令官
To: Mayor of Ginowan City
宛　宜野湾市長 殿

Subj: REQUEST FOR PERMISSION TO ENTER UNITED STATES FORCES FACILITIES AND AREAS
主題　米軍施設及び地域内への入域許可申請について

Encl: (1) Mayor of Ginowan City ltr of 14 Apr 09
添付　2009年4月14日付 宜野湾市長書簡（6-6）

1. In reply to the enclosure, access is authorized to visit the sacred area(s), MCAS Futenma on 19 Apr 09. Visitors may enter 0900 and must depart prior to 1600. Entry must be through Gate #1 to include individuals checking in and out with the Gate Sentry.
上記書簡（添付1）に応えて、当該申請者が4月19日の午前9時から午後4時までの間、第1ゲートを使用して普天間基地内における宗教上の聖域を訪問することを許可します。ただし、入域及び退域の際には、必ず第1ゲートで書類の照合を行って下さい。

2. Should you have any questions, please feel free to contact the Installation, Logistics and Services Office, MCAS Futenma at 636-3284.
何か質問等があれば、911-5111のオペレーターを通し、内線636-3284の兵站部まで問い合わせ下さい。

P. M. MCGEE
By direction

Copy to:
PMO, MCAS Futenma

普天間基地への入域許可証

私らが同じことをしたら即座に逮捕されてしまう。だからこそ、鉄条網に囲まれているのは私たちなんです。私たち住民が隔離されているに他ならない」

それでもあえてそこで暮らしているのは、生まれ育った場所に近いからという以外に理由はない。上江洲だけじゃない。多くの人が、鉄条網の外に叩き出された。だから、鉄条網にしがみつくように生きているのだ。そうするしかなかった。先祖から受け継いだ土地の、せめて近くに住んでいたいという思いは、当たり前の感情ではないのか。

私はおそるおそる尋ねた。「商売のために住み着いた」という百田発言を聞いたときにどう思ったのか――と。

上江洲はまた深くため息を漏らし、こう答えた。

「憤りよりも虚《むな》しさでその場に崩れ落ちそうになったよ」

そう言って力なく笑った。

「情けないというか、悲しいというか。結局、本土の人には私たちの思いが何も伝わっていないのかなあと。この基地の中に、私たちの〝暮らし〟が存在したことなど、少しも理解されてないのかと思うと、戦後の時間っていったい何だったのだろうと思わざるを得ないんです」

もともと何もなかった土地に米軍が基地を建設したわけではないのだ。

在沖米軍基地の始まりは、住民が捕虜収容されている間、米軍が勝手に必要な土地を鉄条網で囲い込み、それこそ「銃剣とブルドーザー」と形容される剝き出しの暴力によって強権的に接収したことにある。

普天間基地の敷地内には、かつて10の集落が存在し、約9千人が住んでいた。地域には豊富な湧水があり、それを生かして芋やサトウキビの耕作も盛んに行われていた。

集落のひとつである神山《かみやま》に住んでいた人たちが編んだ郷土史『神山誌』によると、戦前には立派な屋敷が整然と並んでいたという。地元の人は「ウチカイ美《ちゅ》らさ」と呼んでいた。「ウチカイ」とは家並みを意味する。

集落内には東西に七つ、南北に五つの通りが碁盤の目のようにつくられていた。近くには国の天然記念物にも指定された美しい松並木があり、住民の目を楽しませた。

米軍が強制接収するまで、一帯は宜野湾の中心地であり続けたのだ。

『神山誌』には次のような記述がある。

〈本土並みと言えば道路こそ狭くて、うっそうとした木々に囲まれていたが京都風の碁盤の目のような街並みの風情を思わせる「ウチカイ美らさ」の神山集落であった〉

地元住民を収容所に送り込んだ後、そのような場所で基地建設が強行されたのである。

いわば火事場泥棒的に〝強奪〟されたといってもよい。占領下の民間地奪取を禁ずるハーグ陸戦条約（戦時国際法）付属規則46条違反でもある。

さらに言えば、第1海兵航空団司令部が岩国基地（山口県）から移駐したのは76年のことだ。このとき、宜野湾市（62年に市制移行）はすでに人口が5万人を超えていた。市街地である場所に、わざわざ海兵航空団の側がやってきたのである。

つまり、「田んぼしかなかった場所に基地ができた」「商売目当てに基地周辺に人が集まった」といった言説は事実無根のデマだ。

「そのような経緯を知っていても知らなくとも、いずれにせよ『田んぼしかなかったところに後から人が住みだした』なんて発言は、地域住民をバカにしたものですよ。ただね……」

上江洲はそこで言葉を区切り、私の顔を覗《のぞ》き込むようにしてから続けた。

「百田さん個人の問題ではないでしょう。別に目新しい暴言じゃない。人気作家の言葉だからこそ問題になっただけなんじゃないですか？」

その通りだと思う。私もそう返した。これはけっして「百田問題」ではない。

「このところ、沖縄への偏見を増幅させる空気みたいなものが本土から伝わってくる。生まれた場所に帰ることのできない住民がいることを正当化するような言説も珍しくなくなりましたよね。だからこそ、本土の人間が表だって口にすることはできない考えを作家が代弁しただけじゃないんですか」

上江洲は沖縄をめぐって流布する「言葉と空気」を感じている。うっかり飛び出てしまった「暴言」が問われているわけではないことを知っている。

だから――と、上江洲はさらに続けた。

「辺野古《へのこ》の新基地建設も同じことです。これだって、要するに強権的につくろうとしている点では70年前と変わりません。そりゃあ、土地を返してほしい。切実にそう思います。しかし、たとえば普天間の飛行場が辺野古に移設したところで気持ちが晴れるわけではない。沖縄の人間が鉄条網に囲まれて生きていく状況が続くのですから」

市街地の中にある普天間基地が「世界一危険」であることは誰もが認識している。政府はそのことを表向きの理由として「移転が必要だから辺野古での基地建設を認めろ」と要求している。辺野古移設こそが「唯一の解決策」だと繰り返している。つまり、それが嫌ならば米軍が普天間に居座り続けても仕方ないということだ。まさに一種の脅迫ではないのか。

しかも、辺野古は沖縄の歴史において初めて、日本が「自ら差し出す」ものである。「本土」に存在する米軍基地は、そのほとんどが旧日本軍の基地だった。だが沖縄の米軍基地は旧日本軍が使用した区域に止《とど》まらず、民間地を強奪してできたものだ。もしも辺野古沖を埋め立て、そこに基地ができたならば、新たな国有地が生まれることになる。沖縄は国の持ち物に干渉することはできない。それは沖縄の主体的な意思が剝奪《はくだつ》されると同時に、基地の固定化をも意味する。

〝沖縄攻撃〟は、こうした文脈の上で成り立っている。国がすることに逆らうな――新基地建設に反対する沖縄県民を「売国奴」と罵《ののし》るような世論が、作家や政治家、一部メディアによって煽《あお》られているのだ。

しかもそこに動員されるのは怪しげなネット情報と、行き先を求めてさまよう人々の憎悪である。

これが終戦から70年を経てたどり着いた地平なのか。だとすれば、第2次大戦で民間人を巻き込んだ国内最大の地上戦が行われ、甚大な被害を受け、いまなお在日米軍基地の74％を引き受けている沖縄への、なんという仕打ちだろう。

さらに、その仕掛けとして用意されたのが報道圧力だった。沖縄の新聞は偏向している、つぶせ――。偏向報道批判は沖縄攻撃の亜流であり、容易に国へ従うことのない沖縄への苛立《いらだ》ちでもある。

おそらく、標的として最もわかりやすい存在のひとつがメディアなのだろう。

メディアを〝叩く〟ことで、戦後の日本が少しずつ勝ち取ってきた人権意識を覆そうとする動きが広まっている。それは戦後という時間に対するバックラッシュとも言えよう。

しかも、その担い手はいわゆるネトウヨなどをはじめとする自称・草の根保守主義者のみならず、国家権力のど真ん中にも生息する。上と下で呼応しながら、排他的な気分をつくりだす。

そうした者たちにとって、沖縄の民意を代表する二つの新聞、「琉球新報」と「沖縄タイムス」は、まさに「敵」として認知されている。

「敵」を発見して、「敵」を吊るす――いま、日本中がそのような気分に満ちているなか、沖縄のメディアに矛先が向けられているのだ。偏向報道批判と沖縄攻撃は同じ文脈の上に成立している。

上江洲がぼそっと漏らした言葉が頭から離れない。

「日本がどんどん遠くなる」

もうひとつの鉄条網が「本土」と沖縄を分断している。基地と隣り合わせで暮らしてきた上江洲の視界には、それがしっかりと映り込んでいる。

「失言・暴言のレベルではない」

上江洲の自宅を辞去し、私がすぐに向かったのは「琉球新報」本社だった。どうしても会っておきたい人物がいた。同紙編集局次長の松元剛《まつもとつよし》（50）である。

このとき、「百田発言」が飛び出してからまだ1週間も経っていなかった。何はともあれ一方の〝当事者〟である沖縄紙記者の声を聞きたかった。そのとき私が真っ先に思い浮かべたのが松元だった。私にとって数少ない沖縄紙記者の知り合い、ということもある。

那覇市の国道58号沿い、新都心地区に近い同紙本社（当時）を訪ねると、1階のロビーで松元はすでに私を待っていた。

「おかげさまで忙殺されてますよ。ほんと、バタバタしていてすみません」

挨拶もそこそこに、まさに「バタバタ」と足音を立てるような感じで松元は私を編集局の応接室に案内した。精悍《せいかん》な顔つきは相変わらずで、やり手記者特有のせっかちで前のめりの姿勢がいかにも松元らしい。

松元と初めて会ったのは2012年8月、日本ジャーナリスト会議（JCJ）が主催するJCJ賞贈賞式の会場（東京・日本プレスセンター）だった。その年、松元をキャップとする「新報」の米軍普天間飛行場返還移設問題取材班は、同問題をめぐる一連の報道で、そして私も拙著『ネットと愛国』（講談社）でJCJ賞を同時受賞した。

懇親会の席で松元ら取材班の面々と顔を合わせ、軽く酒を飲んだ。その際、沖縄の置かれた現状を語る松元の〝熱〟に、私は圧倒された。けっして雄弁というわけではない。しかし受賞の喜びよりも基地問題に翻弄《ほんろう》される側の憤りを訴える松元の生真面目な表情が、私を打った。この男に睨《にら》まれたら政府高官であろうと、そこらへんのコソ泥であろうと誰もが観念してゲロってしまうのではないかという凄《すご》みを感じた。

このとき「新報」取材班の受賞の決め手となったのは、沖縄防衛局長によるオフレコ発言をあえて紙面で報じたことだった（この件に関しては後に詳述する）。文句なしのすっぱ抜きであったが、同業他社からは「オフレコ破りはルール違反」といった批判も寄せられていた。私の知り合いの全国紙記者のなかにも「信義を破ったのだから本当の〝抜き〟とは言えない」と口にする者がいた。

こうした批判に対し松元は「書くことで責任を果たす。守るべきは読者の利益」だと断言した。その「信義」の置き方に、私は記者としての覚悟を感じた。以来、松元には大きな信頼を寄せている。

応接室のソファに腰掛けると、松元は手にした新聞をどさっとテーブルの上に広げた。「百田発言」が問題化してから数日分の新聞だった。

〈自民　県内2紙に圧力〉という6月27日付、1面トップの大見出しが真っ先に目に飛び込んできた。

「あまり使いたくない言葉だけど」

松元はそう前置きしたうえで、こう続けた。

「問題の本質は沖縄に対する蔑視、差別だと思うんです。一作家の失言や暴言というレベルで捉えるべきものじゃない」

松元は憮然《ぶぜん》とした表情を浮かべていた。おそらく本気で怒っていた。

「馬鹿にされているんだと思いますよ。そうした意図を感じるんです。政権にとって都合の悪い言論が、政権によって封殺されようとしている」

そう言いながら松元は、新聞を一枚一枚めくっていく。

〈沖縄蔑視あらわ〉
〈誤認甚だしい〉
〈言論封殺露骨に〉
〈怒り越えあきれ〉

〈報道圧力看過できぬ〉

記事の見出しが次々と目の前を流れていく。同紙は連日、総力を挙げてこの問題を報じてきた。真正面から向き合い、抵抗する姿勢がこれでもかと伝わってくる。

「許容できるわけがないですよ。無知と無責任、傲慢《ごうまん》な目線が照らし出されたんですからね」

「つぶせ」とまで言われたのだから当事者として怒るのは当然だ。しかし松元の怒りはそこだけに向けられているわけではなかった。

デマに基づいた事実誤認はもちろんのこと、自民党議員から沖縄をめぐるメディア構造と世論が「歪んでいる」と言われたことに、なにより腹を立てていた。

「沖縄県民が地元紙に影響され、いや、マインドコントロールされ、〝歪んだ〟世論ができあがっているかのような言説が飛び交うことに、心底、あきれました。暴論もいいとこですよ。言うなれば、沖縄県民には主体的な判断能力がないと見下すようなものです。県民をなめている。県民を愚弄《ぐろう》し、侮辱するものです。我々の側にだって、世論をコントロールしてやるなんて意識はないですよ。そんな傲慢な姿勢があれば、とっくに読者から見放されているはずです」

苛立ちを隠すことなく話す松元の姿は、４年前、東京で「読者を裏切ることはできない」と力説したときのそれと重なった。どっちの方向に足を向けて仕事をするべきか、松元はいつも自身に問うている。

「結局、いつだってそうなんです。沖縄で何か問題が発生し、それが政府の思惑通りに進まないと、必ずと言ってよいほど同じような言説が流布される。つまり、自らの危機感を沖縄の新聞批判にすり替えることで、民意を矮小化《わいしょうか》するという手だてです。いや、本当に、いつものことですよ」

松元はいくつかの事例を示した。

「沖縄のメディアが言ってることが県民すべてを代表しているわけではない」

13年3月、自民党国防部会・安全保障調査会合同会議でこう発言したのは同党議員の小池百合子だった。

小池は沖縄担当相時代の06年にも「沖縄とアラブのマスコミは似ている。超理想主義で明確な反米と反イスラエルだ。それ以外は出てこない」「往々にして現実と遊離しがちで、結果として問題に直面すると、オール・オア・ナッシングに陥ったり、大衆行動に頼るだけになってしまう」と講演で述べた〝前科〟もある。

95年の米軍人による少女暴行事件の後、当時の大田昌秀知事は米軍用地の提供に関連する代理署名を拒んだため、政府は自治体が協力を拒絶した場合でも国の権限で基地が継続使用できるように、米軍用地特措法を改定した。その際に行われた衆院安保土地特別委員会で、政府側参考人として呼ばれた田久保忠衛・杏林大教授（当時）は次のように述べている。

「この二つの新聞（※『琉球新報』と『沖縄タイムス』のこと）は、はっきりいって普通の新聞ではない。これをきちっと批判すべきだ」

また同じ委員会で新進党議員（当時）の西村眞悟は「沖縄の心がマインドコントロールされている。言論が封殺されている」と話した。

2000年には自民党幹事長（当時）の森喜朗がやはり、「沖縄の新聞は共産党に支配されている」などと地元石川県の講演で発言している。

最近の事例も挙げておこう。

14年11月9日、安倍内閣の応援団を自称する評論家の櫻井よしこは、豊見城《とみぐすく》市で「沖縄のメディアは真実を伝えてきたか？」と銘打った講演を行った。

以下はその際の発言である。

「『朝日新聞』は悪い新聞です。慰安婦のことで大嘘をついて、福島第一原発の吉田所長のことでも大嘘をついていました。それと同じくらい悪いのが『琉球新報』と『沖縄タイムス』です」

「『琉球新報』『沖縄タイムス』の記事は、『日本を愛するという気持ちはない』としか読めない」

「あの人たち（地元2紙）が国政に影響を与えることがあってはいけないのですけれども、ここで、この新聞を読んでいる方、ちょっと手を挙げて。……たいがいの人がとっている。『琉球新報』や『沖縄タイムス』に代わる新聞がなかなかない。できたら、本土の比較的まともな『産経新聞』とか『読売新聞』みたいな新聞が、ここでも定着していくといい」

櫻井はそのうえで沖縄2紙の「不買運動」も呼び掛けたのであった。

そして「百田発言」から1年近くが経過した16年5月にも、またもや耳を疑うような暴言が飛び出している。

「沖縄には『琉球新報』と『沖縄タイムス』という、あきらかにおかしな新聞社が2社ございます。これ、つぶれろと言って非難を浴びた有名な作家もおられますが、これは本当につぶれたほうがいいと思っています」

そう言ってのけたのは神奈川県議の小島健一（自民党）だ。東京都内で開催された沖縄県祖国復帰44周年記念集会での発言である。

新聞批判だけであれば「百田発言」の焼き直しに過ぎなかったが、問題はこの後である。小島は沖縄の基地問題に言及し、以下のように続けた。

「基地反対だとかオスプレイ反対だとか毎日のように騒いでいる人がいます。これを基地の外にいる方ということで『きちがい』と呼んでおります」県議の看板を背負った人物とは思えぬ下劣な暴言である。

政府と沖縄の間に溝が生じたとき、あるいは沖縄が政府の意に沿わない世論を生み出すとき、こうした声が政府やそこに近い場所から響いてくる。

「うちの新聞だけでなく、タイムスさんも含めて、沖縄地元紙は確かに基地問題では政府に厳しい論調をとっています。でもそれはイデオロギーでもなければ、商いの手段でもない。戦争と差別と基地問題に翻弄されてきた沖縄にあって、それは新聞の骨格であり、軸足なんです」

その後、私は多くの記者から同じ言葉を聞くことになった。

骨格と軸足――沖縄で生きる記者の体に染みついた、一種の〝たたずまい〟である。

まかり通る〝命の二重基準〟

松元はいまでこそ怖いものなしの敏腕記者にしか見えないが、子ども時代はぜんそく持ちで、学校も欠席しがちなほどに体が弱かったという。

高校までは県内で過ごしたが「一度、外の世界を見てみたい」といった理由から、東京の駒澤大学へ進んだ。同大へ進んだのは、そのころ、政治学者として知られる福岡政行が教員を務めていたからである。当時、テレビでの露出の多かった福岡に、松元は好感を持っていた。希望通り福岡ゼミで学ぶことになったが、そのころから新聞記者志望だったわけではない。

「周囲に記者を目指す者はたくさんいましたが、僕は正直、あまり興味がなかったんです。そのころ興味を持っていたのは町おこし。特に深い意味はなく、あくまでも漠然としたものでしたが、何らかの形で地方の町おこしに関わるような仕事ができたらと考えていました」

大学4年のとき、父親が亡くなった。残された母親が心配で、卒業後は沖縄へ帰ることにした。地元企業への就職を考えるなかで、たまたま選んだのが「新報」だった。

「あまり深く考えずに受験して、なんとなく受かってしまった。安田さんには期待外れの答えかもしれないけれど、実は何の志もなかった」と本人は笑う。

全身から新聞記者の匂いを発散させているような松元が「なんとなく」記者になったというところが、むしろ私には興味深い。

記者として大切なのは動機よりも、その後の実績だ。何を書いてきたのか、何を見てきたのか、といったことが問われる。誰であっても記者になることはできるが、誰もが記者として育つわけではない。

松元は「なんとなく」記者になったが、「なんとなく」記者生活を過ごしてきたわけではなかった。

入社してすぐに警察、司法を担当する。

そこで松元が目にしたのは、沖縄が抱える「不条理」だった。

1992年1月、嘉手納《かでな》基地に近い繁華街のバーに強盗が入った。77歳の経営者を襲ったのは3人組の海兵隊員で、現金250ドルを強奪して逃走した。容疑者のうち1人はすぐに逮捕されたが、2人は基地内に逃げ込んだ。県警は身柄引き渡しを求めたが、米軍はそれを拒否。それればかりか、任意の事情聴取が続いているさなか、容疑者の2人は軍用機で米本土へ逃げてしまったのだ。

その翌年にも同じようなことが起きた。今度は嘉手納基地内で起きた日本人女性へのレイプ事件だった。

「レイプ犯の米軍人は基地内で拘束されたものの、立件されることなく米国へ逃げてしまった」。そんなタレコミ電話を社会部が受けた。

司法を担当していた松元は那覇地検に走ると次席検事に当たった。検事は苦痛にあえぐような表情を浮かべながら、渋々とそれが事実であることを認めた。

ちなみに松元の同僚記者は県警幹部に確認をとった。幹部は「詳しい話はできない」

と回答を拒否しつつも、そっと耳打ちしたという。

「君たちはこのことを記事にしろ。こんなおかしなことはない」

レイプ事件が明らかになっても、容疑者が基地内にいる限り県警が拘束することはできない。それが日米地位協定というものであり、沖縄の日常でもある。

取材を進めていくなかで、容疑者は基地内の旅行代理店で航空券を購入し、さらに所属部隊の司令官が休暇取得を認める「リーブ・オーダー」(離隊許可証)を偽造したうえで、基地ゲートをやすやすとすり抜け、米本土へ帰国したことも判明した。

松元ら取材班はこれを報じた。見事なスクープだった。

だが、後味の悪い結果が待ち受けていた。

事件から半年後、容疑者は米国で捕まり沖縄に移送されたが、日本の法律で裁かれることはなく、米軍の軍法会議で「脱走」の罪が問われただけだった。被害者の女性が告訴を取り下げてしまったのである。

実は、米軍の法務担当者が被害者の職場にまで押しかけ、告訴取り下げを強要したのだった。

レイプ被害者の立場は弱い。被害者でありながら、それを強く主張することもできない。そうした心理を利用するような形で、米軍は事件をなかったものとした。女性は泣き寝入りするしかなかった。

燦然《さんぜん》と輝く太陽の下に、深くて暗いぬかるみがある。民主主義も国家主権も人権も、米軍基地の門前で立ち止まる。それが沖縄だ。

「こうした事件を取材するなかで、沖縄がよりいっそう見えてきた」と松元は話す。

前述した自民党の勉強会で、百田は次のように述べている。

「米兵が起こした犯罪よりも、沖縄人が起こしたレイプ犯罪のほうが、はるかに率が高い。例えば米兵が女の子を犯した。それで米兵は出て行けと言う。じゃあ、高校生が町の女の子を犯したらその高校を全部撤去するのか」

どれだけの悪意があれば、このような中傷が生まれるのだろう。

沖縄県における一般刑法犯の摘発は、米軍関係者が0・11％、県民は0・27％で、数字的には県民が高いのは事実だ。だが、ここには米軍関係者が基地内で犯したものは含まれていない。

米国防総省が発表した米軍内で起きた性犯罪に関する2014会計年度報告書によると、同年度中の推定発生件数は約1万9千件にのぼる。「新報」はこの数字を受けて〈こうした暗数が表に出れば、犯罪率は跳ね上がるはずだ〉と書いた。

そもそも、基地内に住む米兵が基地の外に出る時間など知れたものだ。圧倒的大部分であろう基地内の犯罪を、我々が知らされることはない。

しかも米軍人は日米地位協定により、日本側が身柄を拘束することは原則としてできない。身柄の引き渡しは起訴後とされている。殺人などの凶悪犯罪に関しては起訴前に引き渡されることもあるが、それはあくまでも米側の「好意的な考慮」に過ぎない。すべては米側の裁量次第だ。米軍は治外法権ともいうべき「特権」で守られている。

だからこそ、こうした「不条理」を見続けてきた松元は、「そもそも米軍人と沖縄県民の犯罪率を比較することじたいがナンセンス」だと言い切る。

そればかりではない。

松元が首を傾《かし》げるのは、これらの事件を全国紙が詳しく報じないことだ。沖縄を管轄とする各紙の西部本社（福岡県）がベタ扱いで記事を載せることはあっても、東京版、大阪版では無視されることが少なくない。

「沖縄に深い関心を持つ記者がいないわけじゃないと思います。実際、我々以上に熱心に取材している全国紙記者の姿も目にしてきました。しかし、全体として感度が鈍いのではないかと感じることも少なくないんです。米兵犯罪の本質は、あまりに不平等な日米関係の延長線上にあることは間違いありません。その視点が、やはり希薄じゃないかと思うんですよね」

基地報道に関しても同様だ。安全保障の問題として捉えることの多い全国紙とは違い、沖縄の新聞は県民の生活の問題として、あるいは人権問題として、真正面から取り組むことが多い。むろん、それこそが地元紙の役割でもあるのだが、熱心に報じれば報じるほど、他紙からは「基地のことばかり書いている」といった批判が寄せられる。私の古くからの知人でもある全国紙記者に、沖縄の新聞について取材していると話したら、「あそこは特殊だからね」といった言葉が返ってきた。「特殊？」と聞き返す私に、彼はこう述べた。

「基地のことばかりやってるしね」

比較的にリベラルなスタンスで記事を書くことの多い彼ですら、こうした認識であることに私は驚いた。

このやり取りを伝えると、松元は「よくある話です」と相槌《あいづち》を打った。

「伝えるための力量が足りないのだと反省すべきところもあります。もっと発信力を強めたいといつも考えている。でも、やはりどこか他人事だと思っている同業者も多いのかもしれませんね」

そう、「本土」にとって昔から沖縄は「他人の島」だった。だから捨て石とされた。

松元には基地取材の原点ともいうべき風景がある。

１９９４年。「嘉手納基地爆音訴訟」の取材で北谷《ちゃたん》町の砂辺《すなべ》地区を訪ねたときのことだ。同地区に住む元基地従業員の家で話を聞いた。

元従業員の孫が突然、「こわーい」と叫んで泣き出した。

その直後、F15戦闘機が轟音《ごうおん》を響かせて頭上を通過した。テレビの音もまったく聞こえなくなるくらいの騒音だった。

孫は戦闘機が近づくことを察知し、パニック状態になったのだ。子どもにはそうした不思議な能力がある。孫は一日に何度もそうした状態に陥るという。

元従業員が松元に言った。

「この子が初めて覚えた言葉は何だと思いますか？　パパでもママでもない。嫁がしょっちゅう口にしていた『怖い、怖い』なんです」

基地のない地域からこの場所に嫁いだ母親は、戦闘機が通過するたびに「怖い、怖い」と口にしていた。子どもはそれを真っ先に覚えてしまったのだ。

生まれたときから恐怖のなかで暮らしている――松元にはそれがショックだった。普通であれば飛行機もパイロットも子どもにとっては憧れの対象であるのに、基地の隣では泣き叫び、パニックとなる子どもがいる。

「このときの子どもの表情を忘れることはありません。その深刻さを伝えるのが、私たちの役割だと思うんです」

好んで基地をネタにしているわけではない。住民の苦痛を共有することが記者の役割だと信じているから記事を書き続ける。

「ですから目の前にある基地から目をそらすわけにはいかないんですよ。不条理が視界に飛び込んでくる限り、しっかり、肩ひじ張って伝えなくてはと思っています」

原風景は消えることなく、いまでも松元の怒りを支えている。

沖縄は、沖縄県民は、そして沖縄メディアは、なめられ、馬鹿にされ、悪意と偏見で蹂躙《じゅうりん》され続けてきた。松元の耳には沖縄の慟哭《どうこく》が響いている。

だからこそ松元は、一連の発言は単なる偶発的、軽はずみなものではなく、底意の「差別」だと指摘するのだ。

「米本土では安全基準に満たず、運用停止になってもおかしくない普天間基地が存在し、やはり米国ではできない訓練が沖縄で実施されている。しかもそれを日本政府も追認しているのですから、〝命の二重基準〟がまかり通っているわけですよ。つまり、沖縄県民の命は軽視されている。これが差別でなければなんというのか」

怒りと経験は、「なんとなく」記者になった人間の「肩ひじ」を育てた。

新報・タイムス「共同抗議声明」

「百田発言」が発覚した後の「新報」「タイムス」両紙の反応は素早かった。

自民党学習会翌日の6月26日には早速、「新報」潮平芳和《しおひらよしかず》編集局長、「タイムス」武富《たけとみ》和彦《かずひこ》編集局長の連名で「共同抗議声明」を発表。同日中に共同通信が配信し、翌27日には各紙に掲載された。

以下、その全文である。

〈百田尚樹氏の「沖縄の二つの新聞はつぶさないといけない」という発言は、政権の意に沿わない報道は許さないという〝言論弾圧〟の発想そのものであり、民主主義の根幹である表現の自由、報道の自由を否定する暴論にほかならない。

百田氏の発言は自由だが、政権与党である自民党の国会議員が党本部で開いた会合の席上であり、むしろ出席した議員側が沖縄の地元紙への批判を展開し、百田氏の発言を引き出している。その経緯も含め、看過できるものではない。

さらに「(米軍普天間飛行場は)もともと田んぼの中にあった。基地の周りに行けば商売になるということで人が住みだした」とも述べた。戦前の宜野湾村役場は現在の滑走路近くにあり、琉球王国以来、地域の中心地だった。沖縄の基地問題をめぐる最たる誤解が自民党内で振りまかれたことは重大だ。その訂正も求めたい。

戦後、沖縄の新聞は戦争に加担した新聞人の反省から出発した。戦争につながるような報道は二度としないという考えが、報道姿勢のベースにある。

政府に批判的な報道は、権力監視の役割を担うメディアにとって当然であり、批判的な報道ができる社会こそが健全だと考える。にもかかわらず、批判的だからつぶすべきだ——という短絡的な発想は極めて危険であり、沖縄の二つの新聞に限らず、いずれ全国のマスコミに向けられる恐れのある危険極まりないものだと思う。沖縄タイムス・琉球新報は、今後も言論の自由、表現の自由を弾圧するかのような動きには断固として反対する〉

ストレートな怒りが伝わってくる。自らに向けられた中傷ですらナイーブに受け止め、とりすました反応しか見せることのない昨今のメディアとは違い、雑草を根元から力任せに引き抜き、泥が付いたまま投げ返すような〝勢い〟が、この声明にはある。

それにしても「新報」「タイムス」がこうして連名で抗議声明を発表するのは画期的なことだった。

〝沖縄2紙〟といった括《くく》り方をされ、「本土」からは一緒くたに評されることの多い「新報」と「タイムス」だが、地元ではライバルとして、部数も取材も激しく競い合っている。

私は今回の取材中、両紙の記者からそれぞれ同じような〝忠告〟を受けた。

「油断してはダメですよ。本当は（相手紙とは）仲悪いんですから」

もちろん大げさに、しかも半分は冗談で発せられた言葉であることは私も承知している。ただ、両紙が互いの存在を最大のライバルと捉え、ときに〝敵視〟にも近い眼差しを向けるようなことは珍しくない。

そこには、沖縄の独特な新聞環境を考える必要があろう。

両紙ともに発行部数は約16万部で拮抗《きっこう》した状態にある。しかも同一県で二つの有力県紙を持つ地域は、沖縄以外に福島が存在するだけだ。「県内2紙体制」は極めて珍しい。

しかも沖縄は他県とは違い、全国紙の存在感がなきに等しい。沖縄における新聞発行部数は約36万部だが、2紙を合わせたシェアは約9割だ。というのも、沖縄では「日本経済新聞」を除き、現地印刷をしている全国紙はない。「読売」「朝日」「毎日」「産経」の各紙は、すべて本土から航空便で運ばれ、購読者に届けられるのは昼過ぎである。これでは〝朝刊〟の体をなさない。しかも全国紙は取材拠点としての支局こそ設けているが、県版紙面はない。需要の多くは当然、県紙に向かうことになる。

だからこそ両紙はしのぎを削る。どちらが抜いたか、どちらが部数を増やしたか、取材現場に相手紙記者の姿はあるか――。

深夜近く、私が「タイムス」の某支社を訪ねたときのことだった。その日、取材で疲れ果てていた私は両紙を混同し、当初、間違えて「新報」支社を訪ねてしまい、玄関前で慌てて引き返すというヘマをした。

約束の時間に遅れて「タイムス」支社に到着した私は言い訳がましく自分のミスを取材相手の記者に伝えたが、彼はそれを笑うことなく、真剣な表情で私に問いかけてきた。

「新報さんの部屋の明かりはついてました？」

私が「真っ暗だった」と答えると、ようやく彼は安堵《あんど》の表情を浮かべ、「よかった。これで休める」とソファにどかっと腰を沈めたのであった。

抜いた、抜かれたで一喜一憂する新聞業界を普段はどこか冷めた目で見ている私も、なぜかそのときだけは、解き放たれたような記者の顔を見ながら、ほほえましく感じた。

そうした緊張関係が記者のモチベーションを高めることもある。

そして何よりも狭い沖縄県のなかで２紙が実力伯仲しているといった新聞環境が、競い合いに拍車をかける。

だからこそ、ライバル関係にある両紙が共同で抗議声明を出したことは、沖縄の新聞史上初めてのことでもあり、極めて画期的なこととして、メディア関係者の間では注目を集めたのであった。つまり、両紙ともにそれだけの危機感と憤りを抱えることになったという証拠でもある。

〝不均衡を正す〟ための言論

「つぶすと言われただけであれば、本気で怒ることはなかったかもしれない」

そう漏らしたのは、抗議声明に自らの名前を寄せた「タイムス」編集局長・武富和彦(53)だ。

貫禄ある体軀《たいく》はさすがに編集トップとしての迫力を感じさせるが、よくよく見れば意外なほどの童顔で、親しみやすい笑顔には「編集局長」といった肩書から感じられる官僚臭のようなものがまるで伝わってこない。実際、その気さくな人柄に私は何度も甘えることとなった。

だが、取材者として向き合えば、やはり修羅場をかいくぐってきた記者の親玉だけあって、時折表情に浮かぶ苦渋と情熱が、言葉に一層の重みを与えていた。

「新聞社だけの問題じゃないと思ったんです。なんていうか、愚弄されたように感じたんですよ。沖縄が。沖縄の人々が」

武富は腕組みをして、眼鏡の奥の人懐こい目を少しばかり険しくした。

「新聞批判に限定していえば、これまでに幾度も経験していますからね。もちろん記者として腹も立つし、言いがかりに対しては当然、反論もしたくなる。それでも『つぶせ』発言だけであれば社会面だけで扱ったかもしれません。百田氏の発言を知った際に私が何よりも腹立たしく思ったのは、普天間に関する物言いなんです」

百田は「もともと普天間基地は田んぼの中にあった」としたうえで、基地近くに住む住民は「商売になる」から住みだしたのだと説いた。

「完全な誤解、というよりも悪質なデマでしょう。単純な罵詈《ばり》雑言《ぞうごん》ではなく、事実関係を無視した沖縄攻撃ですよ。黙っていられるわけがありません」

いち早く自民党勉強会の内容を把握し、発言メモを入手した「タイムス」は、編集局長・武富の意向を反映させ、その部分を撃った。

6月26日付の紙面。1面トップを飾ったのは〈普天間居住　商売目当て〉の大見出しである。「つぶせ発言」よりも、普天間に対する事実誤認をメインに持ってきたのであった。同紙は百田の「もともと田んぼの中」といった発言をリードで引用。本文でも冒頭で普天間の歴史をひもとき、〈沖縄戦で住民は土地を強制的に接収され、人口増加に伴い、基地の周辺に住まざるを得なくなった経緯がある〉と、事実関係の誤りを正した。

「そこは絶対に譲ることができないんです。冗談であったとしても、はずみで飛び出した軽口であろうが、とことんこだわります。そうでなければ、沖縄で新聞をやってる意味がない」

武富はそう声を張り上げた。

沖縄戦と米軍基地の問題は、地元紙にとっては背骨のようなものだ。お題目としての編集方針でもなければ、売るための手段でもない。

「ましてや好きでやってるわけでもない」と武富は続けた。

「歴史と現実を直視すれば、自《おの》ずと立ち位置は決まってきます。沖縄戦で多くの命が奪われたにもかかわらず、戦後は土地を奪われ、いまなお戦争とは無縁の状態ではない。平和憲法の存在とは離れた場所で、本当の平和を実感できないでいるわけです。だから私たちは基地問題に関しては、どうしたって厳しい論調にならざるを得ないんです。長きにわたりずっと犠牲を強いられてきたなかで、それでもさらに、根拠なき偏見をぶつけられる理由なんてありませんよ。それは新聞社だけの身勝手な思いではけっしてありません。普通に、平和に、戦争の影を感じることなく暮らしたいという、当たり前の県民感情に突き動かされて、私たちは記事を書いているんです」

それが「沖縄の新聞のアイデンティティー」なのだと強調する。果たすべき役割、使命なのだと繰り返す。

だから「偏向」と指摘されることにピンとこない。いや、何のことかと首を傾げる。そしてじわじわと怒りが込み上げてくるという。そこにやはり、差別のにおいを嗅ぎ取るからだ。

「たとえば政府に対して極めて近いスタンスの新聞がある。それに対して〝偏向〟といった批判はほとんど聞こえてこない。しかし我々が政府に物申せば、たちまち〝偏向〟だと攻撃を受ける。どう考えてもおかしいじゃないですか」

その通りだ。時の政権政党を擁護し、権力者と一体となって反対者を叩いたところで〝偏向〟のざわめきは湧き起こらない。

むしろ〝偏向〟なる言葉は、現在の言論空間においては本来の意味から逸脱した単なる罵倒語のひとつになっているのではないか。

私も差別問題などを記事にするたび、「偏向するな」といった批判が大量に寄せられる。しかもそれは、決まって、マイノリティーの人権が侵害されたことを訴えているときだ。マジョリティーの側から不当に貶められた状況のなか、それに抗した言論に対して、〝偏向〟の合唱が響き渡る。まるで差別の被害がなかったかのようにする、低コストでお手軽な言論弾圧だ。何も考えていないのに、何か大事なことを言っているのではないかと思わせる（そしてそれなりに相手にダメージを与える）マジックワードだ。

武富は言う。

「一方に大きな権力を持つ者たちがいる。もう一方に基本的な人権すら奪われた者たちがいる。その不均衡をメディアはどう報ずるべきなのか。そのとき、権力と一体化して奪われた者たちを批判するのであれば、それこそ恥ずべき偏向だと思うんですよ。メディアの大事な役割のひとつは、公正な社会をつくりあげることなのだから、我々は不均衡な状況を少しでも正していくための努力が求められる。では、なにをすべきか。一方的に奪われた者たち、発言の回路を持たない者たちの側に立って、あるべき均衡を取り戻すことではないでしょうか」

それは普段、ヘイトスピーチの取材をしている私が感じていることでもあった。差別は常に不均衡、不平等な状況のなかで起きる。そのとき、非対称な関係を無視したうえでの「公正・中立」などありえない。マイノリティーが人権や人格すら侵されているときに、まるで天上からジャッジを下すかのごとく「双方の意見を対等に」などと呑気《のんき》な記事など書いていられないのだ。こうした際に両論併記などでお茶を濁すのは、何も考えていない、考えようともしていないことを示しているにすぎない。武富が言う「均衡を取り戻す」とは、公正さを守ろうとする新聞記者の矜持《きょうじ》なのだ。いや、武富にとっては理念というよりも決意だ。新聞との約束である。

「本当は、もっと明るくて楽しい記事で紙面を埋めたいなあと思うことは少なくないんですけどね」

重たい話ばかりで張り詰めた空気を少しでも和ませようとしたのか、ここでようやく武富は笑顔を見せた。

「人間の営みなんて、苦しいことばかりじゃないですよ。沖縄には明るい話題もたくさんある。でも、どうしたって、厳しい表情にならざるを得ないことばかり起きてしまう」

武富には沖縄の復帰前後の記憶が染みついている。子ども心に平和憲法は憧れの対象だった。日本に復帰すれば、それが獲得できると同時に、なんとなく明るい未来が待っているような気がした。だから日の丸の旗を振って、復帰運動のデモに幼い声援を送った。

高校生のころから漠然とメディアの道へ進みたいと考えるようになった。ただし、目指していたのは新聞記者ではなく、テレビ局のカメラマンだった。カメラを肩に担ぎ、報道現場を直撃する自分の姿を想像していた。

私もまた、想像した。がっしりした肩にカメラを載せて、取材現場に猛進する武富の姿を。夢が実現していれば、おそらく同業他社のカメラを蹴散らすような、力業で生き抜くカメラマンになっていたことだろう。

だが、大学4年のとき、その年はたまたま地元局の採用がなかった。だから「仕方なく」タイムスに入社したのだという。

そんな武富もやはり、取材現場で沖縄の苦悶を一つひとつ自身の胸に積み重ね、いま、拠って立つべき場所にいる。

憧れていた平和憲法を、まだ沖縄は獲得していない。いや、それどころか憲法そのものが危機にある。平和を招くと信じて打ち振った日の丸が、肝心の憲法をないがしろにしている。

「我々の先輩たちは、戦争のために二度とペンをとらないと誓った。その思いだけは何がなんでも冒瀆《ぼうとく》しちゃいけない。絶対に裏切ってはいけないと肝に銘じています」

1年生記者が口にするような言葉も、武富にかかればどんな社是よりも重たく響くのである。それが、平和憲法を夢見た少年がたどり着いた地平でもあった。

権力にすり寄る記事こそ「偏向」

首にタオルをひっかけた男が「タイムス」本社の会議室に飛び込んできた。肩で息をしているのは、取材を終えてすっ飛んできたからである。くたびれたヨットパーカーとジーンズに身を包んだこの男を、私は当初、電気工事のために社内へ出入りしている業者さんだと勘違いした。

社会部記者の吉川毅《よしかわつよし》（41）。

「辺野古からの帰りなんです。こんな格好ですみません」

息を弾ませながら、吉川はタオルで額の汗を拭った。

その日、吉川は「辺野古当番」だった。

新基地建設をめぐって揺れる辺野古（名護市）の現場には、「タイムス」も「新報」も連日、記者を張り付かせている。名護市をカバーする北部支社だけでは人員が間に合わない。そこで両社とも、社内の全記者を当番制で辺野古に向かわせている。所属する部署は関係ない。経済部でも学芸部でも運動部でも、とにかく当番の日がくれば記者は朝から辺野古に張り付くのだ。

原則は2人態勢である。ひとりはキャンプ・シュワブのゲート前で、基地建設に反対する住民の取材をしながら、ゲートに出入りする工事車両をチェックする。

そしてもうひとりは、借り上げたボートで海に出る。海上での抗議活動などを取材すると同時に、工事の進捗《しんちょく》があったかどうかを監視するのだ。

吉川は海上取材を終えて、本社に戻ってきたばかりだった。ボートの上でカメラを構え、反対住民の抗議船と、それを取り締まる海上保安庁の監視船を追いかける。遮るものが何もない炎天下で陽に焼かれ、抗議船と海保の間で小競り合いが起きれば、近づいて、一緒にもみくちゃにされる。

頭から波をかぶり、塩辛い水を飲み込むことも少なくない。

ハードな肉体作業から抜け出してきたかのような吉川からは潮の香りがした。

私が吉川に会いたいと思ったのは、件《くだん》の「百田発言」の後、百田本人に電話取材した記者が彼だったからでもある。

「あの日、共同（通信）から第1報が流れ、発言内容を把握しました。怒りや驚きというよりも、まずは百田さんの真意を知りたいと思ったんです」

相手の言い分を聞くことなく、断罪するような記事でまとめるのは嫌だった。吉川は百田の携帯に電話した。

電話に出た百田に、まず、自民党学習会での発言内容を一つひとつ確認した。

すると、百田は笑いながらこう答えたという。

「飲み会の場とまでは言わないが、内輪の中での雑談のようなものだ」

その笑い交じりの声で、吉川の背筋の筋肉が強張《こわば》った。

「百田さんとしては対外的、公式的な発言ではないと言いたかったのでしょう。でも、だからこそ看過できないのだと思いました」

つまり、発言は百田の「本音」そのものだと嗅ぎ取ったのだ。

以下、「タイムス」に掲載された百田との一問一答をそのまま引用する。

――米軍普天間飛行場の成り立ちについての発言は。

「住民が騒音などの精神的に苦痛があり、補償しろと言う。苦しみは当事者にしか分からないこともあるだろう。それを踏まえた上で、違和感を覚えると発言した。なぜかと言えば、住んでいた場所に基地が引っ越してきたわけではない」

——普天間の現状認識は。

「地権者には、膨大な地代が払われている。六本木ヒルズに住んでいる大金持ちと同じ。それはメルマガで書いた話だ。普天間が返還されたら、あっという間にまちは閑散とする。ぬくぬく暮らしていた地権者も困るはずだ」

「滑走路のそばに小学校があるが、いまだに移転していない。移転に反対の運動も起きているが、本末転倒。基地批判のために小学校を置いている。何がしたいのか分からない」

——「沖縄の島が中国に取られれば目を覚ますはずだ」の発言の真意は。

「絶対、あってはならないことで仮定の話をした。沖縄の人は中国を歓迎している。(辺野古の新基地建設反対など）翁長雄志知事が言っていることも意味が分からない。沖縄の人の総意は何なのか。中国の危機意識がない人も見受けられる」

——沖縄戦について。

「沖縄は戦争で犠牲になったと言うが、東京も大空襲があり、犠牲を払っている。沖縄だけが犠牲になったわけではない。大阪も大空襲で多くの人が死んだ」

——「沖縄2紙をつぶさないと」の発言について。

「沖縄の新聞をしっかりと読んだことはないが、ネットで読むと、私と歴史認識が違う。

全体の記事の印象から私が嫌いな新聞だ」

「オフレコに近い発言で、冗談として言った。公権力、圧力でつぶすとの趣旨ではない。私も言論人。言論は自由であるべきだ。私と意見が違う2紙を誰も読まなくなり、誰も読者がいなくなってつぶれてほしいという意味での発言だ」

（「タイムス」15年6月27日付　第二社会面）


約40分の電話取材だった。百田は早口でまくしたてていた。

「なんだか、バカにされていると感じました。沖縄への理解が乏しいばかりか、言葉の端々から露骨な蔑視と偏見が感じられて、自分の中の冷静さを失ってしまうような危機感すら覚えたんです」

怒りを抑えるのに必死だった。激しく言い返したい衝動に駆られながら、それでも記者としての一線を踏み越えないよう、ブレーキを踏み続けた。

「僕としては『沖縄の新聞をつぶせ』というのは、正直、どうでもよかった。ありがちで陳腐な物言いですから、放置してもかまわないとすら考えていたんです。でも、沖縄への偏見は許せなかった。普天間の件など、まさに無知に基づいたデマ以外のなにものでもありません。こうした発言は、無視も放置もすることなどできない。絶対に譲れません」

吉川は普天間基地のすぐ近くで育った。基地は日常のなかにあった。毎日、至近距離で米軍のヘリを目にしていた。騒音のなかで暮らしていた。

中学生のころは、突然、耳鳴りに襲われることがあった。いまになって、それが米軍機の「低周波音」の影響ではなかったかと思っている。

普天間高校時代は陸上部で活動した。グラウンドのほとんどを野球部に占有されていたため、部活の練習は校外の歩道を使うことが多かった。歩道に沿って続く鉄条網の向こう側に、米軍基地の陸上競技場が見えた。そのまま全国大会でも利用できそうな立派な施設だった。鉄条網を破り、基地内に侵入し、そこで思い切り走ってみたいと思った。

「生まれたときから基地はすぐそばにあったんです。そして、基地の存在に苦しめられている人々を見てきました」

騒音だけじゃない。米軍がらみの事件事故は絶えない。そこから生まれる苦痛が何も理解されていないことが、そして、理解がないままに「抑止力」を理由に基地を肯定する者たちの存在が、とにかく腹立たしかった。悲しかった。むなしかった。

電話取材を終えると、胃がムカムカした。しっかりコメントが取れたことは、記者としては上出来だ。だが、一人の沖縄人として敗北感が襲ってきた。居ても立っても居られなくなった。急いで記事を書きあげると、夜の街に飛び出した。その日は、浴びるほど酒を飲んだ。屈辱と怒りをアルコールで洗い流そうとしたが、結局、潰れた。洗い流すどころか、頭痛と吐き気が加わっただけだった。

だが、翌日には二日酔いの頭で百田の言葉を反芻《はんすう》しながら、問題の本質が百田発言を導き出した政権政党の議員たちであることにも気がついていく。

「政治の中枢には間違いなく、沖縄への偏見があります。偉そうに国防を語りながら、沖縄を見下し、薄っぺらな認識しか持たない国会議員が少なくない。彼らは沖縄を利用することしか考えていません」

実は、吉川は永田町の「空気」を多少は知っている。

12年から1年間、提携関係にある朝日新聞に出向し、同紙の政治部で官邸番を担当した。国会回りをしながら、政治家たちの素顔を見てきたのだ。

だが、そのときのことを聞き出そうとすると、吉川は露骨に嫌な顔をした。

「正直、僕にはまったく肌の合わない場所でした。嫌で嫌で仕方なくて。早く沖縄に帰りたいと、ずっと思っていたんです」

新聞現場における政治部のカルチャーは、吉川を消耗させるだけだった。

「だって、自分で記事を書く機会なんてほとんどないんですもん。政治家からコメントもらって、メモをキャップに上げるだけ。毎日、その繰り返しです。何が面白いんだか、さっぱりわからない」

基本は囲み取材だ。政治家を他社の記者と取り囲み、話を聞き出す。政治家が立ち去ると、その場に居合わせた皆で「メモ合わせ」(正しくメモが取れたかどうかを全員で確認する作業)をする。結果、翌日の各紙には同じような記事が載る。もちろん、それを喜々としてこなす記者もいれば、その場所から何かを「狙う」記者だっていないわけじゃない。だが、一匹狼スタイルの吉川には〝政治部村〟に身を置くことじたい、苦痛でしかなかったのだ。

「ですから、1年の奉公が終わった時にはほんと、安堵しましたよ。あれ以上続いたら、新聞記者を辞めていたかもしれません」

だが、その「嫌で嫌で仕方なかった」経験の過程で、沖縄に対する政治家たちの視点や視線を感じることができたのは、ただ一つの収穫でもあった。

たとえば、かつて防衛相も経験した与党幹部の会見に出たときのこと。ちょうど沖縄へのオスプレイ配備が問題化していた。吉川は良い機会だからと質問をぶつけた。

防衛相経験者としてオスプレイ配備をどのように思うか——。

だが幹部は、質問じたいにたいした興味も見せず、中身のある言葉を話すこともなく、適当としか思えない雑感を短く述べただけで、「次は?」と他社の記者に質問を促した。オスプレイ配備に揺れる沖縄のことなど、まるで眼中にないといった態度だった。

それは例外的な経験ではなかった。こうした場面を幾度も目にするなかで、沖縄に対する永田町の「温度」を知った。

吉川が「タイムス」に入社したのは30代になってからである。大学卒業後は、宮古島の地域紙である「宮古新報」に入社したが、1年で辞めた。その後、那覇市内のタウン誌などで働き、04年に入社した。「タイムス」記者としては遅咲きのデビューだった。

吉川のこれまでの記者経験において私が興味深く感じたのは、基地賛成派をはじめ、保守派や右翼といった、どちらかといえば同紙と立ち位置の異なる陣営に対し、積極的に取材をかけてきたことにある。

教科書問題を担当した際には、歴史修正主義と批判されることの多い「新しい歴史教科書」を支持する人々を取材した。百田発言のときも、あえて百田本人に当たったのは前述の通り吉川であり、その後も沖縄2紙攻撃をテーマとした「『偏向』批判の正体」と題した連載記事を担当した。その際は百田発言に便乗する県内保守派の動きや、辺野古において基地反対運動を威嚇する右翼団体の事務所にも直接乗り込み、話を聞いている。明らかに住む場所の違う者たちから凄みの利いた視線を向けられながらも、怯《ひる》むことなく取材した。

「そんなところに取材する必要なんてあるのかと、社内の一部からも批判されることは少なくないんです」

　吉川は苦笑した。

「僕自身、新たな基地建設には反対だし、基地被害も訴えてきた。保守派や右翼の人たちとは対極の考え方をもっています。だからといって、異なる考え方を無視してよいとは思っていません。ウチも含めて、沖縄の新聞は、どこかそうした陣営の人々を避けてきたんじゃないかと思うんですね。もちろんそれはそれで一つのスタンスだとは思うのですが、やはり取材はしたほうがいい。暴論であっても、それを垂れ流すのではなく、きちんと批判するためにも、あえて話を聞くことも大切なのではないか」

　ネット言論を筆頭に、「反日」「売国」といった沖縄の新聞に対する批判や中傷が喧《かまびす》しい。そのほとんどは「無視」しても一向にかまわないものだと私は思っている。どうせ、発言の主は新聞を読んでいない。ネットに流通する罵倒コメントをなぞっただけだ（そもそも百田自身も沖縄の新聞を「読んでいない」とコメントを残している）。だが、吉川はそうした文言にもあえて目を通す。ときにバカバカしい、荒唐無稽な陰謀論めいた言葉に舌打ちしながらも、わざわざ付き合ってみる。それもまた世間の温度の一部ではあると思うからだ。

　なぜそこまでするのかという私の問いかけに、吉川は「なにが正しいのかと自分自身に問いかける作業を経て、問題の意味を見いだすことができるから」だと答えた。

言うなれば、日常では見ることのできない風景を探しているのだ。

たとえば県内の離島を取材することもある。そこでは本島とは違った心情に触れることも珍しくない。沖縄は「本土」と分断された状態にあるが、離島はさらに〝蚊帳《かや》の外〟だ。そこで生きる人々にとって、那覇という都市を抱えた本島は眩《まぶ》しい存在でもあり、権力の一部に見えることもある。そうした複雑な思いが、ときに保守や右翼といったイデオロギーと結びつくことも少なくない。

「そのことを理解したうえで、しかし、同じように分断されているのだという状況を、離島の人々にも届くような言葉で伝えることはできないか。そうしたことも考えるんです」

生真面目な人間だと思った。異論と向き合うことで、彼は自分自身とも向き合っている。30歳になってから「タイムス」に入社した吉川は、新卒入社の記者とは違い、新聞社の外で流れる社会の空気を存分に呼吸してから「現場」に出た。だからこそ、考える。沖縄とは何か。沖縄の新聞とは何か。記者とは何か。何を伝えるべきか。

同社の記者が集まった酒の席で、彼の同僚記者が「(吉川と)一緒に飲むと大変なんですよ。愚痴はこぼすし、絡んでくるし」とこぼした。

おそらくその通りなのだろうなと納得した。それは生真面目な吉川の苦痛を表すものであり、飲まなければやっていられない現実と格闘している証拠でもある。

百田や自民党議員の沖縄認識に関し、彼は検証記事のなかで次のような言葉を残している。

〈百田氏は「沖縄2紙をつぶさないといけない」とも語っている。これまでにも首相や大臣経験者が同様の発言をしており、この部分についてはさほど驚きはない。逆に、権力のチェック、反権力の報道姿勢を評価されていると受け止め、沖縄の記者として誇りに思うくらいだ。

ネットなどには沖縄タイムスに対して「偏向報道」という書き込みもある。権力側の思いを代弁し、権力側にすり寄る記事こそ偏向報道だと言いたい。そんなメディアに絶対に落ちぶれないと、あらためて思いを強くした〉（「タイムス」15年7月2日付）

着地すべき場所は、しっかりと見定めている。

第2章

捨て石にされ、主権を奪われ続ける島

沖縄にとって忘れられない事件

あの日の女子高生が私の目の前に立っている。

仲村清子《なかむらすがこ》（旧姓、38）はすでに1児の母となっていた。しかし、堅固な意志と何かの決意を感じさせる真っすぐな瞳は、当時と何も変わっていないようにも感じる。長い髪を後ろで束ね、淡いブルーのストールを首に巻いた仲村は、さすがに俳優として活躍していた時期もあっただけに、華やかなオーラが漂っていた。

宜野湾《ぎのわん》市内のホテルのラウンジで私は仲村と会った。2015年11月である。

彼女は深々と頭を下げると、「もう20年も経ったんですよね」と感慨深げに漏らした。

そう、ちょうど20年が経過していた。

1995年10月21日――宜野湾市の海浜公園で行われた「県民総決起大会」。少女暴行事件に抗議するため開催された総決起大会には、8万5千人が集まった。県内外から多くの報道陣も駆けつけた。私もその一人だった。
冒頭あいさつに立ったのは大田昌秀知事（当時）だった。大田知事は「行政を預かる者として、本来一番に守るべき少女の尊厳を守れなかったことを心の底からお詫びしたい」と頭を下げた。続けて何人かの決意表明を経た後に、仲村が壇上に立った。

白いセーラー服に身を包んでいた。上空をマスコミ各社のヘリコプターが旋回していた。仲村はちらっと上に視線を向けた後、マイクに口を寄せて声を上げた。

「もう、ヘリコプターの音はうんざりです」

意外な「開口一番」だった。

その瞬間、会場のざわめきは消えた。

日々、基地の騒音に悩まされている住民の心情を伝えると同時に、何か事件があったときだけ沖縄へ身を寄せるマスコミへの痛烈な皮肉を投じたようにも聞こえた。

仲村はゆっくりと、落ち着いた声で、次のように訴えた。

〈私はごく普通の高校3年生です。

たいしたことは言えないと思いますが、ただ思ったことを話します。

この事件を初めて知ったとき、これはどういうこと、理解できない。こんなことが起こっていいものかと、やりきれない思いで胸がいっぱいになりました。

この事件がこのように大きく取り上げられ、(95年) 9月26日、普天間小学校で、10月5日には普天間高校で抗議大会が開かれました。

高校生の関心も高く、大会に参加したり、様子を見守っていた生徒も少なくありません。そんななか、私はこの事件について友人たちと話をするうちに、疑問に思ったことがあります。

米兵に対する怒りはもちろんですが、被害者の少女の心を犠牲にしてまで抗議するべきだったのだろうか。彼女のプライバシーは、どうなるのか。

その気持ちは、今でも変わりません。

しかし今、少女とその家族の勇気ある決心によってこの事件が公にされ、歴史の大きな渦となっているのは事実なのです。

彼女の苦しみ、彼女の心を無駄にするわけにはいきません。私がここに立って意見を言うことによって少しでも何かが変われば、彼女の心が軽くなるかもしれない。そう思いここに立っています。

沖縄で米兵による犯罪を過去までさかのぼると、凶悪犯罪の多さに驚きます。

戦後50年、いまだに米兵により犯罪は起こっているのです。

このままの状態でいいのでしょうか。

どうしてこれまでの事件が本土に無視されてきたのかが、私にはわかりません。

まして、加害者の米兵が罪に相当する罰を受けていないことには、本当に腹が立ちます。

米軍内に拘束されているはずの容疑者が、米国に逃亡してしまうこともありました。

そんなことがあるから今、沖縄の人々が日米地位協定に反発するのは当然だと思います。

それにこの事件の容疑者のような動物にも劣る行為をする人間をつくりだしてしまったのは、沖縄に存在する「フェンスの中の人々」、軍事基地内の人々すべての責任だと思います。基地が沖縄に来てから、ずっと加害は繰り返されてきました。基地がある故の苦悩から、私たちを解放してほしい。

今の沖縄はだれのものでもなく、沖縄の人たちのものだから。

私が通った普天間中学校は、運動場のすぐそばに米軍の基地があります。普天間小学校は、フェンス越しに米軍基地があります。

基地の周りには七つの小学校と、四つの中学校、三つの高校、一つの養護学校、二つの大学があります。ニュースで爆撃機やヘリコプターなどの墜落事故を知ると、いつも胸が騒ぎます。私の家からは、米軍のヘリコプターが滑走路に降りていくのが見えます。それはまるで、街の中に突っ込んでいくように見えるのです。

機体に刻まれた文字が見えるほどの低空飛行、それによる騒音、私たちはいつ飛行機が落ちてくるかわからない、そんな所で学んでいるのです。

私は今まで、基地があることはしょうがないことだと、受け止めてきました。

しかし今、私たち若い世代も、当たり前だったこの基地の存在の価値を見返しています。学校でも意外な人が、この事件について思いを語り、皆をびっくりさせたりもしました。それぞれ口にはしなかったけれど、基地への不満が胸の奥にあったことの表れだと思います。

きょう、普天間高校の生徒会は、バスの無料券を印刷して全生徒に配り、「みんなで行こう。考えよう」と、大会への参加を呼び掛けていました。浦添高校の生徒会でも同じことが行われたそうです。

そして、今ここにはたくさんの高校生や大学生の人が集まっています。若い世代もこの問題について真剣に考えはじめているのです。

今、このような痛ましい事件が起こったことで、沖縄は全国にこの問題を訴えかけています。私は今、決してあきらめてはいけないと思います。私たちがここであきらめてしまうことは、次の悲しい出来事を生み出すことになるのですから。

いつまでも米兵に脅《おび》え、事故に脅え、危険にさらされながら生活を続けていくことは、私は嫌です。

未来の自分の子どもたちにも、そんな生活はさせたくありません。私たち生徒、子ども、女性に犠牲を強いるのはもうやめてください。私は戦争が嫌いです。

だから、人を殺すための道具が自分の周りにあるのも嫌です。

次の世代を担う、私たち高校生や大学生、若者の一人ひとりが本当に嫌だと思うことを口に出して、行動していくことが大事だと思います。
私たち若い世代に新しい沖縄のスタートをさせてほしい。
沖縄を本当の意味で平和な島にしてほしいと願います。
そのために私も、一歩一歩行動していきたい。
私たちに静かな沖縄を返してください。
軍隊のない、悲劇のない、平和な島を返してください〉

スピーチの間、会場は静まりかえっていた。うつむいて聞いている人がいた。涙ぐみ、ハンカチで目を押さえる人がいた。私は、なにか胸の中がかーっと熱くなったことだけを覚えている。

仲村がちょこんと頭を下げ、壇上から去ろうとしたとき、割れんばかりの拍手が沸き上がった。事件に対する怒り、基地問題をうやむやにしてきた政府への不信、そうした思いが会場で爆発したかのような雰囲気のなか、私は身動きすることもできず、ただ壇上を見つめているだけだった。

総決起大会は、ひとつのエポックとなった。怒りと熱気が政治を動かす。日米両政府によって「沖縄における施設及び区域に関する特別行動委員会」（ＳＡＣＯ）が設置され、翌年には普天間基地の返還で合意する。しかし基地の移設先をめぐっては二転三転し、いま、県民の反対にもかかわらず、辺野古《へのこ》での移設工事を進めようとしている。

仲村もまた、「反基地の象徴」のように持ち上げられた。「絵になる」ことは間違いなかった。セーラー服の少女が、大勢の人の前で「反基地」を訴えたのだ。「軍隊のない、悲劇のない、平和な島を返してください」。少女の訴えは人々の心を揺さぶった。その一言がうねりを起こし、普天間移設を導いたといっても言い過ぎではないだろう。壇上で話す彼女の姿はテレビで何度も繰り返し放映され、マスコミからの取材依頼も相次いだ。

「でも、普通の女子高生に過ぎなかったんですよ。どこにでもいる、ただの18歳だったんです」

仲村は少しばかり困ったような表情を浮かべ、肩をすぼめて見せた。

当時、彼女は普天間高校の3年生だった。演劇部に所属し、部長として毎日、その活動に明け暮れていた。

暴行事件のニュースには、彼女も被害者と同じ10代として、ショックを受けた。こんなひどいことがあっていいのかと怒りに震えた。彼女にとっても、事件はあらためて基地という存在を考えるきっかけとなった。

「小学生のころまでは、いまのうるま市に住んでいたんです。ですから基地を見ることも、考える機会もそれほどなかった。中学のときに宜野湾市に引っ越してきて、そこで初めて基地を間近に見るようになるんです。うるま市にいたころは、たまに米軍の飛行機が低空飛行で近寄ってくると、子どもたちは走って逃げたものです。ところが宜野湾に来たら、戦闘機くらいでは誰も驚かない。私にはそれが驚きでした」

それでも徐々に基地に「慣らされていく」自分自身を、仕方なく受け止めていた。それが沖縄の日常でもある。だが、事件は「基地の街」に暗い影を落とす。嫌でも「日常」の不条理を考えざるを得なかった。

友人たちよりも少しばかり軍隊や戦争について考えることが多かったのは、彼女が8月15日生まれということもある。

誕生日が来るたびに、テレビも新聞も戦争を伝えた。戦後を振り返っていた。「8月15日」は、彼女のなかに刻印されている。

事件から少しばかり経ったころだった。演劇部の顧問を務める教師から、総決起大会でのスピーチを依頼された。

10月末には演劇部による戦後50年の「記念公演」が迫っていた。本来ならば、スピーチのことを考える余裕などない。それでも引き受けたのは教師の熱意に負けたことと、スピーチは演劇部の仲間たちと一緒にするものだと勘違いしたからだった。後に自分だけが壇上に立つのだと知らされたときは激しく後悔したという。

スピーチ原稿はひとりで考えた。４００字詰めの原稿用紙に鉛筆で書き込み、当日朝まで何度も修正した。最終的にできあがった原稿は、マス目をはみ出して何カ所にも書き込みが加えられ、真っ黒になっていた。

大会当日。想像していた以上の大群衆に足がすくんだ。壇上に上がる。ヘリコプターの騒音が耳に入った。こんな騒音のなか、自分の声が後ろの人たちにも届くのだろうか。思わず叫んでしまった。

「もう、ヘリコプターの音はうんざりです」

この冒頭の一言、実は用意していた原稿には書かれていなかった。アドリブである。

「急に思いついたんです。ヘリコプターの音がうるさいなあという思い。そして、この騒音は私たちにとっての日常でもあるんだということ、それを訴えてみようと考えたんです。不思議なことに、思いつきの一言を吐き出したことで、急に緊張が解けたんです。そして、これは自分の言葉ではあるけれど、みんなの思いでもあるんだ、私はただ、みんなの代表としてここにいるんだって。そう思ったら気持ちが少し楽になりました」

原稿に目を落とし、ゆっくりと文字を追う。落ち着いた声で話す。会場の誰もが彼女の声に真剣に耳を傾けていた。

きちんと思いを伝えよう。そう考えながら、しかし彼女はもうひとつ、気になって仕方がないことがあった。

海から吹く強い風だった。

「風が吹くたびに髪の毛が乱れるんです。ああ、いやだなあ、前髪が変なふうになっちゃう。そんなことを思いながら、何度も手で髪の毛を直していたんです」

さらにもうひとつ。

「足元に大きなバッタがいたんですよ。こっちに跳んできたらいやだなあ、こわいよう、なんてことも考えながら原稿を読んでた。知りませんでしたでしょ？」

仲村は20年の間、明かすことのなかった秘密を打ち明けると、いたずらっぽく笑った。

あらためて当時の映像を確認すると、仲村は落ち着いた声で丁寧にスピーチしながらも、確かに仕草《しぐさ》と視線に少しばかりのぎこちなさが見える。その原因が「乱れる髪の毛」と「バッタ」だと知って、私はかえって仲村に好感を持った。いや、なぜか安心した。

「反基地の象徴」のように持ち上げられたけれど、彼女はけっして「闘う女子高生」ではなかった。髪形を気にし、足元の昆虫に脅える、まさに「どこにでもいる18歳」だった。だからこそ、彼女の言葉は人々の胸を打った。平易で柔らかく、しかし、切実さに満ちた言葉が、大きなうねりを生み出したのだ。

スピーチを終えたとき、会場の最前列に陣取っていた記者たちが大きくうなずいているのが見えた。

「文章のプロたちがＯＫを出してくれているような気がして。安心しました」

高校を卒業後、上京して劇団に入った。役者として何本かの映画に出ている。しばらくしてから沖縄に戻って結婚した。いまは仕事をしながら子育てに追われ、ときに子どものころから続けている琉球舞踊を趣味として楽しむ。

「平凡だけれど幸せな毎日」と仲村は言った。

それでも「基地」への関心は薄れていない。

「あの日、８万を超える人が私の話を聞いてくれた。ものすごい熱気を感じた。同時に基地のない未来をも感じたんです。きっとそうなると信じたんです。でも残念なことに状況はいまも変わっていない」

普天間の移設と引き換えに、辺野古新基地の建設が持ち上がったとき、「違う、そうじゃない」と思った。

「私たちが望んだのは基地をなくすことであって、県内のほかの場所に移すことではなかったはずです。それになにより、あまりに不公平な地位協定の問題は、いまもそのまま残っているじゃないですか」

静かな沖縄を、基地のない沖縄を返してほしい——そう訴えたあの日から、沖縄は何も変わっていない。

そしていまも仲村は、あのとき、同じ10代だったもうひとりの少女のことを思い出す。そう、事件の被害者だ。

仲村がこれまでほとんどメディアの取材に応じてこなかったのは、被害者の心情を慮《おもんぱか》ってのことだった。いま、少女がどこで何をしているのかは知る由もない。だが、もしも何かの機会に私のことを知ったら、どう思うだろうか。皆から注目され、称賛され、「反基地の象徴」として持ち上げられた自分。一方、犠牲となり、傷つき、名乗り出ることもできず、どこかでひっそりと暮らしているに違いない、顔も知らない少女。

「その悔しさを思うと、本当にやりきれないんです」

もうひとりの少女を思い、仲村は唇をかみしめた。

「悔しさ」は、けっして少なくはない沖縄県民が共有している。

新聞記者も、また同じだ。

本書の冒頭でも記したが、「タイムス」の湧田ちひろは、この事件が新聞記者を目指すきっかけとなった。中学生のとき、事件に衝撃を受け、沖縄の不条理を「伝えたい」と思うようになった。湧田だけではない。私が取材した沖縄の記者たちの多くが、この事件に対する憤りから、沖縄の「あり方」へ目を向けるようになったと答えている。

私が仲村に会いたいと思ったのは、彼ら彼女らが胸のなかに抱える「原点」に触れたいと思ったからだった。

「生活者視点」を貫く理由

事件が起きたとき、「琉球新報」の普久原均《ふくはらひとし》（50、論説副委員長）は嘉手納《かでな》支局（当時）に勤務していた。

20年が過ぎても、けっして忘れることのできない風景がある。

その日、ひと通りの取材を終えてから普久原は現場に向かった。事件発生時刻と同じ夜8時。沖縄本島中部の海岸に近いサトウキビ畑である。周囲には家屋もなく寂しい場所だった。遠くに街の灯《あか》りが陽炎《かげろう》のように浮かんでいた。

現場で何かを感じとる。それは事件記者の基本だ。しかし普久原は何も考えることができなかった。漆黒の闇のなか、ただ立ち尽くすだけだった。海から吹く潮風がねっとりと肌にからみつく。何も聞こえない。何も見えない。

目を閉じた。傷つき、泣きじゃくる少女の姿を想像する。

つらかっただろうなあ。寂しかっただろうなあ。胸の中でそうつぶやいた。

涙が出てきた。嗚咽《おえつ》が漏れた。誰もいないサトウキビ畑のなかで、立ち尽くしたまま泣いた。

「悔しかった。悲しかった。無力であることがつらかった。これが沖縄なんだ、沖縄の現実なんだと、自分に言い聞かせることしかできませんでした」

世の中の上っ面を追いかけているだけではダメなのだと、この事件は普久原にとって、あらためて「記者」の意味を考えるきっかけとなった。

忌まわしい事件は95年9月に起きた。

その日、小学校6年生の少女は自宅近くの文房具店で買い物をして店を出たところを、キャンプ・ハンセンに駐留する米海兵隊員たちに拉致された。少女は車の中に押し込まれ、粘着テープで顔を覆われたうえ、手足も縛られた。そして海岸近くのサトウキビ畑で暴行された。

被害者の少女のみならず、日本社会にも、けっして消えることのない記憶を刻印することになった「少女暴行事件」である。

普久原は「このときまで、基地問題にそれほど深い知識も関心もなかった」と漏らした後に、こう言い直した。

「基地という存在に慣らされてしまっていたのかもしれない」

基地は日常の中にある。子どものころから、いつも、基地はすぐ近くにあった。善し悪しの問題というよりも、それは風景のひとつだった。

もともと新聞記者を目指していたわけではなかった。大学4年のとき、ようやく就職先のひとつとしてマスコミを意識するようになった。深い理由はない。「教員免許を取ったわけでもなかったし、当時、僕のような文学部の学生は商社や銀行から相手にされていなかった。流通、メーカー、マスコミしか選択肢がなかったんです」

とりあえずNHKの試験を受けた。面接の際、担当者に「何をしたいのか」と問われ、「生まれ故郷の沖縄のためになるような仕事がしたい」と答えた。本心からそう言ったわけではなく、ある種の戦略としてとっさに出た言葉だった。

すると担当者は冷たく言い放った。

「だったら沖縄のメディアを受ければいいじゃない」

ああ、そうか。その通りだ。普久原はあっさりとそれを受け入れ、結果として「新報」に入社するのである。

88年に入社してすぐに配属されたのは経済部だった。その後、県内の支局を回り、95年の事件と関わることになる。

この事件は「基地に慣らされていた」沖縄と、そして普久原自身に大きな衝撃を与えた。「暴行」のむごたらしさだけではない。沖縄の置かれた「立ち位置」をも、あらためて社会に知らしめることになったのだ。日米地位協定のため、容疑者3人の身柄が当初日本側に引き渡されないという事態が起こり、日本側にまともな主権がないことが浮き彫りとなった。沖縄は「戦後」を終えていなかった。私たちはそのことを思い知った。いや、実はそれまでにも、そしてその後も同様の事件は数多く存在している。

95年の事件は被害者が小学生であったことから、そのやりきれなさが県民の怒りを爆発させたが、日米地位協定の壁は、大小さまざまな事件を隠蔽《いんぺい》し、迷宮化させ、加害者を守り、被害者に苦痛を強いてきた。

米軍がらみの事件が起きるたびに問題となる日米地位協定17条5項（c）は、次のような条文から成っている。

〈日本国が裁判権を行使すべき合衆国軍隊の構成員又は軍属たる被疑者の拘禁は、その者の身柄が合衆国の手中にあるときは、日本国により公訴が提起されるまでの間、合衆国が引き続き行うものとする〉

乱暴に解釈すれば、米国側は裁判が始まる前に被疑者を米国へ逃がしてしまえば、日本の司法はまったく手出しできないということになる。実際、その「乱暴」は繰り返されてきた。95年の事件以降、特定の場合については被疑者の引き渡しに「好意的な考慮」（sympathetic consideration）を払うという日米合意がされることで運用面は多少改められることとなったが、それでも完全に履行されているわけでもない。米軍の「特権」は維持されている。

普久原は2003年からの3年間を東京支社で過ごした。少女暴行事件に端を発した普天間の移設問題をめぐり、日米両政府によって移設先の検討が行われていた時期と重なる。

移設先をめぐっては二転三転した。日米の防衛・外務担当者からなる日米安全保障協議委員会（2プラス2）が「辺野古地区に普天間の代替施設を設置する」と発表したのは05年10月である。

同委員会を追いかけていた普久原はこの結果に名状しがたい失望感を覚えた。穴の中へ体が落ち込むような暗い気持ちになったという。

「何のための移設議論だったのか。とにかく基地を少しでも減らすことが目的だったはず。それがいつの間にか県内移設でまとまってしまったわけです。基地を右から左へ動かすだけであれば、まったく意味がない」

普久原は「こんな合意は机上の空論に過ぎない」と記事に書いた。住民の意向を無視した「合意」など、当事者不在の単なる政治決着に過ぎない。その思いを表現しただけだ。

しかし、そうした〝地元感情〟は中央には伝わらない。

なかでも当時、普天間移設問題のキーマンでもあった防衛事務次官の守屋武昌には嫌われた。記者懇談会に出席すると、普久原の姿を目にした途端、守屋は露骨に嫌な顔をした。

「沖縄の記者の顔など見るのも嫌だ」

守屋にそう言われたこともある。

そのころから「沖縄の記者」は、官僚にとっても煩《わずら》わしい存在だったのだ。

「全国紙も普天間問題を熱心に取材していましたが、しかし、落としどころはどこかといった観点で記事が出ることが多かった。僕ら〝沖縄の記者〟は政治的なすり合わせによって生まれる落としどころではなく、切実に解決を望んでいたんです。その視点は、政府や官僚にとって歓迎されるものでないことはよくわかりました」

そこが重要なポイントである。

基地問題とは何なのか――。普久原は即答した。

「人権問題ですよ」

おそらく、沖縄紙の記者の多くもそう答えるであろう（実際、私が取材した記者のほとんどが同じような言葉を口にした）。

沖縄にとって米軍基地は抑圧装置として機能してきた。安全保障の観点だけでは語りきることのできない暴力と不平等と分断を与えてきた。記者にとっても、ゲーム感覚で

「落としどころを探る」ような軽い問題ではないのだ。

沖縄紙の〝特殊性〟というものがあるとすれば、まさにそうした切実な人権感覚を挙げることができるかもしれない。それが、「本土」からはときに「偏向」だと指摘される。つまり〝特殊〟なのは新聞ではなく、沖縄の置かれた状況なのだ。

「沖縄の新聞は基地のことばかり書いてる、などと言われるわけですよ。全国紙や他の地方紙と比較すれば確かにそうかもしれない。しかし、基地に関する記事を〝売り〟にしているわけではないし、ましてや、そうすべきだと思っているわけでもありません。沖縄の人権状況が、せめて他の都道府県並みになれば、当然、基地に関する記事だって減ってくるはずです」

新聞記者は人間の営みを、生を、尊厳を守るために記事を書いている、と普久原は続けた。

「その視点を失ってはいけないと思うんです。たとえそれが権力者にとって不都合なことであったとしても」

基地だけにこだわってきたわけではない。普久原の優れた仕事の一つとして紹介したいのは、13年2月から6月まで62回にわたって連載した「環《めぐ》りの海」だ。これは島根県松江市に本社を置く地方紙「山陰中央新報」との合同企画で、竹島と尖閣諸島をテーマに、国境問題を正面から取り上げた。

沖縄紙を「中国政府寄り」だとして「尖閣問題を報じない」などと知ったかぶりの批判を口にする者は少なくないが、実際は地域の問題として何度も記事化されている。なかでも普久原が担当した「環りの海」は、竹島を抱える島根県の新聞との連携取材といった形式もさることながら、その踏み込んだ取材は高く評価され、13年度の日本新聞協会賞を受賞した。

国境問題は難しい。ややもすればナショナリズムの扇動にもなりかねない。だからこそ普久原は「国威発揚的な記事にはしない」と自らに課したという。

国境近くで生きる人々。国境の向こう側で生きる人々。これらを丹念に取材し、さらに歴史的経緯をひもときながら、対立を超えて、共存していくための知恵を探る。自国の正当性を主張するだけの単なる「領土キャンペーン」とは遠い、地に足の着いたルポルタージュだった。

企画が生まれたきっかけは、12年に那覇で開催されたマスコミ倫理懇談会全国協議会の全国大会だった。懇談会は全国の新聞社、テレビ局などによって構成され、毎年各地持ち回りで大会が行われている。

那覇の大会で、普久原は東京勤務時代に知り合った「山陰中央新報」の記者と再会する。その記者もかつては東京支社で国政を担当していた。東京では全国紙の横暴や地方紙の悲哀を肴《さかな》に、何度も盃《さかずき》を交わした仲だった。

「山陰中央新報」の側から合同企画の話をもちかけられ、普久原は即座に賛同した。地方紙同士が手を組んで記事をつくりあげることはめったにない。仕事として興味深い。しかも沖縄も島根も「国境」を抱える地域だ。連携して取材することで、俗論とは違った風景が見えてくるかもしれない。何よりも偏狭なナショナリズムが蔓延《まんえん》しつつあるなか、あえて冷静にこうした問題を論じる必要性もあるのではないかと普久原は考えていたところだった。

両紙それぞれに取材班をつくり、那覇と松江で何度も合同企画会議を開いた。その過程で「絶対に譲ることのできない」基本コンセプトが決まる。

生活者の視点を貫く——ということだった。

「どうしたって領土問題はナショナリズムを喚起してしまう。しかし我々がつくりたかったのは国家間の対立を煽《あお》ることではなく、国境近くに住む人々の視点を通して、ともに生きる道はないかと問いかけるものでした。特に沖縄は戦争の過酷な体験を有している。我々としては二度と戦火を見たくない、尖閣の海を火の海にしたくない、尖閣を戦争の発火点にはしたくない、という思いがあります。国境は対立の場所ではなく、人が生きていく場所であり、相互理解の最前線だという認識で、とにかく取材しようと」

東アジアはかつてないほどにナショナリズムの風が吹き荒れている。領土問題だけを見ても、韓国は大統領が自ら竹島に上陸し、中国は領海侵犯を重ね、そして日本では、排外主義者の隊列が日の丸を打ち振り「韓国人を殺せ」「中国人を追い出せ」とわめきながら街を練り歩いている時期だった。

そのころ、私はこうした偏狭なナショナリストを取材して回っていた。中国・韓国を敵視し、在日外国人に脅迫を加える日本の差別団体。竹島どころか対馬も自国の領土だとして、過激なパフォーマンスを繰り返す韓国の民族団体。そして尖閣諸島への上陸を果たし「英雄」として持ち上げられていた中国の自称・愛国者たち。それぞれに話を聞きながら、私は絶望的な気分を抱えることになった。国家の利害だけを優先するならば、行き着く先は戦争しかないのだ。

だからこそ普久原は徹底して「生活者の視点」を貫いた。

「戦争に発展すれば、真っ先に犠牲になるのは国境に住む人々ですからね。沖縄はそのことを知っている。過去の戦争でその痛みを知り尽くしてきたんです」

そもそも、尖閣諸島を抱える沖縄の頭越しに「国境」を議論するような風潮にも違和感があったという。なかでも多くの人が口にする〝我が国固有の領土〟なる言い方にかすかな抵抗も覚えた。

「それをいうならば、尖閣諸島はもともと琉球のものだった、ということにもなりますからね。国境議論からは、それを抱える地域の存在が無視されているようにも感じていたんです」

それは私も同感だった。日本の排外主義者たちは竹島が「韓国に奪われている」と憤り、尖閣が「中国に奪われつつある」と危機感を訴える。それはそれで理解できたとして、しかし、人が住めるような場所ではない島々を必死に守ろうとする者たちは、なぜに、多くの人が住んでいながら外国の軍隊に〝占領〟されている沖縄に無関心なのか。愛国や愛郷を熱く語りながら、その一方で沖縄を突き放すような者たちに、私も強烈な違和感を抱え込まざるを得なかった。

地方2紙の合同企画は13年2月22日の「竹島の日」に連載をスタートさせた。普久原をはじめ、両紙の記者はそれぞれ国境に向かった。竹島や尖閣で操業する漁業者に取材し、韓国、中国、香港、台湾にも飛んだ。領土・領海問題で対立の歴史を刻んできた世界各地に足を運んだ。そして、国家の思惑とは違うところで生きるそれぞれの「生活者」から本音を聞き出す。

生活の現場では、誰もが「戦争」を望んでいなかった。「国境」というやっかいなものを抱えながら、しかし、生きていくための道を模索していた。

連載記事の最後はこう結ばれている。

〈二島周辺海域や隣国を訪ねて見えたのは、思うように操業できず苦しむ漁業者や、私たちと同じように「平和」を祈る人々の姿。知恵を求めて訪ねた世界各地で学んだのは、粘り強く妥協点を見いだす姿勢だった。

領土問題は、この先、何百年もあり続けるかもしれない。だからこそ、敵と味方を安易につくり出す「思考停止」に陥らず、武力衝突を避ける努力を続ける——。竹島と尖閣を「地元」として生きる私たちが踏み出す一歩ずつの積み重ねが、歴史をつくると信じて〉

それは普久原の願いでもある。

あの日——少女が暴行された現場で立ち尽くし、漆黒の闇のなかで涙を流したときから、自分に言い聞かせている。

「沖縄は、人が生きている島であり、これからも人が生きていくための島」なのだと。

とことん「生活者の視点」にこだわるのは、普久原もまた、沖縄で「生きている」「生き続ける」からである。

地域の代弁者として動かされている

1995年の米軍人による少女暴行事件を端緒として浮上した「普天間移設」は二転三転しながら、結局は県内移設＝辺野古新基地建設にたどり着いた。

多くの県民の願いを無視する形で、基地の「たらいまわし」が決められた。

いま、辺野古の現場では、基地建設に反対する人々によって、連日、座り込みが行われている。

新基地建設の導入路に当たる米軍キャンプ・シュワブのゲート前。早朝から多くの人々が詰めかけ、新基地建設反対の声を上げる。工事車両が近づくと、その前に立ちはだかる人、進入を食い止めようと道路に横たわる人がいる。唇をかみしめ、歩道からじっと怒りの視線を投げかける人もいる。

そして、機動隊が人々を取り囲む。2015年秋からは、地元沖縄県警に加え、デモ鎮圧の精鋭部隊として知られる警視庁第4機動隊も現場に投入された。警視庁機動隊員は近くのリゾートホテルに滞在しながら、毎朝、辺野古に完全武装で〝出勤〟する。

機動隊の指揮者が号令をかけると、隊員は一斉に人々へ襲い掛かる。

怒号や悲鳴が飛び交う。抗議の声がひときわ大きく響き渡る。

「こんなこと許されると思っているのか！」

「絶対阻止するぞ！」

その声を無視するかのように、屈強な機動隊員たちはごぼう抜きのように人々を排除していく。相手が年寄りであっても容赦ない。首根っこをつかみ、押し倒し、馬乗りになり、暴力的に〝制圧〟する。逮捕者が出ることも珍しくない。

こうしたことが、もはや日常となっている。

ちなみに――「地元（辺野古）の人は新基地建設に賛成している」「反対しているのはヨソから来た人ばかり」。ネット上ではこうした言葉を目にすることが多い。

確かに新基地建設に期待を寄せている人がいるのも事実だ。

辺野古在住の市議・宮城安秀は「生活環境を向上させることを条件に、（新基地建設を）容認している」と私に答えた。

「下水道の整備などを望む住民は多い。基地建設はそのための対価ともいえる」

一方、辺野古に隣接する久志《くし》地区在住の森山憲一は連日、キャンプ・シュワブ前での座り込みに参加している。「環境整備と引き換えに基地建設を認めることなどできない。そのために失われるものが多すぎる。地域振興を基地建設に委ねるのは時代錯誤も甚だしい」と森山は訴える。

取材の過程で見えてくるのは、分断や対立を恐れる地域住民の「躊躇《ちゅうちょ》」だ。実際、辺野古地域に住む人々は基地の「賛否」を公に語らない人が少なくない。濃密な人間関係に縛られることの多い集落にあって、基地への態度を鮮明にすることは、ときに家族のなかに亀裂を持ち込むこともある。地域振興への思いと、基地負担のなかで、人の心は揺れる。当然だ。その苦渋の沈黙を、単純に賛否で色分けすることなど難しい。

結局、こうして一番に翻弄《ほんろう》されるのは地元に住む人々なのだ。これもまた、基地の「弊害」といえるのではないか。

「危機にあるのは安全保障なんかじゃない。沖縄の主権と人権だよ」

ある日、私にそう話しかけてきたのは、抗議運動のリーダー格として知られる山城博治《やましろひろじ》(63)だった。15年4月に悪性リンパ腫を患い、入院生活まで送っていたというのに、半年後には辺野古へ舞い戻ってきた。心配する周囲をよそに、山城は常に隊列の最前線に立つ。

麦わら帽をかぶり、陽に焼けて真っ黒になった腕をぶんぶん振り回しながら、独特のだみ声で米軍兵士や機動隊に詰め寄る山城の姿は、いまや辺野古ではおなじみの「風景」だ。

ときに山城は機動隊員から〝狙い撃ち〟される。押さえつけられ、喉輪《のどわ》をされ、ゴホゴホとせき込む山城の姿を見たのは、1回や2回ではない。

工事関連車両の基地内進入に抗議する市民＝2015年11月、沖縄県名護市辺野古のキャンプ・シュワブ前

警察などからは過激派扱いされる山城だが、しかし、彼のほうから暴力を振るうことはない。いや、暴力はけっして容認しない。

「非暴力主義ですよ。警察の暴力に対して暴力で立ち向かっても無駄ですよ。だから徹底的に非暴力を押し通す。でもね、それは何もしないことを意味するわけじゃないんです。抵抗はする。徹底して抵抗する。ほかに訴える手段がないのですから」

人々を鼓舞し、先頭に立って突っ込み、憤怒をぶつけながら、しかしけっして冷静さは失っていない。必要以上に〝跳ねる〟者がいれば、抱きかかえてでも機動隊から引き離す。現場が混乱したときは、機動隊の責任者のもとへ走り、釈明を求める。

「機動隊には機動隊としての仕事があるこ

とも理解しています。だから、誇りをもって仕事してくれと頼んでいる。我々の願いを、せめて見ていてほしいと訴えている」

機動隊員のすべてが「敵」でないことは山城だって知っているのだ。狭い沖縄である。機動隊員の身内のなかには基地に反対している者だっているはずだ。若い隊員のなかには、目に涙をためながら、人々を排除している者もいる。

「知事をはじめ、県民の8割が辺野古新基地に反対しているんです。世界一危険な普天間基地の撤去が県民の願いだったのに、撤去はするが県内の別の場所に移すなんてこと、容認できるわけないでしょう。だから僕らは体を張って抗議している。難しいことなんて言ってない。民意を、民主主義を守れ、沖縄の主権を守れと叫んでいるだけなんです」

前原高校で生徒会長を務めたときから、ずっと米軍の横暴に抗議を続けてきた。都内の大学を卒業してからは県庁に入り、労働組合の専従なども経験したのち、現在は沖縄平和運動センターの議長を務める。まさに平和運動の象徴的存在だ。

そんな山城に、沖縄の新聞について尋ねた。

「百田発言」をはじめ、いま、少なくない者たちが「沖縄の新聞が〝運動〟を煽っている」「県民をマインドコントロールしている」「洗脳している」と主張する。

――山城さん、洗脳されてるんですか？

基地移設反対の抗議をする市民＝2015年11月、沖縄県名護市辺野古のキャンプ・シュワブ前

なんのひねりもないストレートな質問に対し、山城はガハハと笑い出した。

「逆だよ。新聞は我々の主張を報じなければならないだけですよ」

続けて少しばかり神妙な顔つきに戻り、こう述べる。

「たとえば、もしも沖縄の新聞が基地容認なんて社論を打ち出すことがあれば、まあ、県民に見放されるだけです。そんな新聞、読みたくもないでしょう。つまりね、沖縄の新聞は地域の利益を考え、地域の声を拾い上げてるってことだと思いますよ。だって、それが地方紙の役目でもあるわけですから」

地域の代弁者として、地域に「動かされ」ているのは新聞の側なのだ。

「だから見てごらんなさい」と山城はゲー

ト前で取材を続ける沖縄紙の記者を指さした。

「毎日、ここに足を運んでいる。我々と機動隊に挟まれて、もみくちゃにされながら、ずっと張り付いている。我々を洗脳するためではなく、我々を知るために来ているんですよ」

「新報」も「タイムス」も、所属部署にかかわらず、記者が交代で辺野古に張り付いていることは前述した通りだ。両社ともに総動員態勢だ。

カメラを首から下げ、ノートとICレコーダーを手に、彼らは、彼女らは、今日も辺野古の現場を走り回っている。

ちなみに、両紙の記者が辺野古に常時「張り付く」ようになったのは15年1月からだ。前年の11月に行われた知事選で、辺野古新基地建設反対を公約に掲げた翁《お》長雄志《ながたけし》知事が誕生した。反対住民は喜びに沸いたが、一方、国はそうした民意を無視するかのように、基地新設の方針を進めると公言していた。

国は「仲井《なかい》眞《ま》弘多《ひろかず》前知事から埋め立て承認を得た」ということのみを、基地新設正当性の根拠として繰り返した。もちろん、この「承認」にはいくつもの疑問符が付く。仲井眞前知事は県民への事前説明もないまま選挙公約に反して強引に埋め立てを認めたのである。しかも、その後に行われた名護市長選、県知事選、衆院選沖縄選挙区では、いずれもそのことが否定されている。

そうした情勢もあり、基地建設反対の住民は、キャンプ・シュワブのゲート前での警戒を続けていた。

「大声で叫ぶしかない」

年が明けて15年1月10日夜のことだった。

「タイムス」北部支社（名護市）の報道部長を務めていた儀間多美子《ぎまたみこ》（45）は、勤務を終えると、那覇に向かって車を走らせた。

「夜遊びしたかったから」と儀間は笑いながら振り返る。

儀間にとって取材拠点としての名護は仕事のしがいのある場所だったが、夜は退屈だった。時折、那覇のネオンが恋しくなった。しかもその日は土曜日、3連休の初日でもある。自宅で「ちょっとおしゃれな洋服に着替えて」、儀間は友人との飲み会を約束して自宅を出たのであった。

車を走らせながら、ちらっと辺野古のことが頭に浮かんだ。その日、昼間は何の混乱もなかった。おそらく、今夜も何事もないだろうと思いながらも、一度考え出すと辺野古が気になって頭から離れない。

「仕方ない」。独り言をつぶやき、儀間はハンドルを左に切った。とりあえず辺野古の現場を見て安心したかったのだ。

一種の職業病みたいなものである。記者であれば誰でも同じような経験を持っているはずだ。何かが動きそうな気配を少しでも感じたら、寝ている時も遊んでいる時も、現場のことが頭から離れない。自分がいない間に何事も起きませんようにと、ひそかに祈り続ける。それでも落ち着かない時は、現場に立ち寄ってみるしかない。儀間は「おしゃれな洋服」のまま、辺野古に向かった。

ゲート前に誰もいなければ、そのまま那覇に向かうつもりだった。那覇のネオンが待っている。

ところが——悪い予感は当たる。

ゲート前にテレビカメラマンがいる。何やら動きがありそうだ。

待機していると、次々と大型重機やミキサー車など十数台が基地の中に入った。

工事のための資材搬入が始まったのだ。誰もいない夜間を狙っての作業強行である。まるで、だまし討ちだ。儀間は腕時計に目をやる。21時。だめだ、もう飲み会には間に合わない。覚悟を決めた。今夜はここで過ごすしかない。

そのうち基地建設に反対する住民も集まってきた。記者の姿を「発見」した市民により、資材搬入のメッセージが瞬時に広まったのだ。

週末の夜。ゲート前は混乱した。

「こそこそ作業するな！」「なぜ、わざわざ夜間に強行するんだ！」

駆け付けた市民の間で怒号が飛び交った。

そのうちに機動隊も到着する。市民と機動隊がにらみ合う。小競り合いが起きる。それをわき目に、次々と工事車両がゲートに吸い込まれていく。

未明近くには、基地警備員への暴行容疑で、男性1人が逮捕されるといった事態にまで発展した。

辺野古にとどまった儀間は、これを報じることができたのである。とっさの思いつきで辺野古に立ち寄ったのは正解だった。同時に、逮捕者のことを考えると複雑な気持ちにもなったという。

「結局、記者がいるからこそ、そこに多くの人が集まったんです。騒ぎにもなった。逮捕者が出たのは私のせいかもしれない、って。そんな思いはいまでも消えていなくて、申し訳ない気持ちにもなるんです」

いずれにせよ、知事や県民の意向を無視してでも、国が工事着工を狙っていることだけは確かだった。今後、いつ、なにが起きるのかわからない。抜き打ち的な動きは続くであろう。そうした考えから、この日の事件をきっかけに、「タイムス」も「新報」も、連日の張り込み態勢を開始するのである。

結果的に、儀間は辺野古張り込み第1号の記者となったのであった。

儀間は大学時代、外国人と接する仕事に就きたいと考えていた。「国際的なもの」に憧れていたのだ。在学中に日本語教師の検定試験に合格し、4年生の秋には、県内の日本語学校で働くことも決まった。

ところが、内定していた日本語学校が突然に廃業してしまうという事件が起きた。気がついた時には、すでに就職戦線は終わっている。

「やばい、とにかくどこでもいいから働き口を見つけなくては、という思いで新聞の求人欄を片っ端からチェックしました」

たまたま自宅で購読していたのが「タイムス」だった。毎日、求人欄ばかりを目で追っていたら、「タイムス」の校閲部が2年契約の嘱託社員を募集していることを知った。これだ、と思った。新聞社、あるいは校閲という仕事に興味があったわけではない。儀間が色めき立ったのは、「タイムス」本社が自宅から至近距離にあったことだった。

「歩いて行けるから。ほんと、申し訳ないくらいにいい加減な理由でした」

面接に集まったのは約20人。校閲の勤務時間が夕方から深夜までだという説明を受けると、まず、「深夜に家を空けることができない」と主婦の応募者たちが脱落した。さらに遠方に住んでいる人たちも「深夜の帰宅は難しい」との理由で脱落。

「私は目と鼻の先に住んでいるわけですから、通勤には何の問題もない。おまけに日本語教師の検定に通っていることから、ちゃんとした日本語が使えるのだと思われたのかもしれません。結局、運良く合格したわけですが、それまで縁の薄かった新聞を慌てて読みだしたりして……」

初めて目にした新聞の世界は、何もかも新鮮だった。儀間は手渡された「記者ハンドブック」を片手に校閲作業に追われる毎日だったが、それでも、新聞記事が掲載されるまでの過程を知り、そして新聞記者という存在を知り、世の中の仕組みを少しばかり覚えた。

「ろくに新聞なんて読んでいませんでしたからね。たとえば米軍基地だって、私のなかでは英会話を勉強するために通った場所、という位置づけでしかなかった。でも、仕事として記事を読みこなしていくなかで、私の知らなかった沖縄が見えてきたような気がしたんです」

基地の中で英会話を教えてくれた軍人、軍属の奥さんたちの顔を思い出した。みんな素敵な人たちだった。優しくていい人たちだった。彼女たちの家庭は幸せと平和に満ちていた。でも、その場所がかつて何であったか、なぜ、基地があるのか、新聞社で働くことでようやく理解できた。個人としての米国人を恨む気持ちなど、さらさらないが、基地を強いられた沖縄の状況からは目が離せなくなった。

いつしか新聞記者になりたいと考えるようになった。嘱託としての期限が切れる直前、今度は社員採用試験を受けて見事に合格する。自宅が近いからじゃない。記者として生きていきたいのだと、そのころは躊躇なく言えるようになっていた。

95年春、嘱託ではなく、正規の社員記者として、あらためて「タイムス」の一員となった。

駆け出しの場所は社会部の〝フリー〟だった。フリーというのは沖縄紙独特の言い方で、全国紙などでは通常〝遊軍〟と呼ばれている。沖縄紙が遊軍という名称を使わないのは、それが軍隊に由来した物言いだからである。もともとは隊列から離れて待機し、時機を見計らって出動し、味方を助ける部隊のことを意味する。新聞業界でも同様に、特定の持ち場を持たず、事件や事故に機動的に対応するセクションを遊軍と呼んできた。

新聞業界というのは一見リベラルなようでありながら、体育会的風土と軍隊・警察用語に満ちた職場でもある。兵隊（ヒラ記者）、全舷《ぜんげん》（記者の慰労旅行）といった言葉はいまでも生きている。

沖縄紙がこうした言葉を使わないのは、言うまでもなく「戦場としての記憶」「戦争の被害」がいまなお暗い影を落としている現実があるからだ。

さて、「タイムス」入社を果たした儀間は早速、大仕事を任される。

その年の6月23日（慰霊の日）。沖縄戦終結50周年記念として平和祈念公園（糸満市）に建設された「平和の礎《いしじ》」の除幕式の取材だった。

「平和の礎」には、軍人や民間人、国籍の区別なく、沖縄戦で亡くなったすべての人々の氏名が刻まれている。

除幕式には村山富市首相（当時）をはじめ、政府・県関係者、多くの戦没者遺族が出席することになっていた。1年生記者の儀間は式典会場をまわりながら、主に遺族から談話を取ることになった。

真夏のように暑い日だった。儀間は黒いパンツスーツに身を包み、張り切って会場に向かった。

遺族を見つけると、駆け寄って話を聞いた。

多くの遺族が、この若い女性記者に、丁寧に戦争体験を話してくれた。

肉親を失った話。あるいは、集団自決の現場において自らの手で肉親を死に追いやった話――。

最初のうちは話の中身よりも、談話が取れたことじたいを喜んだ。これで一人前の記者になることができたと思った。貴重な体験談を聞き出すと「よしっ、これは社会面トップかも」などと悦に入ることもあった。

だが、そのうち足取りが重たくなった。メモすることも苦痛になってきた。

「聞く話のすべてが壮絶で、だんだんと苦しくなってしまったんです」

ひとりの老婆がいた。彼女は戦火から逃れてたどり着いた洞窟の中で、自ら産んだ子どもを手にかけた。別の老人は、親族の頭に石を打ち込んだ経験を持っていた。自分ひとりが生き残ってしまったことを泣きながら後悔していた。

取材を続けていくうちに、もう談話を取ることなど、どうでもいいと感じるようになった。つらくて逃げ出したくなった。浮かれてメモを取っていた自分が恥ずかしくなってきた。

これが戦争なんだ。映画のように撃ち合って殺しあうだけが戦争じゃないんだ。初めて知った戦争の内実に打ちのめされた。

そのうち歩くこともできなくなって、ベンチに座り込んでしまった。黒スーツが太陽の熱を吸収し、体が焼けるように熱い。汗がぽたぽた落ちてくる。なのに、汗を拭く気力すらない。

悲しいからなのか。はしゃいでいた自分が情けなかったからか。とにかく泣きたくなった。泣こう、と思った。取材なんてできない。

ベンチに座って泣いた。汗も涙も拭《ぬぐ》うことができず、その力もなく、ただひたすら泣き続けた。

「そのとき思ったんです。沖縄で記者をするっていうのは、こういうことなんだと。戦争と正面から向き合わないといけないんだ、って」

その4カ月後、儀間は少女暴行事件に抗議する「県民総決起大会」の会場にいた。私やほかの記者たちと同じように、被害者の少女を思い、壇上に立った女子高生の話に耳を傾けた。

今度は泣かなかった。

この怒りを、きちんと自らに刻みこもうと思った。沖縄から逃げない。歴史の重みにも耐えてみせる。そして、沖縄とともに生きてみせる。

儀間はこのとき、ようやく「沖縄の記者」になったのだ。

いまもそのときの誓いは忘れていない。

「沖縄の新聞は偏向しているのかと問われれば、偏向してますと大声で答えたいです。そもそも沖縄を政治の辺境に追いやったのは誰なのかと逆に問いただしたい。私たちはこうした場所から伝え続けていくしかないんです。嫌われても、うるさいと思われても、大声で叫んでいくしかない。だって、どれほど大声で国に向かって叫んだところで届かない。実際、沖縄はいつも負けている。ならば叫び続けるしかないですよね」

いま、社会部副部長として取材の陣頭指揮を執る儀間からは、強靭な意志と信念のようなものが漂ってくる。その凛とした表情に、泣き崩れて立ち上がることもできない駆け出し記者の顔が重なった。

「叫び続ける」記者を支えてきたのは、実はもろくて壊れやすい、繊細な感受性ではなかったかとも思うのだ。

弱かったのではない。彼女は寄り添ってきたのだ、ずっと。沖縄の苦痛に。慟哭《どうこく》に。

市民に向けられる暴力

儀間は、辺野古に「暴力」を見たという。

国と米軍による民意を無視した「基地建設強行」という暴力。そして警察や海上保安庁による直接的な暴力だ。

「歴史が繰り返されている」

そう話す儀間は、機動隊によって蹴散らされる市民の姿を目にするたびに、終わりの見えない沖縄の「戦後」を思った。

いつも、そうだった。ずっと、そうだった。

50年代には伊江島（伊江村）で、伊佐浜（現・宜野湾市）で、米軍が土地を強奪した。立ち退きを拒否する人の住む家に火を放ち、ブルドーザーで破壊した。飲料用の貯水タンクも壊され、畑は作物ごと掘り返された。

「銃剣とブルドーザー」によって追い立てられ、土地を奪われ、基地建設を強行され続けてきたのが沖縄だった。

今度は辺野古の海が奪われようとしている。

それに反対し、キャンプ・シュワブのゲート前に座り込む人々は機動隊によってごぼう抜きされ、排除される。もみ合いでけがをして病院に運ばれるのは、いつも市民の側だ。ゲート前では救急車のサイレンが鳴りやまない。

海上でも反対市民のカヌーやボート（抗議船）が海上保安庁によって、暴力的に転覆させられることが珍しくない。

「落とせ」という号令のもと、海保職員に海へ突き落とされた者もいる。

海の安全を守ることを任務としている海保が、率先して「事件」をつくりだしているのだ。転覆させられた抗議船側が「艦船転覆罪」で海上保安庁を告訴するといった事態にまで発展した。

沖縄の新聞はこうした「暴力」を詳細に報じてきた。それは地元紙として当然のことであろう。「銃剣とブルドーザー」の歴史が刻印された沖縄だからこそ、国家権力の「暴力」には、なおさら敏感とならざるを得ない。

だが、海上保安庁などは、こうした沖縄紙の報道を完全に「敵視」した。

２０１５年2月中旬、海保は同庁記者クラブ加盟の在京メディア記者を個別に招集し、沖縄メディアによる一連の辺野古報道は「誤報である」とレクチャーしている。

その際、海保の広報担当者は、市民への暴力行為を報じた「新報」「タイムス」の記

普天間基地の移設予定地とされる辺野古の海＝2015年11月、沖縄県名護市

事を各紙の記者たちに見せ、自らの正当性を訴えたという。たとえば「新報」が掲載した、市民に海上保安官が馬乗りしている写真については、「海中転落を防ぐため」などと説明。けが人が出ているとの記事にも「事実は確認されていない」と否定した。

政府機関が特定報道機関の記事に反論するため、報道各社に個別説明会を開くのは極めて異例なことだが、卑怯《ひきょう》なのは、こうした説明を沖縄紙には一切、していないことだ。つまり「沖縄抜き」の一方的なものだった。このように沖縄紙と在京メディアを「区別」する理由はいったい何であったのか。おそらくは日ごろの〝距離感〟から、全国紙ならば与《くみ》しやすいとでも考えたのではなかろうか。

〈辺野古の現場で最も時間と労力をかけて取

材を続けているのは県紙だ。沖縄には、辺野古の状況に精通した全国メディアの記者もいる。辺野古をめぐる地元紙報道への反論は、沖縄で堂々と唱えるのが筋だろう。わざわざ現場から離れた東京で在京メディアに「告げ口」するかのような挙に出るのは、「自信のなさ」の裏返しのようにも映る〉（「タイムス」15年2月27日付）

このように皮肉られても仕方あるまい。

だが、海保はその後も沖縄紙とは距離を保ちながらパンチを繰り出すというアウトボクシングを続ける。

同年5月20日、今度は同庁の佐藤雄二長官が定例記者会見で、沖縄紙批判を展開した。辺野古の海上警備は「冷静にかつ丁寧」だとしたうえで、沖縄紙による報道は「事実関係より、誇張されている」などと発言したのだ。

さすがに沖縄紙は怒った。

「新報」「タイムス」両紙は早速、反論の社説を掲載する。

〈「誇張報道」発言／海保長官は事実直視を

根拠のない批判は言い掛かりにすぎない。海上保安庁の佐藤雄二長官の発言はまさにそれである。

名護市辺野古沖での海保の海上警備をめぐる琉球新報など地元紙の報道について、長官は定例会見で根拠を示さないまま「誇張されている部分があると感じる」と述べた。「誇張」と断定する根拠を示し得ないために「感じる」と付け加えたのだろう。それでも長官発言は報道の根幹に関わる。不見識極まりない中傷発言であり、直ちに撤回すべきだ。

長官は臨時制限区域に進入した抗議船が転覆し、乗っていた4人と海上保安官が海に投げ出されたことに言及しており、その記事を「誇張」と捉えたとみられる。

本紙は「抗議船1隻が浮具（フロート）を越え、スパット台船近くまで進入した。海上保安庁のゴムボート2艇が取り囲み、複数の海上保安官が乗り込んだ際、船体が左に傾き転覆した。乗っていた市民と保安官は海に投げ出された」と記述した。

事実関係に誤りはない。その証拠に第11管区海上保安本部の話も掲載したが、記事との食い違いはない。とすれば、それ以外の記述を「誇張」としていることになる。

記事には、救急搬送された男性が「転覆後も水中に頭を押さえ付けられ意識が遠のいた」と話したことや、市民らが「過剰警備だ」として国家賠償請求と艦船転覆罪で告訴を検討していることが書かれている。

転覆した船に乗っていた人に話を聞くことは報道機関として当然である。それが「誇張」に該当しないのは明らかだ。「意識が遠のいた」とする人の話に「誇張」があったとでも言うのだろうか。

長官は「現場は冷静かつ丁寧に対応している」とも述べている。事実とは懸け離れている。

辺野古沖では女性の首に足を巻き付けてカメラを奪おうとしたり、ゴムボートの後方から特殊警備救難艇で衝突して乗り上げたりするなど、海保の暴力警備が日常化している。

そのどこが「丁寧」といえるだろうか。暴力を容認することは許し難い。もはや海保の行為は警備ではなく、暴力そのものである。長官に求められることは報道を中傷することではない。辺野古沖で海上保安官が暴力を振るっている事実を直視し、改善することである〉（「新報」15年5月23日付）

〈海保長官「誇張」発言／現場の実態を直視せよ

名護市辺野古の新基地建設に伴う海上保安庁の過剰警備批判に対し、佐藤雄二海上保安庁長官が20日の定例会見で「私が知る限り、現地の報道ぶりが非常に事実関係より誇張されている」と発言した。

在京メディアに向かって沖縄の地元紙報道を批判することで、海保が実施する警備の正当性を主張したようだ。しかし、「誇張」とした具体的な内容は示さず、根拠もなく一方的に批判する会見はフェアではない。

海保の地元紙〝攻撃〟は今に始まったわけではない。今年2月には、在京メディアを個別に集め、沖縄タイムスと琉球新報が報じた過剰警備の記事計5本を示し「誤報」と説明していたことが明らかになっている。

「誤報」とされた記事について、これまで、本紙が海保から直接指摘を受けたことはない。なぜ「誤り」「誇張」だと言うなら直接、本紙にたださないのか。

前回は半ば秘密裏に、今回は公の会見という違いはあるものの、海保の一方的見解を流すのは姑息《こそく》なやり方と言わざるを得ない。公的機関がとる対応なのか、憤りを通り越し、あきれるほどだ。

沖縄タイムスは、政府が新基地建設に伴う海上作業に着手した昨年8月来、記者を日々現場に配置し、丁寧な取材を重ねている。

記者が得た情報は、関係者に聞き取るほか、写真や動画を検証して確認できた事実を正確に記事にしており、海保が主張する「誤報」「誇張」は当たらないことを強調しておきたい。

海保長官が発言したその日、翁長雄志知事は就任後初めて東京で記者会見を開き、国内外のメディアに新基地建設反対の民意を訴えている。

会見では、戦後の米軍基地建設に向けて県民の土地が強制的に接収された歴史をひもとき、現在に重ねて「海上での銃剣とブルドーザーでの基地建設の様相を呈してきた」と皮肉った。

これが沖縄県民の目に映る海上作業の実態であり、基地建設に反対するカヌー隊員の不当な拘束、抗議船の転覆など行き過ぎた警備の実態だ。

海上で抗議する市民を排除しやすいよう立ち入りを制限する臨時制限区域が、境界を示す浮標の位置があいまいで、警備する海保職員の解釈次第で境界が異なることも衝突につながる問題の一端だ。

市民に対して「犯罪者」などと暴言を吐く海保職員もおり、佐藤長官は海上警備のトップとして、まず警備の詳細を把握すべきだ。

海保が地元紙批判を繰り返す背景には、辺野古の実態が拡散しないよう在京メディアに暗に圧力をかけているとの指摘がある。不都合な報道を広げないメディア戦略を当然視する意見もあるが、権力が国民に知られては困る事実こそ、国民に不利益を与えないよう報道側が姿勢を正し、何が真実か明らかにすべきだ。

辺野古新基地反対は一連の選挙で示した民意である。真っさらな目で沖縄の現実を見つめ、報道するよう多くのメディアに期待したい〉(「タイムス」15年5月22日付)

事実関係を子細に列記したうえでの主張はわかりやすく論旨も明確だ。全国紙の眠たい社説に見慣れた目には、なんとも新鮮に映る。

ちなみに沖縄紙以外でこの「長官発言」を批判的に報じたメディアは皆無に近い。この〝温度差〟があるからこそ、沖縄紙は書き続けなければならないのだろう。それを「偏向」とするのであれば、書かないことはただの怠慢、あるいは鈍感にすぎない。

全国紙の名誉のために言えば、もちろん沖縄に寄り添い、必死に取材を続ける記者だって少なくない。私もそうした記者たちと接してきたし、「偏向報道批判」に憤る記者が数多く存在することも知っている。沖縄駐在の記者には、地元紙との激しい取材競争のなかで、ときに〝地の利〟に甘えがちな地元記者を出し抜いてスクープを飛ばす優秀な者もいる。

だがその一方で、「沖縄の新聞は特殊だから」と、わざわざ私に耳打ちしてくるような全国紙記者が存在することも、また事実なのだ。

何度でも記す。

「特殊」なのは沖縄の新聞ではなく、沖縄の置かれた環境なのだ。

中央政府の「偏見」に抗《あらが》えば「偏向」だと指摘される。こんな理不尽なことはない。

私には、メディアが政府によって「なめられている」としか思えない。

たとえば、海上警備は冷静かつ丁寧だとした「佐藤長官発言」の翌日に、海保はまたしても抗議船を「転覆」させているのだ。

「新報」は5月23日付紙面で、このときのことを次のように報じている。

〈カヌーを転覆させられ、海に投げ出された安藤朱里さん（26）は「海上保安官がボートから泳いできてカヌーにつかまった。ボート上の別の職員が『落とせ、落とせ』と指示した、ライフジャケットをつかまれカヌーを転覆させられた」と話した。陸に運ばれる船上で30分以上、飛び込みなどを防ぐためとして首に腕を回され身動きを封じられた。「なぜ一般市民に暴力を振るうのか」と聞くと、海保職員は「（あなたは）一般市民ではない」と何度も言われたという。「私たちのことをテロ集団と教えられているのか」と疑問を呈した。

カヌーに乗っていた別の30代女性も、同じように海に投げ出された。ボート上の職員から、落としてもいいというような指示があったという。女性は「（カヌーをつかまれた時点で）すでに拘束されている。転覆させたのは嫌がらせとしか思えない」と語った〉

いったい、これのどこが「冷静かつ丁寧」な対応だというのか。拘束したうえでカヌーを転覆させるなど、まさに「嫌がらせ」以外のなにものでもない。

衆人環視のもとで、しかも長官発言の翌日であるにもかかわらず、こうした暴力が行使されるのは、まさにメディアがなめられている証拠であり、唯一、沖縄紙が報じたとしても、それを「偏向報道」だと押し返せばよいと思っているのだろう。

それこそ「新報」編集局次長の松元剛が話したように「沖縄で何か問題が発生し、それが政府の思惑通りに進まないと、必ずと言ってよいほど同じような言説が流布される。つまり、自らの危機感を沖縄の新聞批判にすり替えることで、民意を矮小化する」ということではないのか。

「偏向キャンペーン」の、どす黒い背景が見え隠れする。

1年生記者の壊れた眼鏡

「暴力」の矛先が向けられるのは、基地建設に反対する市民だけとは限らない。ときに現場で取材している沖縄紙の記者も狙われる。

辺野古で取材中の「新報」社会部・明真南斗《あきらまなと》(24)が、沖縄県警機動隊に取り囲まれ、強制排除されたのは14年11月20日のことだった。

この年の4月に入社したばかりの明は、7月から定期的に辺野古取材に通っていた。

「何が何だかわからないまま現場に放り出され、とにかく辺野古を走り回っていました」

まだ顔にあどけなさの残る明が1年生記者だったころを振り返る。

その日もキャンプ・シュワブ前では、大勢の市民が集まって抗議の声を上げていた。4カ月間の辺野古通いで見知った顔もあれば、初めて会う人もいる。わけ隔てることなく、明は一人ひとりに話しかけながら、声を拾っていた。

午前11時を過ぎたころだった。ゲート前で座り込みを続ける市民の姿をカメラに収めていた明の前に、2人の機動隊員が行く手を阻むような形で立ちはだかった。

撮影はまだ終わっていない。機動隊員の脇をすり抜けて前に進もうとするも、明の動きに合わせるかのように、機動隊員がそれを拒む。

このとき、明は社名が記された報道腕章を腕に巻いていた。当然ながら機動隊は、一眼レフカメラを手にしたこの若い男が新聞記者であることは認知していたはずだ。

取材を邪魔される理由は何もない。警察にそんな権利はない。そもそも証拠保全が必要な殺人事件の現場でもなければ、警護対象者が来ているわけでもないのだ。明は当然の権利として、いや権利というほどに大げさなものでもなく、記者としての仕事をまっとうするために、後退することなく前に進み出た。

すると機動隊員が体を押し付けてくる。

さらに両手で明の肩を押した。

「写真を撮っているだけです」

納得のいかない明は抗議したが、まったく聞き入れる様子はない。

明はカメラを構えたまま、それでも足を止めなかった。機動隊員が明の肩に手をかけ、その場から排除しようとした。当然、明はそれを振り切って逃れようとする。

そのとき、眼鏡がはずれて地面に落ちた。いや、抵抗の勢いもあったので、叩き付けられたようなものだった。

眼鏡を拾い上げた瞬間、そのまま歩道まで引きずられるようにして排除された。

眼鏡はレンズが割れていた。

明は、あえてレンズが割れたままの眼鏡をかけ直した。なぜか、そうすべきだと思った。割れたレンズのままに、その日の辺野古を見続けるのだと自分に言い聞かせた。

午後、沖縄防衛局が設置した、おろし金のようにギザギザの突起が付いた山型鉄板の上に座り込んだ市民への強制排除が始まった。

明は再び至近距離からカメラを構えた。

案の定、またしても機動隊員に取り囲まれた。彼らは「邪魔だ！」と怒鳴りながら明の撮影を妨害する。力ずくで明を市民の側から引き離し、またしても歩道に押しやった。その際、機動隊の一人は「また眼鏡が壊れるぞ」と威嚇《いかく》した。

近くにいた先輩記者も同じように排除されていた。警察官は先輩記者が首から吊り下げていた腕章を手に取り、「琉球新報か」と一瞥《いちべつ》したのち、抱えるようにしてその場から押し出した。

歩道で機動隊に囲まれ、身動きできない状態のなか、明は暴力に彩られた辺野古を見た。

機動隊員に小突かれている市民がいる。胴上げでもされるかのように四肢をつかまれ、そのまま排除されていく者もいる。

「これが沖縄の姿なんだと、あらためて思い知りました。観念的に捉えていた基地問題が、このときリアルな姿をもって、僕の目に焼き付けられたような気がしたんです」

翌日、「新報」は潮平芳和編集局長による次のような抗議談話を紙面に掲載した。

〈本紙記者は琉球新報の腕章を身に着け、住民の抗議行動を記録する正当な取材をしていた。警察官が記者を強制的に排除したことは明らかな取材妨害であり、報道の自由を侵害するもので強く抗議する〉

機動隊は結果的に力ずくで記者を排除させることには成功した。しかし、ただそれだけのことだ。萎縮や恐怖を与えることもできなければ、権力にとって従順で物わかりの良い記者を生み出すこともできなかった。

1年生記者は壊れた眼鏡を通して、暴力の痛みと歪《ゆが》んだ風景を全身に刻印した。またひとり、地に足の着いた記者が誕生したのである。

明が生まれ故郷である沖縄をはっきりと意識するようになったのは、都内の大学に進んでからである。

２０１０年、早稲田大学に入学したての頃だった。

仲良くなった友人同士の会話の中で、明が沖縄出身であることを明かすと、そのうちのひとりが興味を示した。まるで外国からの留学生を迎えたかのように「そうなのかあ」と感心したような声を漏らし、こう続けた。

「沖縄ってのは、やはり、基地がないとやっていけないところなんだよね」

なにか知ったふうな言葉でその場を仕切ろうとする者は、どこにでもいる。おそらく彼も寄せ集めの知識を人前で披露したかっただけなのだろう。いかにも紋切り型の物言いは、むしろ沖縄への無知を暴露したようなものだった。

だが、明はそれを軽く受け流すこともできず、さりとて反論の言葉も出てこなかった。鉛を呑《の》み込んだかのように声が出なくなり、胸の中で「いや、違う、違う」と独り言のように繰り返すのが精いっぱいだった。

暗い気持ちになった。

「沖縄で育ったのに、沖縄のことをきちんと説明できるだけの言葉を持っていない自分に腹が立ったんです。悔しかった。それ以上に勉強不足であることを痛感しました」

沖縄で暮らしていれば、「基地がなければやっていけない」といった物言いが実態とかけ離れたものであることは、皮膚感覚だけでも十分に理解できる。しかし、当たり前すぎることを問われる経験を有していなかったので、これをロジカルに説明する機会もなかった。

明はこのとき初めて、沖縄を「知らない」自分自身を恥じた。

その晩、沖縄出身で別の大学に通っている友人に電話した。同級生に言われたことを伝え「悔しかった」と打ち明けると、友人もまた「実は」と同じような体験をしたばかりなのだと返してきた。

「俺たち、本当に沖縄のこと学んでこなかったよな」

どちらからともなく、そんな言葉が漏れた。

1時間以上の長電話で話し込んだ結果、とにかく沖縄についてもっと勉強するべきだという結論に達した。

すぐさま行動に移った。沖縄出身の学生に声をかけ、勉強会を開催したのだ。この勉強会は結局、卒業するまで続くことになる。

沖縄に関する新聞記事や書籍を持ち寄り、互いに疑問をぶつけながら議論を繰り返した。勉強会に沖縄紙の記者を講師として招いたこともある。帰省を兼ねた〝現地調査〟

もおこなった。

「そうすることで沖縄が見えてきたんです。なかでも〝戦後〟という時間をきちんと認識できたことは大きかった」と明は言う。

離れているからこそ、「見えてくる」ものもある。距離があるからこそ、輪郭も浮かび上がる。皮膚で感じてきた沖縄とは違った姿を、明たちは知るようになったのだ。

利用され、疎外され、差別されてきた沖縄。負担ばかりを押し付けられ、そこに異を唱えれば「わがまま」だと批判される沖縄。政治に、外交に翻弄され続ける沖縄。対等な関係を構築することができず、日本からも米国からも支配・服従の関係を強いられ、そこから抜け出せないでいる沖縄。

意識することのなかった歴史の槌音《つちおと》が耳の奥で響くようになった。

そして、いつしかそれを伝えたいという思いが膨らみ、明は記者として「新報」に入社することとなったのだ。

入社早々、「基地問題をやりたい」と話す明に、先輩記者はこう告げた。

「沖縄で記者をする以上、基地問題を手掛けるのは当然だ。何をどう伝えたいのか、それを考えろ」

だからいまも、明はその言葉を意識しながら取材に走っている。

「僕らの世代は、そもそも新聞を読まなくなっています。新聞に対する信頼度も低い。

だからこそ、どんな言葉で沖縄を伝えていくべきか、いつも考えています」

ネットにも目を通す。新聞批判、沖縄批判の文脈で書かれた記事からも目をそらすことはない。というか、明の世代ではメディアを絶対視したり、新聞に権威を感じたりしている者など、ほとんどいない。罵詈《ばり》雑言《ぞうごん》など挨拶みたいなものだ。

「ですから百田発言の中身に関しては、それほど驚きはありませんでした。ネットのなかで使い古されたロジックに過ぎませんからね。むしろ、政権に近い場所から飛び出したのですから、権力監視を役割とすべきメディアにとっては、ほめ言葉に近いような気もしたんです。沖縄の新聞がきちんと機能している証拠だと思います」

見かけに騙《だま》されてはいけないのだと私はあらためて思った。一見すれば学生の雰囲気が抜けきらない気弱そうな若者であるのに、彼は取材現場で警察に恫喝《どうかつ》されたくらいでは一歩も引かず、罵声や中傷をも「勲章だ」と笑い飛ばす胆力を持っている。

見た目の印象を裏切る、良い意味でのふてぶてしさに私は好感を持った。

「偏向していると指摘されることなど、なんとも思わない。新聞をつくっているのは血の通った人間ですし、紙面には軸足というものがあります。それをどこに置くべきか――当然ながら沖縄ですよ。偏っているのではなく、常にそこから発信していくことが地方紙の使命だと思うんです」

沖縄への偏見に沈黙で応じたかつての明ではない。支えているのは自信というよりも、ある種の覚悟のようにも感じるのだ。

生き続けるための「反基地」

ちなみに、結果として明を新聞記者に向かわせることとなった〝基地依存〟という偏見に関しても触れておこう。

沖縄の〝基地依存〟について、ことさら過大に〝評価〟する者は少なくない。沖縄は「基地がなければやっていけない」と本気で考えている向きは私の周囲でも散見できるが、果たして本当なのか。

沖縄県の調べによれば、取材時の沖縄経済における米軍基地依存度(軍用地料や雇用者収入など基地関連収入の占める割合)は、わずかに約5%である。復帰直後の1972年度でこそ依存度は15・5%だったが、いまや、その数字は大幅に減った。

米国施政権時代の沖縄は、日本の高度成長とは切り離されていた。それ故に一定程度の〝基地依存〟があったことは事実だ。基地に頼る以外の選択肢に乏しかった。そうした生き方を強いられていた。雇用の受け皿として機能していた時期は存在した。

しかしいまは違う。観光産業をはじめ、沖縄経済の〝自立〟は確実に進んでいる。

それどころか「基地の存在こそが経済にとっては阻害要因の一つになっている」と私の取材に答えたのは、沖縄観光コンベンションビューロー（OCVB）会長の平良朝敬《たいらちょうけい》だった。かつては県内きってのホテル業大手「かりゆしグループ」CEOとして県政にも大きな影響力を発揮してきた。2014年の知事選では「辺野古新基地建設反対」を訴えた翁長雄志の擁立に動き、県政交代の一翼を担った。沖縄経済界では突出した「翁長知事の腹心」だと見られている。15年には官民一体で観光産業を支援する一般財団法人OCVBの会長に起用され、企業経営からは退いた。

那覇空港に近いOCVBの会長室で私が平良と会ったのは15年7月である。件《くだん》の「百田発言」直後であっただけに、当然、それに対する見解が話題の中心となった。

平良は「間違いが多すぎる」と嘆いた。

「そもそも沖縄が望んで米軍基地を誘致したわけでも何でもない。よく言われているように〝銃剣とブルドーザー〟で土地を奪って基地がつくられた。そうであるのに、〝沖縄は基地で食っている〟なんて物言いが飛び出すところに、誤解というよりも、沖縄への蔑視が感じられます」

やはり「本土」側の偏見を批判したうえで、次のように述べる。

「沖縄経済の市場規模は年間4兆円。そのうち、基地関連収入は約2千億円です。全体から見ればさほど大きな額でもなく、当然ながらそれは沖縄全体が〝食っていける〟だけの規模でもない。さらに、観光産業から見れば非常に魅力的な場所に米軍基地が集中している。これは実にもったいないことなんですよ。雇用も利益も生み出すことのできる場所に基地が存在することで、ビジネスチャンスを失っている」

平良が言うところの「阻害要因」とは、まさにそのことである。

逆に、基地の返還が進めば、沖縄は大きな「ビジネスチャンス」をつかむことになるという。

たとえば、平良が具体例として挙げたのは、15年4月に北中城村《きたなかぐすく》に開業した大規模ショッピングセンター「イオンモール沖縄ライカム」だ。

ここはもともと在日米軍の専用ゴルフ場だったが、10年に返還された後に開発が進み、敷地面積17万5千平方メートル、売り場面積7万8千平方メートル（当時）という県内最大の商業施設が完成したのである。大型スーパーをはじめ、約220店舗が軒を連ね、複合型映画館も入る。イオングループの宣伝に加担するつもりは毛頭ないが、私も取材途中に何度か足を運んでいる。南国のリゾート感が各所で演出されたモールは、特段の目的がなくとも見て回るだけで楽しい。実際、地元の買い物客ばかりでなく、いまや内外の観光客にとっても〝観光名所〟のひとつだ。

「米軍のゴルフ場であったとき、雇用されていた日本人は38人でしかなかった。しかし、

米軍の土地返還後にできたイオンモール沖縄ライカム＝2015年7月、沖縄県北中城村

いま、ライカムで雇用されているのは約３千人です。そのうえ年間で約１２００万人の集客をも見込んでいる（16年4月には１３００万人を上回ったと報じられた）。米軍施設は何も〝生産〟することはないが、商業施設であれば雇用も消費も生み出すことができる」

ライカムだけではない。経済効果という点で最もわかりやすい成果を示したのが、87年に全面返還された米軍牧港《まきみなと》住宅地区（那覇市）であろう。現在の「新都心地区」だ。

かつての米軍住宅地も、いまは那覇市の〝新しい顔〟となっている。返還後は高層マンション、ホテル、県や国の出先機関、博物館や商業施設が立ち並ぶようになった。返還後の開発による経済効果は、返還前の年間57億円から1624億円と約28倍に増え、雇用も168人から1万5500人と約92倍になった。

平良は、新基地建設で揺れる辺野古にも同じ夢を見る。あの場所に大型ホテルを中心としたリゾート施設ができれば、数千人の雇用と数百億円の経済効果が期待できるというのだ。

「そうした資源を沖縄は抱えている。まだまだ変わることができる」

伸びしろはふんだんにあるのだと力説する。

平良は大学時代を東京で過ごした。そのときに関東の人間が最も身近なリゾートとして挙げる神奈川・湘南の海を見て、「沖縄の良さ」を再確認したという。

「観光資源ならば沖縄は日本のどこにも負けないポテンシャルを持っていると確信したんです」

大学を中退して家業のホテルを継いだ。以来、沖縄観光産業のトップを走ってきた。

その平良の口癖は「観光は究極の平和産業」である。

平和なくして観光業は存在しない。戦地や紛争地に観光客など来るはずもない。

「オスプレイが飛び交う場所など本当のリゾートとは呼べません」

だから辺野古の基地建設に反対している。理想としての平和を主張しているのではなく、平良の語る「反基地」は、経済人ならではの鋭敏なプラグマティズムに基づいたものだ。

確かに戦後の沖縄経済は基地、公共事業、観光の頭文字から「３Ｋ依存」と言われてきた。だが、確実に基地と公共事業への依存体質からは脱却が進んでいる。

沖縄を中心とする半径３千キロ以内に約20億人、４千キロ以内には約30億人が居住している。広大な商圏は沖縄の可能性でもある。平良の視界に映るのは「平和で潤う」沖縄の姿だ。

15年に沖縄を訪ねた観光客は７７６万３千人に上る。前年比で70万４７００人、率にして10・０％の増加となり、３年連続で国内客・外国客ともに過去最高を更新した。円安の影響もあろうが、特に海外からの観光客数は増える一方だ。

基地を見に来る者などほとんどいない。

そして、基地は沖縄の利益にもならない。

したたかなプラグマティストは、軍用機の滑走路が何も生み出さないことを知っている。それは辺野古のゲート前に座り込む人々の心情と一致する。

基地で「食っている」のではなく、基地は「食えない」。

沖縄が訴えているのは、生きるための、生き続けるための「反基地」なのである。

神話としての「沖縄経済＝基地依存」

しかし、なかなかその実像は理解されない。

「新報」の島洋子《しまようこ》（48、政治部）は13年から16年春までの3年間を東京支社で過ごした。東京で驚いたのは、何度となく「基地がなくなって困るのは沖縄のほうだよね」と言われたことだった。官僚、政治家、そして同業者。ほとんどの者が、何の根拠もなく沖縄の「基地依存」を信じきっていた。沖縄経済における基地収入の割合を「半分程度」だと見積もっている者も少なくなかった。

これは東京勤務となった沖縄の新聞記者であれば、誰もが避けて通ることのできない〝体験〟である。

それだけではない。島にとって許し難かったのは、「基地依存」によって沖縄が「甘やかされている」と考えている者、あるいは基地の存在を「安全保障のためには当然」だと合理化する者も、けっして少なくなかったことだ。

「誤解、流説の類いとして軽く扱ってよい問題だとはまったく思えない。沖縄の人間にとって、生活の、いのちの問題でもあるのですから、真剣に反論していかなければならないんです」

だから島は、そうした言説と触れるたびに、一つひとつ生真面目に反論していく。それが記者としての務めだと思っている。

基地関連収入が県民総所得に占める割合は5%に過ぎないのだと、数字を挙げて説明する。自身の取材経験をもとに、基地こそが沖縄経済にとって、大きな阻害要因であることを訴え続けてきた。

島がこのところ増えてきたと感じているのが、「振興予算」によって、沖縄は優遇されているのではないか、といった言説である。

沖縄だけに認められた優遇策、特権――沖縄振興予算については、そうした物言いが氾濫《はんらん》しているのは事実だ。沖縄を目の敵《かたき》にしたかのような保守系メディアや、ネット上の書き込みだけに限らない。たとえば高校の教科書を制作している帝国書院が検定申請した「新現代社会」（17年度版）では、沖縄に関して「県内の経済が基地に依存している度合いはきわめて高い」「日本政府も、事実上は基地の存続とひきかえに、ばくだいな振興資金を沖縄県に支出しており」といった記述のあることが明らかとなった（その後、同社は訂正を申請）。

教科書ですら、この論調なのだ。日本社会の認識も推して知るべしである。

そもそも沖縄関係予算は基地の見返りとして存在しているわけではない。本土復帰を機に、沖縄が抱える「特殊事情」の課題解消を目的に定められた沖縄振興開発特別措置法（現・沖縄振興特別措置法＝沖振法）を根拠に実施されたものだ。同法制定を進め、初代沖縄開発庁長官も務めた山中貞則は、国会答弁において、沖縄の労苦に報いるための「償いの心」が根底にあるのだと発言している。「基地の見返り」だとする発言は、一切記録されていない。

終戦から本土復帰までの27年間、米軍統治下の沖縄では日本国憲法は適用されず、医療、教育、交通などの分野で、「本土」との間に大きな格差が生まれた。振興の遅れを取り戻し、格差是正を実現するために設けられたのが沖振法なのである。

かといって、他都道府県と比較して沖縄だけが特別に「優遇」されている事実はない。どこの県であっても、国から予算をもらっていることに変わりはない。沖縄の場合、さらに「振興予算」という上乗せがあるかのように誤解されているだけだ。

一般的に、国土交通省、農林水産省、経済産業省などの国の事業官庁は、それぞれの地域へバラバラに予算計上している。しかし沖縄県に関しては内閣府の沖縄担当部局が複数の省庁にまたがる予算を総合的に調整し、一括して計上、予算要求しているのだ。

あえてそこに「優遇」を見るのであれば、沖縄は他県と比較して国からの補助率が高いということ、そして、一括交付金であるがゆえに使い道が限定されていない、といったところにあるのかもしれない。

とはいえ、前述したように、それは日本国憲法さえ適用されなかった沖縄の「遅れ」

を取り戻すための施策であり、格差解消が目的となったものである。基地と引き換えの優遇策でもなければ、「ばくだい」といった金額でもない。

県の発表によれば、13年度の普通会計決算ベースで沖縄県の国庫支出金は全国11位、地方交付税交付金も含めた国からの財政移転は全国14位である。けっして他都道府県よりも突出しているわけではない。

島はこうした沖縄の実情を繰り返し主張しているわけだが、しかし「もぐら叩きのような感触」しかつかめないこともあるという。

「結局、基地押し付けのためのロジックとして、基地がないと経済的に沖縄は困るという言説が意図的に流通させられているような気もするのです。やはり、沖縄への差別と偏見があるんですよね。沖縄に基地があることの是非よりも、〝見返り〟だの〝優遇〟だの、そうしたことばかりが議論の対象となってしまう。それが本当に悔しい」

私も取材者ではあるから、ときにそうした俗論や偏見にあえて乗っかって、質問をぶつけることもある。いつだったか、島に「でも、安全保障の問題を考えたら、米軍基地が必要だとは思いませんか？」と尋ねたことがあった。

おそらく幾度となくぶつけられた問いかけでもあったのだろう。島は私をきっと睨みつけ、「では、応分の負担をお願いします」とだけ短く答え、ぷいと横を向いてしまった。

なんというか、そのときの島の〝ふくれっぷり〟が、私にとっては痛快だった。そう、国防や安保がそれほどに重要であることを認識しているのであれば、沖縄にだけ基地を集中させることなく、「応分に」負担すればいいだけの話である。それを検討することもなく、国土面積の0・6％しか持たない沖縄に米軍基地を押し付けるばかりか、あたかもそれで沖縄が「優遇」されているかのような言説がまかり通っているのである。ぷいと横を向くだけでなく、基地に熨斗《のし》を付けて各県に分け与えたところで罰は当たるまい。

島は幼いとき、米軍人が多く住むコザ市（現・沖縄市）で育った。特に悪い思い出はない。近所に住む米国人は親切で、優しく、紳士的な人ばかりだった。ベトナム戦争が激化したころ、仲良く付き合っていた米国人たちが地域からぽつりぽつりと姿を消した。戦場に向かっていったのだ。そのときに感じた悲しみが、いまでも島のなかから消えないでいる。

島が憎んでいるのは戦争だ。米国人でも、日本人でもない。郷土を破壊し、知り合いの米国人から幸せを奪った戦争を憎んでいる。

「新報」に入社したのは91年。当時、沖縄の新聞社に女性の姿は珍しかった。上司から「女性は記者に向かない」と、面と向かって言われたこともある。それだけではない。

「基地担当こそが一番偉い」といった風潮も沖縄の新聞界にはあった。ふざけるなと思いながら、取材に駆け回った。

若いころの島はあえて基地の問題に正面から取り組むことはなかった。

「沖縄の新聞には生活者の視点が足りないと思ったんです。基地問題を報じるのは大事なことです。でも、沖縄に生きている人々の暮らしを真剣に考えることも必要です。女性、子ども、高齢者、障害者、そして貧困の問題。若いときはそうした取材に時間を費やすことが私の仕事なんだと、そんな使命感みたいなものを感じていましたね」

だから普通であれば20代のうちに基地を担当することになるが、島が本格的な基地取材を担当するようになったのは30代半ばを過ぎてからである。

むしろそのことが幸いした。島は基地問題を取材しながら、それまで培ってきた「生活者の視点」を重ね合わせた。それまでどちらかといえば政治の問題としてカテゴライズされてきた基地問題を、暮らしの問題として、人々が生きていくための問題として、地域の問題として、捉え直したのだ。

11年、島を取材キャップとして「新報」は「ひずみの構造　基地と沖縄経済」と題した企画記事を連載した。きめ細かな取材、そして地域に張り付いた視点、イデオロギーに左右されない連載記事は、おそらく島であったからこそ、成し遂げることのできた仕事だと私は思っている。

連載前半では、「沖縄の基地依存」といった言説が、いかに的外れな〝神話〟にすぎないか、といったことに重点を置いて進められる。

一方、後半に入ると、今度は沖縄の一部に基地経済に翻弄されてきた部分があることをも容赦なく深掘りしていく。

基地が沖縄経済にとって阻害要因であることを訴えながら、しかし、長きにわたる基地負担が国への依存構造をも生み出したことを、島はけっして見逃すことがないのだ。役に立たない「ハコモノ投資」の事例などをひもときながら、アメに食らいつく危険性を指摘した。人々の暮らしのなかから、地域のなかから基地を見つめてきた島のペン先は、外にも内にも切り込むのであった。

同連載は11年度の「第17回平和・協同ジャーナリスト基金賞」の奨励賞を受賞することになる。

同賞の選考委員からは「原発立地の構造との類似性が明らかとなった」との講評も得た。

連載をまとめた同名の書籍（新報刊）のあとがきで、島は次のように述べている。

〈米軍基地も原発も「負の施設を押しつけ、金で補償する方法」で維持されてきた。それが真の地域振興につながらないことに多くの人が気付き始めている。

ただし、原発の立地が誘致決議などの形で「地元の承認」を必要としているのに対し、米軍基地の整理縮小を求める沖縄の民意は無視され、基地が強制使用されることへの拒否権もない〉

そう、暴力と権力を背景に、問答無用で基地を押し付けられてきたのが沖縄なのだ。対価としてのアメ玉など、文字通りにいずれは溶けて消えてしまうシロモノに過ぎない。だからこそ島は「沖縄の自立と自律の必要性」を力説するのだ。

基地労働者が抱える「矛盾」と「苦痛」

沖縄において基地従業員の数が最も多かったのは1952年。約6万7千人が米軍に雇用されていた（取材時は約9千人）。当時、沖縄の人口は約75万人である。この時代に限定すれば、確かに「依存」と捉えられてもおかしくない数字だった。

それは同時に、苛烈《かれつ》な地上戦を経て米占領下に置かれた当時の沖縄の人々にとって、基地労働に従事せざるを得ない構造があったことをも物語る。戦争は沖縄を破壊した。戦後の基地建設もまた、沖縄から土地を奪った。

破壊され、奪われ、経済基盤を失った人々にとって、生きていくためには基地で働くしかなかった。

これは本当の意味での「基地依存」なのだろうか。人々の選択によるものではなく、基地労働を強いられた末の結果でしかなかったはずだ。実際、基地建設が進むなかで労働者確保を迫られた米軍は、50年代まで各市町村に労務供出させていた事実もある。むしろ米軍の側が沖縄の労働力に「依存」していたことにもなる。

生きていくために基地を生活の糧とする人々が存在し、基地を維持していくために沖縄の労働力を必要とする米軍の存在があった。

こうした構造を理解することもなく「沖縄は基地がないと食っていけない」と訳知り顔で語ることは、現状認識が間違っているだけでなく、歴史を無視した物言いでもある。

一方、基地労働の内実については、それほど知られていない。基地の中で、人々はどのような仕事に従事していたのか。

これを詳しく報じたのが、２０１２年４月から１３９回にわたって「タイムス」に連載された「基地で働く　軍作業員の戦後」だった。

基地建設を担当する工兵隊、警備員、運転手、バーテンダー、理容師、さらにはベトナム戦時に北ベトナム社会を混乱させるための謀略ビラを製作していた者やＣＩＡ関係者まで、基地労働に従事した83人の証言を集めたものだ。

13年度、「第19回平和・協同ジャーナリスト基金賞」奨励賞を受けたこの連載で注目すべきは、これまでメディアで取り上げられることの多かった基地従業員の〝闘争史〟ではなく、一人ひとりの懐疑や苦痛をも含んだ〝生身の声〟にこだわっていることである。

かつて沖縄の労働運動を牽引《けんいん》した全軍労（全沖縄軍労働組合連合会＝基地労働者によって組織された労働組合）の公式記録に見られるような、勇ましい話はほとんど登場しない。多くの元従業員が飾り気のない言葉で、基地で働いてきた自分自身を振り返る。様々な思いが交錯する。基地のない沖縄を望みながら、基地で働かざるを得ない矛盾、戦争に加担しているのではないかという苦痛と罪の意識、ベトナム戦争に駆り出されていく兵士への同情と悲しみ、米文化への憧れ。

誰もが揺れながら、迷いながら、働いていた。

連載は後に同名の書籍としてまとめられた。那覇の書店で同書を見つけた際、私の目を惹《ひ》いたのは、裏表紙の写真だった。これは沖縄在住の写真家・大城弘明によるものだ。1970年12月31日、伊部岳実弾砲撃演習に反対する地元住民と、基地のウチナーンチュの警備員たちが向き合っている。地元住民たちは皆が腕組みをして険しい視線を警備員に向けているのに対し、ヘルメットをかぶり、警棒を手にした警備員たちは一様にうつむき、沈んだ表情を見せている。

胸苦しさを覚える光景だ。住民たちの厳しい表情から逃れるように視線を落とす武装した警備員の姿は、まさに基地従業員が抱える矛盾と苦痛を表していた。

連載では、この写真に写っている警備員の一人を探し出し、話を聞いている。その男性は記者の問いにこう答えた。

〈「アメリカーの味方か」みたいなヤジは飛んだけれど、お互い同じウチナーンチュだろ。僕らはつらいから、彼らの顔を見ることができない。向こうも、「あんたたちとは争いたくない」という感じだった〉

さらに、いまも基地警備で働く労働者を思い、こうも述べている。

〈住民が反対する理由はよく分かる。思いは同じでも職務上、どうしようもないんだよ。「基地を守れ」と命令されたら、守らないといけない。一番きつい、つらい仕事だと思うよ〉

怒りの拳を振り上げる者も、基地を守るために最前線に立たされ、うなだれる者も、どちらも沖縄の姿である。

連載取材班のキャップを務めたのは、現運動部長の磯野直《いそのなおし》（46）だ。中部支社に勤務していたころ、基地が身近にありながら、基地労働についての証言がほとんど記録されていないことに疑問を覚えたのが、連載のきっかけとなった。

「結局、多くの人は語りたがらないわけです。わざわざ苦痛や葛藤を口にする必要はありませんからね。ですから基地労働について図書館で調べても、全軍労がまとめた〝闘争史〟ばかりが出てくるわけです。それが貴重な資料であることは理解しつつ、しかし、私が欲していたのは〝全軍労の物語〟じゃない。もっと息遣いの感じられる、素朴な声を拾いたかったんです」

キャップとして取材班に求めたのは、「原則、実名」ということだった。

「取材前に多くの文献にあたりましたが、書き手の立場にかかわらず、基地労働者という存在が〝頭数〟でしか語られていなかったんです。無名のそれぞれに人格があり、そして歴史があるはずなんです。僕はそれを尊重したかった。単なる〝頭数〟ではなく、基地内における一人ひとりの物語を、きちんとまとめたいと考えました」

取材は難航した。記者であれば、基地で働いたことのある人間を見つけることくらいは容易《たやす》い。しかし、多くの人が取材を拒んだ。会えたとしても口数は少ない。肝心なことはしゃべらない。うまく取材できたと思って会社に戻ると、「なかったことにしてくれ」と電話が入っていたこともある。泣く泣くボツとしたエピソードも一つや二つではなかった。

「僕自身の勝手な経験則で、取材に走ればなんとかなると思い込んでいたんです。甘かった。というよりも、当事者が基地労働を語ることの難しさをきちんと理解していなかった。そのつらさや苦しさ、後ろめたさも含めて、僕の想像力が足りなかった。実際、家族を米軍に殺されていながら、それでも基地で働くしかなかった人も多かったわけです。新聞記者に気楽に話せるようなものであるわけがないんです」

それでもあきらめなかった。断られ続けることで、「語ることの難しさ」を知ったのは記者として大きな収穫である。相手から言葉を奪い取るのではなく、苦痛に寄り添うことで、それぞれの思いを静かに受け止めた。

その成果が、83人の証言だった。

1日1ドルという日当で、ゲリラ制圧訓練の「ベトナム人役」を務めた男性がいた。コザ暴動に「もっとやれ」と胸の中で声援を送りながら、基地の警備をしていた者がいた。エプロン姿で砲弾に火薬を装塡《そうてん》していた女性は「怖いとは思わなかった。気持ちがまひしていた」と答えた。「悪い仕事」だとわかっていながら、北ベトナムに投下される謀略ビラを印刷し続けた技術者がいた。

「それぞれの心のなかに、基地という存在がそれぞれの形で張り付いていた。封印したくとも消し去ることのできない記憶を抱えながら、誰もが沖縄の戦後を生きてきた。ですから、単なる思い出話を集めたとは考えていません。いまに続く沖縄の矛盾を、そして、残さなければならない沖縄の記憶をきちんと伝えるよう、僕らが託されたのだと思っています」

磯野自身も、基地への考え方が変わった。

「沖縄は基地で食っている」「基地依存」といった言葉を、単なる思考停止だと思うようになった。

いまでも基地への就職を望む者がいることは事実としても、しかし、沖縄社会全体がそれを望んできたわけではない。

「誰がそこまで追い込んだのか、ということです」

繰り返す。米軍こそが沖縄に依存してきた。そして安全保障を名目に、日本もまた、沖縄に頼り切って、いや、無理強いを続けてきたのである。

基地労働を追いかけてきた磯野は神奈川県出身、東京の大学を出ているので、「タイムス」に入社するまで基地への関心は薄かった。

大学時代に熱中していたのはボクシングである。ボクシング部に所属しながら、都内の有名ジムにも通い、プロに交ざってボクサーの道を目指していた。そうした経験を生かし、磯野には、沖縄ボクシング界の指導者・金城眞吉を追いかけた『名伯楽のミット』（タイムス刊）という著書もある。

大学4年のとき。湾岸戦争をテーマとした卒論の資料を探すために、沖縄を訪ねた。県立図書館で、初めて沖縄の新聞を目にした。

「ふだん目にしていた新聞とはまるで違って見えたんです。東京では知ることの少なかった基地問題が詳細に報じられている。衝撃を受けましたね。沖縄には、こうした現実があるのかと」

すでにプロボクサーになることを断念していた磯野は、そのときに沖縄で新聞記者として働く自分を想像するようになる。

しかし、大学を卒業して最初に就職したのは大手スーパーだった。2年間、青果担当として働いて200万円を貯めた。その金を持って、沖縄に移住した。

「沖縄の新聞社で働きたかった。そのためには退路を断とうと思ったんです。何の伝手《つて》がなくとも沖縄に移り住んで、本気であることをアピールしたかった」

接近戦で相手のダウンを狙うインファイターの戦術が功を奏したのだろう。95年、磯野は「タイムス」に入社した。

入社した年に少女暴行事件が発生し、宜野湾市を担当しているときに沖縄国際大のヘリ墜落事故が起きた。常に基地問題の最前線に立っていた。基地従業員の取材も、磯野にとっては必然だった。

現在は運動部長としてスポーツ面の編集を任されながら、しかし、意識は常に沖縄の歴史を追い続けている。ボクシング指導者・金城眞吉の生涯を描いたのも、そこに差別と貧困を背負わされた沖縄の戦後史が見えたからであった。

金城眞吉は「ヤマトゥー、タックルセー（本土の人間を倒せ）」と叫んで沖縄の若いボクサーを奮い立たせた。沖縄出身のボクサー・具志堅用高は「現役時代は120％、沖縄のために戦った」という言葉を残している。

そこにどんな思いが込められていたのか。

磯野は自らに問いただしながら、今日も接近戦を生きている。

東京で感じる温度差

「憲法や言論の自由が天から降ってきた本土とは決定的に違う。その歴史を知らずして、沖縄の新聞を簡単につぶすことなんてできないですよ」

私にそう話したのは「タイムス」の宮城《みやぎ》栄作《えいさく》（44）である。

2013年から東京支社で報道部長を務めている。

私が初めて宮城を見たのは15年6月30日、参議院議員会館（東京・永田町）で行われた「百田発言」問題への抗議集会だった。

何の飾り気もない真っ白なワイシャツ姿で壇上に立った宮城は、感情を露骨に表すこともなく、またけっして能弁というわけではなかったが、ため込んだ怒りを静かに吐き出すような語り口は、私を含め、参加者の心を揺さぶった。どこかぶっきらぼうに、しかし、やりきれなさの滲《にじ》んだ口調で「沖縄に軸足を置けば、安倍政権の考え方こそが『偏向』と言わざるを得ない」と話したとき、会場は大きな拍手で沸いた。

その後、私はラジオ番組の「沖縄特集」に呼ばれた際、宮城と、当時「新報」で同じく東京支社の報道部長を務めていた島洋子に声をかけ、同席してもらった。「静」の宮城と「動」の島の掛け合いは絶妙で、沖縄問題を詳しくは知らないリスナーからの反響は大きかった。

そうした経緯もあって、あらためて宮城と向き合ったのは15年末。支社に近い銀座の居酒屋だった。

「東京に来てよかったと思う」と宮城は言った。理由を尋ねると、「沖縄との温度差を知ることができたから」だと返ってきた。喜んでいるのではなく、明らかに悲しげな表情を浮かべていた。

東京勤務の直前までは本社の社会部にいた。連日、オスプレイ配備をめぐる県内の動きを追いかけていた。だが、東京に来てみれば、オスプレイのことなど大した話題にはなっていない。国会記者会館などで話をする機会の多い全国紙記者たちも、沖縄に関心を寄せる者は少なかった。普段はリベラルな論調で記事を書いている記者でさえも、「沖縄の新聞は基地のことばかり書いているよね」と、さらっと言ってのける。〝基地の島〟である以上、報じなければならないのだと返しても、相手の反応を見る限り、どうも伝わっている感じではない。

「最近も全国紙の記者に辺野古移設について聞かれたんですよ。『対立を続ける県と国の最終的な落としどころはどこにあるの？』と。脱力しました。結局、表面的な対立しか見ていない。双方の駆け引きでなんとかなると思っているんですね」

ゲームではない。政治決着で解決するものではない。単なる基地の移設問題ではなく、沖縄の歴史と切り離すことのできない〝人権問題〟なのだ。記者同士でありながら、なかなかわかりあえない「距離」を感じた。東京が遠いのか、沖縄が遠いのか。

宮城は「とにかく一度、沖縄に来ていただけませんか」とだけ答えたという。

沖縄への理解に乏しいのは記者だけではない。都内の大学にゲスト講師として呼ばれることもある。沖縄の歴史や基地問題についてひとしきり話した後、リアクションペーパーを回収すると、ネット掲示板への書き込みかと思うような言葉が目に飛び込んでくることも少なくない。

〈宮城さんは国防の必要性をまるでわかっていない〉

〈沖縄には莫大な税金が注ぎ込まれてきたではないか〉

これは「脱力」では済まない。おそらくネット言論の影響であろう。若い世代にまで沖縄への偏見や蔑視が広まっていることに、宮城は危機感を覚えざるを得なくなっている。

宮城は1971年生まれだ。名前の「栄作」は、沖縄が本土復帰（72年）したときの首相・佐藤栄作にちなんだものだという。首相として「核抜き本土なみ」の沖縄返還をなし遂げた佐藤は一時期、沖縄での人気が高かった。74年にはノーベル平和賞を受賞するものの、その後、沖縄返還にあたり米国との間で核持ち込みの密約があったことが明るみに出た。そうしたこともあって「微妙な名前だ」と宮城は苦笑する。

大学時代は東京で過ごした。沢木耕太郎の『深夜特急』に影響を受け、タイやインドネシアなど東南アジア各地への貧乏旅行を繰り返した。

とりたてて社会問題に興味があったわけではない。そんな宮城が出身地の沖縄を強く意識するようになったのは、やはり、95年の米軍人による少女暴行事件がきっかけだった。

事件そのもののおぞましさはもちろんだが、同じくらいにショックだったのは、大学の同級生の反応だった。多くは無関心、よくても眉を顰《ひそ》める程度だった。「遠くで起きた事件」なのだから仕方ないとも思ったが、それでも、仲の良かった友人の放った一言はいまでも忘れることができないでいる。

「この事件だけで、安全保障や基地の存在までもが問われることになるってのが理解できない。飛躍しすぎなんじゃないかなあ」

友人は評論家のような口調でそう言った。

沖縄県民の怒りがまるで伝わっていない。事件の背景として存在する米軍基地の問題、さらには不平等・不公平な日米地位協定の問題も、友人にはまるで見えていなかった。

繰り返すが、宮城は政治的な関心の深い学生ではなかったし、中学生のころから県外に出ていたこともあり、極度に土着的な考え方を抱えていたわけでもない。

「それでもやはりカチンときたんですよ。飛躍でも何でもなく、まさに沖縄の存在そのものが問われているということが、少しも理解されていないことに本当に腹が立ったんです」

同時に、友人に伝えるべき言葉を有していない自分自身にも気がついた。多くの沖縄出身者が都会で味わう屈辱の第一歩だ。

以来、東京の雑踏の中で、あるいは世界のどこを旅しても、意識は常に沖縄へ飛ぶ。本を読み、資料に目を通し、沖縄を学んでいく。他の多くの沖縄出身者と同じように、若者はこうして沖縄の歴史を知っていく。

大学院に2年間在籍した後、沖縄に戻って「タイムス」に入社した。記者にこだわったわけではなく、とにかく沖縄で仕事を得たかった。だから同社の面接では「編集以外の仕事でも構わない」と訴えた。

入社直後のサツ回りを経て、2年目には学芸部に配属され、主に沖縄の古典芸能を担当した。振り返ってみれば、「このときが一番、楽しかったかもしれない」という。

何一つ知識がなかったので、毎週のように琉球舞踊の先生の元へ通った。見るもの、聞くもの、すべてが新鮮だった。

哀調をおびた絃の調べには、波乱に満ちた沖縄の歴史が重なる。穏やかでゆったりした所作には、南国の優しい空気が絡みついている。海を越え、風に乗り、アジアのリズムが沖縄の営みとまじりあい、独特の色彩が生まれた。

宮城はこの場所で、さらに沖縄の歴史を吸収していくことになった。

その後は県内の支社や朝日新聞（西部本社）への出向などを経て、２０１０年には社会部フリーのキャップとなる。

13年に宮城がキャップとして担当したのが、連載企画「明暗20年」だった。

その年、4月28日を安倍内閣は「主権回復の日」として定めた。サンフランシスコ講和条約（１９５２年）が発効された日を記念するものであるが、一部のナショナルな国民感情を動員・利用した、きわめて政治的な思惑が背景にあったと私は思っている。

そもそも、沖縄にとってサンフランシスコ講和条約は「屈辱」でしかない。この年のこの日をもって日本は名目上の独立を果たしたことになるかもしれないが、沖縄は切り捨てられた。その後も沖縄は72年まで米軍施政下に置き去りにされたのである。

沖縄抜きの独立、沖縄の主権を含まない「主権回復」とは何なのか。

そうした思いで練られたのが「明暗20年」という連載企画だった。サンフランシスコ講和条約が発効した52年から72年の本土復帰までの20年間、本土と沖縄はそれぞれどのような道を歩んできたのか。様々な証言を集めたものだ。

取材を通して見えてきたのは、まさに「明暗」に分かれた二つの道のりと風景だった。

56年、〝本土〟で経済白書が「もはや戦後ではない」と発表したとき、沖縄は「銃剣とブルドーザー」で、米軍による土地の強制接収が行われていた。

59年、〝本土〟が「皇太子ご成婚」で沸いているとき、沖縄の宮森小学校には米軍機が墜落。児童12人、一般市民6人が死亡した。

60年、カラーテレビの本放送が始まり、高度経済成長の時代が幕を開けた。安保条約改定に反対する学生が国会を取り囲む〝政治の季節〟でもあった。国会前では東大生の樺《かんば》美智子《みちこ》が亡くなった。その年の冬、糸満の喜屋武《きゃん》岬で老人が米兵に猟銃で撃たれ、死亡した。老人の体からは散弾の痕が１００カ所近く見つかった。米兵は「鳥がいると思った」と誤射を主張。琉球警察に捜査権はなく、米軍は「過失」だと発表した。〝政治の季節〟に、しかし、この事件も〝本土〟では大きな話題とはなっていない。

70年、日本万国博覧会が大阪で開幕し、史上最多の77カ国が参加した。会場に建てられた万博のシンボル、岡本太郎の「太陽の塔」が評判となった。同じ年には沖縄でコザ暴動が発生している。酒気帯び運転の米兵が横断途中の沖縄人をはねたことがきっかけだった。米兵の事件・事故で不当な無罪判決が続いたことで、住民の間で不満が高まっていた。事故現場周辺にいた人々は、事故処理をした米軍憲兵隊（ＭＰ）車両を取り囲んで横転させ、火をつけた。これが文字通り燎原《りょうげん》の火となって広がっていくのである。

このように〝本土〟が経済成長を謳歌《おうか》した20年は、沖縄にとって屈辱の20年でもあった。主権も何もあったものではない。

まさに「明暗」の歴史だ。正史と叛史《はんし》の20年である。

「この連載にかかわったからこそ、確信をもって言えるんです」

宮城がそう前置きしたうえで口から飛び出したのが、「憲法や言論の自由が天から降ってきた本土とは決定的に違う」という言葉だった。

「沖縄では、人々が虫けらのように扱われてきた時代がある。だから、一歩、一歩、権利を勝ち取ってきた。戦争で肉親を奪われた人々が、血の染み込んだ土地で、人権のための闘いを繰り返してきたんです」

念仏のように唱えていれば何かが保証されているような気になる、甘ったれた民主主義とはわけが違うのだ。

それは新聞も同じだ。

「沖縄の新聞も、その歴史に寄り添って、これまで続いてきたと思うんです。新聞がいつも正しかったなんて言うつもりはありません。権力との関係のなかで揺れてきたし、翻弄されてきた。そのなかから論調を鍛えてきた。後押ししてくれたのは、やっぱり読者です。沖縄の民意ですよ」

戦争で捨て石にされ、主権を奪われて米軍に差し出されてきた沖縄に、そもそも「落としどころ」を求めるほうが間違っているのだ。

だからこそ沖縄の新聞は簡単にはつぶされない。

第3章
沖縄と地元紙がたどった軌跡

新聞が伝えた戦争、背負うべき責任

「沖縄の新聞」の歴史を考えるうえで、どうしても足を運んでおきたい場所があった。

那覇市唯一の海水浴場である波の上ビーチに沿って歩き、隣接する旭ケ丘公園に入る。地元では「なんみんさん」と呼ばれる波上宮《なみのうえぐう》に隣接した小高い丘の上にある公園だ。対馬丸遭難児童らの慰霊碑「小桜の塔」わきにひっそりと立っていたのが「戦没新聞人の碑」だった。

マーイサー（凝固岩）を削った石碑は見た目も地味で、どうにも遠慮がちなたたずまいから、普段は足を止める人も少ないという。私も思わず通り過ぎてしまうところだった。

碑文にはこう書かれていた。

〈一九四五年春から初夏にかけて沖縄は戦火につつまれた。砲煙弾雨の下で新聞人たちは二カ月にわたり新聞の発行を続けた。これは新聞史上例のないことである。その任務を果して戦死した十四人の霊はここに眠つている〉

刻まれた文字は石碑にありがちな毛筆体ではなく、「新聞人」にふさわしく、あえて活字体にしているところにこだわりと意志を感じる。

戦時下、沖縄の新聞もまた、戦意高揚の気分を煽《あお》っていた。大本営発表を垂れ流し、戦況の実態を正確に伝えなかったという点では、「本土」の新聞とさほど変わりはない。

戦前、日本の新聞は「新聞紙法」によって政府の検閲が認められており、露骨な言論統制が行われていた。自由な言論を奪われていた新聞は軍国主義の被害者であると同時に、しかし、率先して戦争の旗振り役を務めた加害者でもあった。

1893年に「琉球新報」（現在の「新報」と資本的なつながりはない）が沖縄で初めての新聞として産声を上げて以降、しばらくの間はいくつもの新聞が生まれては消えていくといった状態が続いていたが、太平洋戦争開戦前、沖縄で発行されていたのは「琉球新報」「沖縄日報」「沖縄朝日」の3紙である。

1940年、政府と軍部・警察の指導で「1県1紙統合」が命じられ、この3紙は1紙に強制的に統合された。統合された新聞の名は3紙の名に共通する文字を組み合わせて「沖縄新報」と決まった。

新聞統合の様子を、当時「沖縄朝日」の記者でのちに「タイムス」初代社長となる高《たか》嶺朝光《みねちょうこう》は、著書『新聞五十年』（タイムス刊）のなかで次のように述懐している。

〈東京や大阪の大都市では複数制、地方では一県一紙になるらしいという噂が私たちの耳にもはいり、本土の情報に神経をとがらせていたので、「来るべきものが来た」という感じで受けとめた。沖縄の三新聞とも覚悟のようなものはできていたと思う。

長い歳月をかけ、情熱をそそいで築き上げた新聞への愛着は、簡単には断ち切れなかった。そうかといって、反対はできなかった。あらゆる物資が政府に統制され、新聞社は用紙供給の弱みを政府に押えられていた。反対して用紙を断たれるか、統合に服して発刊をつづけるかの二者択一をせまられ、結局は時勢の波に押し流されたのである〉

こうして「時勢の波に押し流された」新聞は、今度は開き直ったかのように「時勢」に加担していく。

南洋群島などでの日本軍勝利を大々的に伝え、同時に〈この一大試練に勝て〉などの見出しを掲げて戦意高揚を煽った。

戦況が悪化しても、それは変わらなかった。

45年3月、米軍が沖縄に迫った。「沖縄新報」の社員は社屋を引き払い、首里城の第32軍司令部近くの壕に逃れた。社員らは新聞用紙として使う巻き取り紙を切り取り、一人ずつ担いで壕に向かったという。壕では足踏み式の平版印刷機で新聞をつくった。爆風が吹くたびに照明用のローソクの火が消えて、作業を中断せざるを得なかった。

そんな状況下でも紙面は日本軍の「戦果」と「戦争美談」で埋められた。すでに新聞としての本来の役割など、その時点で失っていたのだ。新聞は戦争の道具として機能していたに過ぎない。

同年5月25日、ついに「沖縄新報」は発行を停止した。米軍上陸により、もはや新聞どころではなくなったのだ。社員らは活字を地面に埋め、壕を脱出した。

それでも記者は犠牲になった。

「戦没新聞人の碑」には「沖縄新報」の12人と毎日、朝日の2人の14人の名前が刻まれている。

その筆頭にあるのが「沖縄新報」役員だった屋富祖徳次郎《やふそとくじろう》の名である。もともとは金沢医専を出て泊《とまり》（那覇市）で開業医をしていた人物である。

あるとき、「誤診」をネタに、地元の小さな新聞に強請《ゆす》られた。「書くぞ」と脅され、考えた末の結論が、自ら新聞社を興すことだった。いわばスキャンダル封じを目的とした新聞発行である。創業の志は高いのか低いのか。よくはわからないが、いずれにせよ、こうして戦前の地元有力紙「沖縄日報」が生まれたのである。

経営者の思惑はどうあれ、一時期の「沖縄日報」はそれなりに洗練された紙面で、県民の間でも高く評価されていた。医業で儲けた金を惜しみなく注ぎこみ、社員の待遇も悪くなかったという。

だが、戦争は新聞も新聞人も巻き込んで、歯車を狂わせていく。

1紙統合で「沖縄新報」取締役となった屋富祖は、戦況が悪化するなか、糸満近くの壕で青酸カリを呷《あお》って自殺した。

戦争は新聞を殺し、そして屋富祖ら新聞人を殺した。さらに言えば、新聞は戦争とともに、多くの人々の命を奪った。

前述した高嶺朝光は、前掲書のなかで「ジャーナリストの戦争責任は、私たちみんなが同等に負わねばならなかった」と述べている。

焦土と化したなかで生まれた新聞

焦土と化した沖縄で、真っ先に産声を上げた新聞は、現在の「琉球新報」の前身となる「ウルマ新報」だった。新聞発行の拠点となったのは米軍によって設置された石川の捕虜収容所である。

創刊号の発行は45年7月26日。沖縄戦は収束に向かっていたが、戦争じたいはまだ終わっていない。米軍は日本の降伏も近いのだという事実を沖縄の全住民、軍人に知らせる必要があった。そうした情報戦略の一環として、いわば米軍が新聞を「つくらせた」

のである。

米軍から同紙の編集責任者に任命されたのは、社会主義者として知られていた島清《しまきよし》だった。島は社会大衆党那覇支部を結成して活動していたが、米軍上陸と同時に屋嘉山に避難。石川捕虜収容所で作業班長をしているときに新聞発行の話を持ち掛けられた。

非転向の社会主義者、しかも新聞発行の経験も持たない素人に白羽の矢が立ったのは、当時の米軍が新聞と軍部を表裏一体の関係と見ていたためであろう。

収容所にいた島に「軍が援助するから新聞をつくってほしい」と声をかけてきたのは米海軍の将校ウエイン・サトルス大尉だった。

島の回顧録『わが言動の書』（沖縄情報社）には、そのときの心境が描かれている。

〈沖縄県民の多くは、今でも日本軍逆上陸を信じ、必勝を疑っていない。これ程盲信している県民に、何時か誰かが真実を知らせる役割を果さねばなるまい。偽りない世界を紹介し、次の時代に遅れをとらせないよう、方向を示すことは、やり甲斐のある尊い仕事だとは思う〉

とはいえ、筋金入りの社会主義者は一筋縄ではいかない。

新聞発行の責任者を依頼してきたサトルスに対し、島は新聞発行の必要性を認めながらも次のように答えている。

「私は日本の軍国主義に同調しなかったが、しかし貴国のミリタリズムに対しても例外ではない。米国のやり方には納得しかねるものがある」

そのうえで新聞発行に必要な条件をサトルスに突き付けた。

一、新聞は県民のためのものとし、私の責任で発行する。

二、人事、編集、運営等一切、私の権限に属するものとする。

三、軍は援助だけで干渉はしない。

当時としては相当に思い切った「編集権の独立」を訴えたわけだが、リベラリストでもあったサトルスはそれをあっさり受け入れた。

サトルスは島にこう伝えたという。

「高度のインテリジェンスが要求される仕事を、権力でやらせようと思うほど愚ではない。しかも最後まで軍国主義に抵抗し、社会主義団体のボスだった思想堅固の君だ。命令などで動くはずはあるまい」

あくまでも島自身による述懐なので、美しく盛り込まれた感もなくはないが、いずれにせよ、こうした経緯をもって「ウルマ新報」は週刊タブロイド紙、謄写《とうしゃ》印刷という形でスタートしたのである。

ちなみに紙名を「ウルマ」としたのも、島の発案であった。「ウルマ」は古い沖縄方言に由来し、「ウル」はサンゴ、「マ」は島を意味する。「琉球」と並ぶ沖縄の雅名でもある。

この紙名について島は前掲書で次のように述べている。

〈沖縄、琉球、朝日、毎日、といったのは、従来よく使用された題名である。併しそれらの新聞はおしなべて、軍閥の片棒を担いで、県民をかかる惨めな状態に誘い込んだ共犯者であり、言うなら戦犯新聞とも言うべきである。という考えがあって、最初から全然念頭におかなかった〉

新聞編集の経験を持たない社会主義者でもあるから当然の物言いではある。しかし、そうであったとしても、こうした戦争への〝決別〟こそが、その後の沖縄地元紙の「軸足」となったことは間違いない。

創刊当初のサイズは横8インチ、縦13インチの規格用紙を2枚に切ったもので、その片面に英文ニュースを訳してガリ版刷りした。創刊号には題字がなく、第2号から「ウルマ新報」と付けられた。

創刊から約3週間後の8月15日、「ウルマ新報」は広島への原爆投下と、「渇望の平和、愈々《いよいよ》到来!! 日本条件を受理す」との見出しで日本降伏を報じた。

その後、「ウルマ」は「うるま」とひらがなに改題され、さらに51年「琉球新報」となり、いまに至っている。

ちなみに、米軍が素人に新聞発行を依頼したことについて、宜野座《ぎのざ》村松田の収容所で「ウルマ新報」を見せられた前出・高嶺朝光はこう述懐している。

〈米軍は捕虜になった沖縄新報社の社員達によって、戦時中の私たちの活動状況や、首里の壕で最後の新聞を出したことまで調べ上げていた。もちろん、私たちが収容所にいることも知っていたはずである。

新聞をつくるなら、まず私たちに話を持ち込むのが何より手っとり早い。そうせずに素人の人たちを集めたところに、戦前の新聞人を敬遠する米側の考え方がうかがわれた。日本的なものの排除が占領政策の眼目とされていたようだから、当然であったと思う。また、私たちも戦時中のジャーナリストとしての責任を痛感し、捕虜生活の日々に虚脱の醜態をさらして、新聞を再刊する意欲すら失っていたのである〉(『新聞五十年』)

敗戦を前にして、戦争に加担した新聞人たちは、新聞への思いを抱えつつも、自責の念に苦しんでいたのである。

戦争との〝決別〟が起点となった論調

一方、「沖縄タイムス」の創刊は48年7月1日である。「琉球新報」が新聞未経験者を中心につくられたのに対し、同紙は戦前からの新聞人によって発刊された。創刊メンバーは前出・高嶺をはじめ、「沖縄朝日」元記者を中心に10人。タブロイド判でのスタートだった。

実は「タイムス」は創刊前にスクープを飛ばすという風変わりな歴史を持っている。48年6月28日のことだった。待ち望んでいた新聞の発行許可が下りそうだと知らされた創刊メンバーが軍政府を訪ねると、担当者から「重大ニュースがある」と打ち明けられた。

「通貨をB円に切り替える」

B円とは米軍占領下の沖縄などで、通貨として流通した米軍発行の軍票である。終戦直後の沖縄には正式な通貨が存在しなかった。軍票や旧円が混在し、庶民の間では物々交換も一般的だった。これでは経済が成り立たない。そこで米軍は新旧日本円の流通を禁止し、軍票であるB円を沖縄における唯一の公式通貨とすることを決めたのである。

軍布告の原文を見せられたメンバーは「すぐ号外を出そう」と決意し、徹夜で翻訳した。

翌日。〈通貨切換断行さる〉〈経済生活安定へ　悪性インフレに終止符〉と大見出しのついた号外が、沖縄中で配布される。

創刊号の発行はその2日後だった。

社屋は那覇市の中心部、崇元寺の向かいにあった。現在はオフィスビルが立ち並んでいるが、当時、一帯はかまぼこ形のいわゆるコンセット兵舎が点在していた。その一角を間借りしてのスタートである。

55年に入社した新川明《あらかわあきら》（後に同社社長、会長）は、そのコンセット社屋をはっきり覚えている。

「兵舎そのものの社屋は、正面玄関から入って左半分が編集局、右半分が販売や総務に分かれていた。さらに別棟に印刷工場があった。そしてなによりも編集現場には熱気が渦巻いていましたね。僕が入ったときは、すでに創刊から7年が経過していましたが、戦後の解放感と、新しい社会づくりに貢献するんだという思いを社員みんなが抱えていたように思う。熱くて自由な時代だった」

ちなみに入社時のエピソードが面白い。

入社の少し前、新川は通っていた琉球大の単位が不足していることに気がついた。仲間と作った「琉大文学」の活動に専念したばかりに、授業はサボりがちだったのだ。すでに「沖縄タイムス」から内定はもらっているが、このままではとうてい卒業は難しい。

新川は同社に出向き、当時編集局長だった上地一史（後に社長）へ正直に打ち明けた。「内定取り消し」は覚悟のうえだったが、意外や上地はこう言い放ったという。

「オレは新川明という人間を雇うことにしている。琉大卒業証書という紙キレを雇いたいわけじゃない。まあ、キミがどうしても紙キレがほしいというのであれば、大学に戻りなさい」

「紙キレは私も必要だと思いません！」と新川が慌てて返したのは言うまでもない。これで、その後の記者人生が決まった。

熱くて自由でおおらかで——そうした社の雰囲気をつくりあげたのは、創刊時からかかわってきた先輩記者たちだった。

「沖縄戦を経験し、そして生き残った人たちだった。誰もが戦中に新聞が果たした役割を知っていた。それが沖縄に惨禍をもたらしたことも十分に理解していた。彼らはその反省から、新聞づくりに情熱を燃やしていた。どんなに時代が変わっても、その原点は変わらない」

だから——と新川は続ける。

「そもそもヤマトの新聞とは動機が違うんだ。原点が違う。だからこそ沖縄の新聞には、伝え続けなければならないことがある」

そう言いながら、政府に睨《にら》まれてナンボのものだ、とでも言いたげな不敵な笑みを浮かべるのであった。

いくつもの修羅場を潜り抜けてきた老ジャーナリストの〝凄み〟を見たような気がした。

新川の記者人生は波乱に富んでいる。

若いころは労組を結成し、会社から疎まれた。

「いくら論調がリベラルであっても、経営者は経営者だからね。社内の労働運動を歓迎するはずもない」

「徹底的にやった」ことで、地方勤務ばかりを強いられた。鹿児島に飛ばされ、大阪に飛ばされ、八重山に飛ばされた。「まあ、全部、左遷だろう」と新川は振り返る。

大阪勤務時代に安保闘争を経験した。その結果、「どうせヤマトは沖縄のことなど考えていない」と感じるようになる。政府も運動圏の人間も、米軍基地によって〝支配〟されている沖縄の現実を置き去りにしていると思った。

そこから「ヤマトと異質の沖縄」にこだわり続けるようになる。復帰運動で盛り上がる沖縄世論を冷ややかに見つめ、「反復帰」「独立」を主張するようになった。住民の抵抗運動だった日本「復帰」運動が、日米両政府の国家の論理に巻き込まれ、すり替えられていくことに、新川は苛立っていたのだ。

当時は極めてラディカルな「異端」として受け止める向きが多かったが、琉球処分に始まり、沖縄戦、米占領と続く沖縄の「失われ、奪われた自己決定権」といった認識は、いまや保守系知事の翁長雄志でさえ口にするようになった。新川の「反復帰論」は、一部で再評価されている。

新川は先を走りすぎたのかもしれない。

異端のラディカリストは、その後、役員に抜擢《ばってき》され、社長、会長と経営者の道をも歩んでいく。

新川は幾度も「原点」という言葉を強調した。私はそこに、あらためて沖縄紙の本質を見た思いがした。

「何度でも言いますよ。戦争の反省こそが、タイムス創業の精神。バラックに毛の生えたような社屋で、僕はその息吹に触れたんです。その精神はいまでも生きているし、これからも生き続ける。僕はそう信じています。沖縄の新聞なんだから」

ノスタルジーではない。新川はいまでも先を走っている。

84歳の新川は取材場所にコンパクトなスポーツカーで現れ、取材を終えるとタイヤをキキーッと鳴らして去っていった。

この人に限っては、まだ「熱さと自由」も忘れていない。

民主主義と日本国憲法を武器に

終戦間際に石川の収容所で産声を上げた「ウルマ新報」が、51年に題字を「琉球新報」に変えたことは前述した。

この年、戦前の「琉球新報」社長を務めた又吉康和《またよしこうわ》が相談役として入社している。又吉は米軍からの信任が厚く、戦後は民政府副知事に任命されていたが、知事交代に伴い前年に辞任していた。

新聞の題字が変更されたのは、戦前の「琉球新報」に愛着を持っていた又吉の意向だとされる。

ちなみに又吉の編集方針が常に〝米国寄り〟であったことに、社長の池宮城秀意《いけみやぐすくしゅうい》（元「沖縄日報」記者）らが強く反発。52年には池宮城をはじめ編集局員が集団退社するといった事態にまで発展した。

きっかけとなったのは、東京通信員が書いた記事である。東京での日本復帰運動に関する記事のなかに「アメリカ帝国主義」という字句があった。〝米国寄り〟の又吉が激怒したのは当然のことで、東京通信員と担当デスクは即日クビにされた。これに抗議し、記者の一斉退社に至るわけである。

新生「琉球新報」は波乱の幕開けとなった。

又吉の肩を持つわけではないが、一応、時代背景を押さえておく必要もある。

当時の米国は反共色を強める過程にあり、沖縄統治に関しても軍事優先主義を進めていた。49年に発布された軍政府の「刑法並びに訴訟手続法典」では、言論・出版の自由に関しては大きな制約を設けている。

〈合衆国政府又は軍政府に対して誹毀的、挑発的、敵対的又は有害なる印刷物又は文書を発行し配布し、又は発行或は配付せしめ又は発行又は配付の意図で所持する者は、断罪の上五万円以下の罰金又は五年以下の懲役又はその両刑に処する〉

〈軍政府、合衆国又は琉球の民行政府の公の政策に有害なる方法で政治的其の他の目的で虚偽の事実に関する陳述を為し又は之を記載したる印刷物を流布する（者は、断罪の上二万円以下の罰金又は二年以下の懲役又はその両刑に処する）〉

〈軍政府発行の許可書なくして新聞雑誌、書籍、小冊子又は廻状を発行又は印刷する者は、断罪の上五千円以下の罰金又は六月以下の懲役又はその両刑に処する〉（『アメリカ

の沖縄統治関係法規総覧（Ⅱ）』月刊沖縄社）

といった具合に完全な言論統制が行われていたのだ。

こうしたなかで米軍の手助けによって生まれた「新報」といえど、いや、そうであるからこそ、米軍への〝遠慮〟が働いたのは、特に経営者からすれば、それもまた必然というわけだった。

なお、一度は退社した池宮城は55年に主筆兼編集局長として復職、63年には社長に復帰している。

65年のことだ。琉球大を卒業し、南大東島で小学校の教員をしていた山根安昇《やまねあんしょう》は、「新報」に勤めていた知人からの手紙を受け取る。「うちで働かないか」。手紙にはそう書かれていた。

奨学金の返済免除条件に従って離島での教員を務めていた山根は、誘いに乗って那覇へ戻った。

そのころ「新報」社屋は下泉町（現在の泉崎）に完成したばかりの4階建てビルで、それなりに企業としての体面を整えてはいたが、一歩社内に足を踏み入れてみれば、そこはアナーキーな喧騒《けんそう》に満ちていた。

「編集局では社長もヒラ記者もひざを突き合わせて酒を飲んでいた。いい時代でした」

山根はそう述懐する。

配属されたのは社会部の港湾担当だった。ちょうど米軍によるベトナム北爆がはじまったころだった。那覇港の沖合にはベトナムに向かう米艦船が停泊していた。かつて沖縄に押し寄せた艦船が、今度は沖縄を起点として他国への攻撃に出ようとしている。そうした「戦争の風景」を新人記者の山根は書き続けた。

「あの頃はとにかく書きまくった。1カ月で12本のトップ記事を書いたこともあります」

67年には県内のタクシー汚職（琉球政府関係者がタクシー免許申請者から便宜供与を受けていたというもの）を追及する連載企画「黒い政治」取材班にも参加した。同連載は第11回日本ジャーナリスト会議奨励賞を沖縄のメディアとして初めて受賞することになる。

とにかく「書きまくった」トップ屋は、しかし、同時に労組の活動家としても知られていく。

あらゆる意味で「激しい」人物なのだ。豪放にして大胆。75歳となったいまでも、声ばかりか体もでかい。私が経営者であれば、こうした人物には絶対に労組を任せたくないと思うだろう。

実際、当時の社長、池宮城も苦労したようだ。

山根はもらったばかりの給料を袋ごと社長に突き返したという逸話が残っている。給料の安さに憤慨した山根は社長のところに出向き、「これじゃ生活できない。こんな給料はもらっても仕方ないので、どうか社長の小遣いにでもしてください」と大見得を切ったのだ。

一方、社長の池宮城もなかなかのタマで、「いや、小遣いなら十分に足りているから必要ない」と言って、突き出された給料袋を投げて返したという。

「あの当時の給料は40ドル。教員時代でも45ドルもらっていた。激務が報われない金額ですよ」

山根の指揮下で「新報」の歴史に残る大闘争が展開されたのは69年のことだ。その年、会社側は労組幹部を次々と配転させた。労組弱体化を狙った不当人事であるとし、山根は全面ストライキの方針を打ち出す。

会社側は非組合員だけで新聞発行を続けようとしたが、明け方、新聞配送用のトラックが社屋から出ようとすると、組合員がそれを阻止した。

「なかには我々を突破して発車したトラックもありましたが、そんなときはタクシーで追いかけて無理やり停車させた。あのころは会社前に付けていたタクシーの運転手さんも我々に同情的でね、タダで乗せてくれましたよ。『それー、追いかけろー』ってね、交通違反の車を追いかけるパトカーみたいなもんですわ」

こうして新聞発行を止めた。実に2週間にもわたって「新報」は休刊したのである。新聞社としては前代未聞の大ストライキだった。

これによって「新報」は部数を落とした。結果的にライバル紙の「タイムス」を喜ばせてしまったわけだが、山根からすれば、このときに「地域の新聞」であることを実感したのだという。

「確かに部数は落としましたが、大半の読者は解約もせずに発行再開を待ってくれた。株主も株を手放さなかった。ストライキ中は牧志の市場の人々が、わざわざ売れ残りの食料品をタダでわけてくれた。バーのマダムたちも支援に駆け付けてくれたんです。みんなに支えられてるんだということが、よくわかりました」

バーのマダムに関しては売り掛けの回収に来ただけではないかという気もするのだが、いずれにせよ、輪転機が2週間も止まったというのに新聞社はつぶれなかった。大半の読者が「新報」を見捨てなかったのは事実である。

同時に山根もまた、労働運動を続けながらも、さらにトップ屋の意地で「書きまくる」のである。いや、力ずくで輪転機を止め、部数を落としてしまった責任を、山根は「書く」ことで果たそうとしたのだろう。

そうしたなかで会社にとって最大の貢献となったのは、山根が陣頭指揮を執った長期連載企画「世界のウチナーンチュ」である。海外に住む沖縄出身者（ウチナーンチュ）を訪ねて回るという連載記事は84年の元旦から484回にもわたって続けられた大型企画で、「ウチナーンチュ」という言葉が沖縄社会に定着するきっかけともなった。

山根自身が「沖縄県民のアイデンティティーをしっかり自覚したいと思った」ことが連載の端緒だったという。

「復帰10年を過ぎたあたりから、沖縄社会は復帰処理に追われるばかりで、どこか自信を無くしつつあった。本土との格差ばかりが問題視され、沖縄の独自性や沖縄人の肯定すべき特性が見えなくなっていた。そうしたときに、世界各地で活躍する沖縄出身者のことを思ったんです」

そのころ、海外に住む沖縄県人（二世、三世を含む）は約20万人。日系移民の中核として海外に渡った沖縄出身者は、それぞれの地で「沖縄」を抱えつつ、しっかりと地盤を築いていた。山根はそこに沖縄の「アイデンティティー」を見たのだ。

「いま、翁長（雄志）知事が、イデオロギーよりもアイデンティティーだと各所で訴えている。まさに、同じような気持ちでした。本土との格差は大きい、差別も偏見もある。だが、沖縄県民は自らを恥じることはない、世界のあらゆる場所で、ウチナーンチュはしっかりと根を張って生きている、そんなことを訴えたかったんです」

取材は北米、中南米、欧州、アジア、ミクロネシア、オセアニアなど二十数カ国に及んだ。

もちろん企画立案段階では、取材経費が問題となった。一度は役員会が「金がかかりすぎる」と反対した。しかし、山根は社長室に乗り込み「金がないのであれば自分が集める」と社長に啖呵《たんか》を切り、強引に認めさせるという、労組活動家時代からの荒業《あらわざ》で乗り切った。

各国に派遣した記者は延べ10人。山根自身も南米を2カ月間、取材で飛び回った。世界中でウチナーンチュが活躍しているという記事は大きな反響を呼び、これによって購読者数も増えたという。

輪転機を止めて会社をどん底に沈めた男は、しかし、会社の躍進にも大きく貢献したのである。

だからこそ、山根は後に副社長にまで上りつめ、「新報」の激動の歴史を体に刻み込んだ。

本来ならば、記者生活からも経営陣からも退いた今、山根は第二の人生を静かに過ごしていてもおかしくはない。柔道家のようないかつい体を隠すことはできないだろうが、声のトーンさえ落とすことができれば、縁側の似合う好々爺《こうこうや》として生きていくことだってできたであろう。

そうはいかないところが、山根の〝熱〟であり、ある意味、彼なりの矜持《きょうじ》でもあった。

私と初めて会ったとき、山根は怒っていた。いら立っていた。ちょうど「百田発言」が話題となっていたころである。沖縄を、沖縄のメディアを貶《おとし》めるような言葉に満ちている日本社会に、山根は本気で憤慨していた。

山根は「いまの気持ちを書いてきた」と、細かい文字がびっしりと詰まったA4用紙3枚を私に手渡した。

手書きである。けっして達筆とは言えない。細かな文字はそれぞれ勢いを持ち、不揃いなまま上下左右に跳ねている。それは、キーボード世代にとってはおそらく読解困難な、昔気質《かたぎ》の新聞記者の文字だった。

「沖縄のマスコミ攻撃の意味するもの」——そうしたタイトルの後に、憤りをぶつけるように書いたのであろう、山根の気張った文章が続く。

長文なので一部を引用する。

〈「沖縄の新聞をつぶせ」。沖縄の絶対権力者だった高等弁務官さえ言わなかった言葉が、安倍政権の周辺から飛び出した。いったい、なぜ、いま、何のために、そんな発言がなされたのか。その背景は何か。多分、辺野古基地建設という国策が、県民の抵抗によっ

て、思うように推進できない苛立ちの表れであろう〉

〈彼らは、沖縄の国策批判、とりわけ反基地、反戦の世論は、沖縄のマスコミの扇動によって形成されたものと見ている。反戦平和は左翼のスローガンというわけだ。平和を希求する沖縄のアイデンティティの核心が沖縄戦にあることを知らない。つまり沖縄の地上戦がいかなるものであったかを全然知らないのだ。東日本大震災の十倍もの戦死者がこの小さな沖縄で出たことなど夢想だにできない。基地反対の沖縄の世論の根底に沖縄戦の体験があることなど理解できず、それを新聞の扇動にあるなど、噴飯ものだ〉

〈いま日本政府は権力とカネで沖縄の世論をどうにでも操作できると勘違いしている。こんな手法は米軍統治下ですでに私たちは学んでいる。米軍はその政策を貫徹するために権力とカネを使って世論を分断させ、統治してきた。日本政府がいまやっていることはその二番煎じである〉

〈沖縄のジャーナリストたちは、戦後確立されたジャーナリズムの原点を守り、欺瞞的な米軍政を批判、糾弾し、復帰後は日本政府の差別的な沖縄政策を批判し続けている。とりわけ沖縄差別への怒りは強い〉

〈戦前、戦中、戦後の沖縄差別は歴然としている。沖縄県民がこの差別に怒るのは当然であろう。左翼だから怒り、右翼だから怒らないというものではない。人間として当然の怒りである〉

なぜか胸が熱くなった。山根の怒りと悲しみが伝わってきた。おそらく、山根は縁側に座って世間を遠くに見るような生活はできないだろう。この人は、こうして生きていく。記者として、生き続ける。

山根は私にこれを渡すと、「わかってくれるか?」と問うてきた。

私は曖昧に頷《うなず》く。たたきつけるような文字の羅列に、私は気圧《けお》されていた。しかし、理解はできても当事者としての憤りにはまだ届かない。

もちろん山根だって、そんなことくらいはわかっている。だから今度は、私の顔をのぞきこむようにして、まるで命のやり取りでもするかのようなドスの利いた声で、言葉をつなぐのであった。

「沖縄の記者は、いや、沖縄で生きている人間はね、安保の中で生活してるんだよ。本土の机の上で、本を読んでいるだけじゃわからない沖縄の現実ってものがある。我々の生活の中には、隅々まで安保が染み込んでいるんだ」

たとえば――と山根は続けた。

「沖縄では、ハブやマングースのなかにも安保が入り込んでいる」

そう言いながら、私に新聞記事のコピーを見せた。浦添《うらそえ》市の米軍牧港補給地区(キャンプ・キンザー)周辺で捕獲されたハブから、有害物質のPCB(ポリ塩化ビフェニル)などが検出されたことを報じる「新報」の記事だった。汚染源が基地であることを疑われている。

「それだけじゃない。私の車の中にも安保が入っている。私は那覇から名護方面に車で出かける機会が多いが、普天間、嘉手納という基地があるために、道路は大きく迂回せざるを得ない。そのためにガソリン代も余計にかかる。こんな小さな島なのに、車をまっすぐ走らせることもできない。わかるかい？　抽象的、観念的な意味での安保じゃないんだよ。生活の中に安保が染み込んでいる、ってのはそういうことなんだ。イデオロギーなんてどうでもいい。この現実を、沖縄の生活に入り込んだ安保を、少なくとも新聞記者は直視しなければいけないんだ。だからね、基地問題ばかり報じる沖縄のメディアは左翼だ、なんて物言いはナンセンスもいいところなんだな。現実を生きれば、基地とぶつかるのが沖縄なんだからね」

現実を見ろ。山根はそう何度も繰り返した。

山根が副社長だったころの話だ。新人記者の一人が、山根にこう尋ねてきたという。

「僕は日米安保に賛成なんです。そんな僕でもここで記者として務まるでしょうか」

不安げな表情で答えを待つ新人に、山根はこう返したという。

「なんの心配もいらない。正直、安保に賛成でも反対でも、どうでもいい。とにかく仕事しろ。そうすれば何を書くべきか、方向が見えてくるだろうよ。取材に動けば、いやでも沖縄の現実が見えてくる」

　経済部で企業回りをしていても、事件を追いかけていても、運動部で高校野球を担当しても、それぞれの現場には、必ず「安保が染み込んでいる」。

　そして現実を知った記者は、それぞれの立ち位置から、安保を、基地を報じる。それは山根の言葉通り「左翼でも右翼でもなく」、記者は冷厳なリアリストとして、沖縄を捉えていかざるを得なくなるだけなのだ。

「そのうち誰もが沖縄戦に行き着くわけですよ。戦争の記憶は簡単に消えることがないからね、沖縄では。さらにそこから、戦争とメディアの関係も見えてくる。沖縄のマスコミ人は、保守でも革新でも、とにかく戦争のためにペンを取らない、カメラを持たない、ってことをずっと誓ってきた。そうやって沖縄のジャーナリズムを築いてきたんだ。タイムスの高嶺朝光、比嘉盛香、琉球新報の池宮城秀意、下地寛信、沖縄ヘラルドの西《にし》銘《め》順治《じゅんじ》、これら大先輩たちはみんな政治的立場は違ったが、戦争を繰り返してたまるか、戦争のために新聞が利用されてたまるか、という強い思いは共通していた。この理念はいまでも沖縄の若い記者たちに引き継がれている。これを偏向というのか？　国賊だの売国奴だの言われなければならないようなものなのか？」

　話しているうちに何かの激情が込み上げてきたのか、山根は表情を歪ませた。

　冗談じゃない、冗談じゃない、ふざけたことを言うもんじゃないと、山根は独り言のようにつぶやいた。そして再び声を張り上げる。

「新報の大先輩でもある瀬長亀次郎《せながかめじろう》は『爆弾は人を選ばない。保守にも革新にも落ちてくる』という言葉を残した。そう、左右がどうしたこうしたって問題じゃないんだよ。戦争だけはゴメンだってことが、我々の原点なんだ」

そのために――山根は一呼吸置いてから続けた。

「沖縄は戦っていくんですよ。武器とするのは二つ。ひとつは、米国からもらった民主主義。もうひとつは、日本国憲法。この二つを高く掲げて沖縄は生きていく」

米軍に蹂躙され、日本に裏切られ、差別されてきた。それが沖縄だ。しかし、山根は民主主義と日本国憲法を信じている。それこそが沖縄の、そして新聞記者の教典じゃないかと、吠えるように訴えるのであった。

第4章

ないがしろにされる自己決定権

国連人権理事会での翁長演説

国連欧州本部（スイス・ジュネーブ）前の広場には高さ12メートルにも及ぶ巨大な椅子のオブジェ（ブロークン・チェア）が設置されている。４本の脚のうち１本が途中から折れたデザインは、地雷など殺傷兵器による被害を表現したものだという。３本の脚だけで支えられた椅子はいかにも危うげで、そのまま崩れ落ちてきそうな恐怖を見る者に与える。私の目には、この椅子がいまの沖縄をめぐる状況とも重なった。「弾除《たまよ》け」の役割を強いる側と強いられる側。その不均衡で不平等な力関係は、脚の欠けた不安定な椅子と同じく理不尽そのものだ。

２０１５年9月21日、国連欧州本部で開かれた人権理事会総会。翁長雄志・沖縄県知事はここで約2分間、英語で演説を行った。現職の都道府県知事が国連人権理事会で演説するのは初めてのことである。

知事を追いかけるように、私もジュネーブに飛んだ。〝自治体外交〟の現場を直接に目にしたかったからだ。

「ないがしろにされている」――翁長知事は国連演説で沖縄の置かれた現状をそう訴えた。

淡々とした口調のなかに、しかし、理不尽に対する無念と憤りが滲《にじ》み出ているようにも感じた。

演説の順番が回ってくるまでの長い時間、知事は議場の椅子に座ったまま微動だにしなかった。腕を組み、口を真一文字に結び、何かを思索するように正面を見据えていた。

実は、私にとって最も知事の決意と覚悟を感じたのは、その姿を目にしたときだった。後に続く発言が導くであろう吉凶など眼中になく、人を寄せ付けることのない空気を漂わせながら、伝えることの使命感だけに身を委ねていた。

国連欧州本部前の広場に置かれたブロークン・チェア＝2015年9月、スイス・ジュネーブ

それは同時に、不均衡で不平等なブロークン・チェアに腰掛けながら、これ以上バランスを崩されてたまるかと、両足で踏ん張り、理不尽と闘っている姿にも映った。

知事が演説で訴えたのは、

国連人権理事会で発言する翁長雄志・沖縄県知事＝2015年9月、スイス・ジュネーブ

踏みにじられた「人権」と奪われたままの「自己決定権」だった。なぜ、自分たちの未来を自分たちで決めることができないのか。なぜ、沖縄だけが常に犠牲を強いられなければならないのか。

「ないがしろにされている」と、演説のなかで知事は2回、繰り返した。

低く、くぐもった声は会場のドーム型の天井で反響し、感情がより増幅された形で私の耳に突き刺さった。長きにわたって存在を軽んじられてきた沖縄県民の悲痛な叫び声が加わったかのように。

そもそも「ないがしろ」の繰り返しこそ沖縄の歴史だった。「良き日本人」として努力したにもかかわらず、過酷な戦争の舞台とされ、多くの住民が命を奪われた。戦争が終わったら、日本の独立と引き換えに米軍の施政下に「差し出された」。いまなお基地を押し付けられ、さらなる負担も求められている――。さらに、その思いが、次のような問いかけとなったのだろう。

「自国民の自由、平等、人権、民主主義、そういったものを守れない国が、どうして世界の国々とその価値観を共有できるのでしょうか」

演説の終盤に用いられたこの言葉は、揮発することなく、いつまでも会場に漂っていたように思う。それは問題の本質を鋭く表現したものではなかったか。端的に言えば、知事は沖縄への「差別」を問うたのだ。

わずか2分間の演説である。沖縄の実情と切実な思いを世界へ伝えるには、いかにも短い。しかし、なおざりにされ、貶《おとし》められ、蔑《さげす》まれてきた沖縄県民の心情は、十分に伝わったのではないだろうか。

考えてもみれば、日ごろから「普遍的価値観の共有」を喧伝《けんでん》しているのは安倍晋三首相である。知事は、いわばそれを逆手に取ったのだ。

日本全体に問われる〝当事者意識〟

「政府に対する痛烈な批判ですよ」

国連のカフェテリアで、私にそうレクチャーしてくれたのは、やはりジュネーブに取材に赴いていた「新報」編集局長の潮平芳和《しおひらよしかず》（54）である。

「沖縄のみに米軍基地を集中させ、そのうえ新たな基地建設を強行しようとしている政府は、果たして法の下の平等をうたった民主主義を守っているといえるのか。知事はそのことを訴えたのだと思うんですよ」

温厚な人柄で知られる潮平だが、沖縄の現状を語る際には表情に少しばかりの険しさが浮かぶ。

それにしても、だ。ジュネーブには沖縄紙のみならず全国紙や政党紙、テレビ各局の記者が集まったが、編集部門トップが〝一記者〟として駆けつけたのは「新報」のみである。

若い記者たちに交じって取材に走り回る潮平の姿は強く印象に残っている。一眼レフのカメラを肩からぶら下げ、知事の一挙手一投足を追う潮平は、まるでヒラ記者そのものだった。通常の取材現場ではめったに見ることのできない風景だ。

たとえば、知事の姿を写真に収めようとカメラを構え続ける編集局長を慮《おもんぱか》ってか、同じく「新報」から派遣された若手の島袋良太《しまぶくろりょうた》がその役を「代わる」と申し出ても、潮平はそれを手で制し、ファインダーから目を離すことなく現場に立ち続けた。

若手記者からすれば「局長」とペアを組んでの取材など、やりにくくて仕方ないものに違いないだろうから私は島袋に同情したが、一方で潮平のエネルギッシュな姿には終始圧倒され続けた。

だが、潮平は「足で稼ぐ」記者の姿を私の網膜に焼き付けただけではなかった。取材の合間、カフェで休んでいる時だった。知事演説のなかで印象に残った言葉は何かと潮平に聞かれた私は、躊躇《ちゅうちょ》することなく「自己決定権」だと答えた。

沖縄にとって、あるいは沖縄のメディアにとっては耳になじんだものではあるだろうが（「新報」には『沖縄の自己決定権』という著作もある）、自身の生き方や未来を自由に決定できる権利や自治権を意味する「自己決定権」なる文言そのものが、私には新鮮に響いていた。

翁長知事も演説のなかで「自己決定権」が奪われている現実を次のように述べている。

「沖縄県内の米軍基地は、第2次世界大戦後、米軍に強制接収されて出来た基地です。沖縄が自ら望んで土地を提供したものではありません」

「沖縄は日本国土の0・6％の面積しかありませんが、在日米軍専用施設の73・8％が存在しています。戦後70年間、いまだ米軍基地から派生する事件・事故や環境問題が県民生活に大きな影響を与え続けています」

胸に迫る言葉だった。だからこそ私は、問われるべき沖縄の「自己決定権」の重要性を思い知ったと潮平に伝えたのである。

潮平は静かにうなずきながら、私の青臭い〝雑感〟に耳を傾けていた。「そうですよね」と相槌《あいづち》を打ちながら、しかし、潮平は私の話を聞き終えると、穏やかな表情のままにこう告げた。

「でも、自己決定権は沖縄だけに認められたものではありませんよね」

一瞬、言葉に詰まった私に向けて、潮平はさらに続けた。

「誰もが持ちえる権利ですし、持つべきものだと思うんです。それは当事者意識と言い換えてもいい。それこそ民主主義の基本です。それが国民主権というものです。この社会に生きる一人ひとりが自己決定権を意識することにより、民主主義を強化することができる。私たちが問うているのはそこなんですよ。沖縄の問題は日本全体の問題でもあるということです」

その場では禅問答のようにも感じた潮平の言葉も、いまでははっきりと理解することができる。

当事者意識を持ってほしい。沖縄だけの問題ではない。そして沖縄の現状を容認することは民主主義の崩壊にもつながる――潮平はそう訴えたのだ。

後に潮平は月刊誌「世界」（岩波書店）に国連取材に基づいた記事を寄稿し、自己決定権の問題を次のように記している。

〈筆者は各都道府県および本土住民に、安保問題だけでなく、自己決定権の問題でも、

もっと当事者意識をもってほしいと願っている〉

〈誤解を恐れずに言えば、沖縄の自己決定権回復の主張を「独立志向」などと揶揄するのではなく、自らの自己決定権やその政府との関係性を問い直し、この国と地域の来し方行く末を、中央集権型か地方分権型かといった視点から、ともに考えられないだろうか〉

〈民主主義は万能ではない。だからこそ、未完の民主主義を沖縄で、全国で、再生・強化する意義は大きく、今を生きる私たちの責任もまた重い。そのためにも自己決定権回復・獲得の声を各地から上げたい〉（15年11月号）

同じように国連のなかを走り回り、それでも「当事者」としての自分を意識しながら取材を続ける潮平の耳目には、私が拾うことのできなかったものが収められていたに違いない。潮平は沖縄からもっと遠くを、その先にある日本社会全体を、しっかりと捉えていた。

潮平が「新報」に入社したのは1984年だ。他の多くの同僚と同様、「生まれ育った沖縄で記者をやりたい」という強い思いで新聞記者になった。記者としての自分を形づくった記憶があるという。

70年前後。まだ小学生だった。

沖縄は「祖国復帰運動」の渦の中にあった。教員をしていた父親に連れられて、那覇市内の公園で行われた祖国復帰要求集会に参加し、そのままデモ行進に加わった。小学生だった潮平に「祖国復帰」の意味が理解できたわけでもない。もちろん問題意識が芽生えるには早すぎる。

「沖縄が日本の一部になったら、それまで食べていたアメリカのチョコレートはなくなってしまうのか」

そんなことを考えながらデモの隊列にいたという。

それでも、子ども心に「世の中が変わる」といった思いを抱くことはできた。いわゆる「アメリカ世《ゆー》」から「ヤマトの世」へと移行する時間を〝体験〟していた。

「変化を求めて人々が声を上げている。その熱気が私にも伝わってきました。なんていうか、〝世変わりの現場〟にいるんだという興奮を覚えたのは事実なんです。振り返ってみれば、そのときにはじめて〝市民〟という意識を持ったのかもしれません」

市民が立ち上がっている。声を上げている。要求している。そして世の中が変化を見せている。潮平はそこに民主主義のダイナミズムを見たのだ。仮にハーシーズのチョコレートが消えても、新しい何かがやってくる。

その熱気と興奮が、価値観の原点となっている。それは記者として生きていくうえで、常に潮平の〝歩幅〟を決める重要な役割を果たしてきた。

だからこそ民主主義を破壊しようとする動きは許せない。

「百田発言」以降、それに煽《あお》られたかのように、沖縄のメディアを〝叩く〟風潮が続いている。偏向している、反日的だ――ネット上には潮平個人を「左寄り」「売国奴」などと攻撃する言葉もあふれている。ネトウヨ方面の言語感覚でいえば、「新報」の編集トップはすなわち売国奴の親分でもある。

苦笑いを浮かべつつ、しかし、潮平は言葉に力を込めて言う。

「民主主義を守りたいのだと訴えてきた。それだけのことです。それがなぜ偏向と言われなければならないのか」

民意に寄り添い、沖縄に基地を押し付けられる理不尽を訴えてきた。地域の声を吸い上げることが地方紙の役割だと信じてきた。生まれ育った沖縄に荒廃をもたらした戦争だけは繰り返したくないと、その思いを書き続けてきた。

「社会を破壊するためではなく、社会を守りたい一心で、主張し続けてきたんです。本来、カビの生えたような俗論と生真面目に向き合うことじたい、ばかばかしいとは思っているんです。ですが、そうも言ってはいられない」

潮平が危惧するのは単純な沖縄攻撃というよりも、人間としての尊厳すら奪う排外主義的な言説の広がりである。差別と偏見で武装した排外主義は、「敵」を必要とすることでようやく成り立つものだ。蔑むことで「敵」は生まれる。そして排外主義の向こう岸には殺戮《さつりく》と戦争が控えている。これは歴史の必然だ。

潮平は私と話をするなかで1903年の「人類館事件」について触れた。

この年、大阪で開催された第5回内国勧業博覧会（大阪博覧会）で、アイヌ人、台湾人、朝鮮人、中国人、インド人、アフリカ人、ジャワ人、トルコ人、そして琉球人が一堂に集められ、人類館と名付けられた展示ブースで「見世物」にされた事件である。

生身の人間が「展示」されたのである。当然、民衆の好奇の視線にさらされる。主催側は「あくまでも人類学の研究」だと強弁《きょうべん》したが、外交問題に発展したのは当然だった。もちろん琉球人も反発した。

垣間見えるのは当時の日本人の異なったものへの眼差しと、驕《おご》り、歪んだ優越感である。

日清戦争から8年、日露戦争開戦の前年という時期である。軍事的な膨張主義が世の中に蔓延《まんえん》していた。博覧会も国力誇示を目的とした政府の威信をかけた事業だった。動員されたのが人々の差別意識と優越感だった。

「当時と今日の空気感が二重写しに見える」

潮平はそう漏らした。

「排外主義は軍事的な膨張主義とリンクする。人間の営みを無視した差別や優越意識が、戦争への扉を開くような気がする。だからこそ、いや、排外的な気分に満ちているいまだからこそ、メディアは警戒感を働かせないといけないと思うのです」

だが、どうであろう。

ネット出自の差別者集団によって、在日コリアンの虐殺を煽るようなデモが繰り返されても、多くのメディアは冷淡だ。それればかりか差別デモへ加担するかのように、アジア各国への憎悪を煽るような報道も珍しくない。ヘイトスピーチを批判しつつ、政権への抗議を「ヘイトだ」と指摘した新聞まであった。差別する側とされる側を、「どっちもどっち」「差別される側にも問題がある」などと説く〝識者〟も珍しくない。

こうした人々は、たとえばいじめの現場に遭遇しても、原因はどこにあるのかと腕組みしながら傍観するのであろうか。いじめられた側に対し、なぜいじめられるのか問題点を考えろと説教するのであろうか。仮に人類館事件のような差別事件を目前にしても、「公平」を気取った「どっちもどっち論者」たちは、展示の正当性を一生懸命に考えるのであろう。

こうした空気が戦争を、殺戮を後押しすることは、これまでの歴史が示しているではないか。

「主張することを放棄し、両論併記で何かを報じたような気になっているメディアも少なくない」と潮平は指摘する。

だからこそ、沖縄のメディアは、「あえて主張する」のだという。いや、それこそがメディアとしては当然のことなのだ。こうした当たり前の仕事を当たり前のようにやってのけることこそ、本当の意味での報道ではないのか。

不当や不正義、不平等を目前にして、苦痛を強いられる側にことさら責任を求めるようなメディアの在り方に、潮平は異議申し立てしているに過ぎない。

沖縄に基地を置く〝真犯人〟とは

沖縄への「視線」を思うとき、私のなかで、ひとつの風景がよみがえる。

2013年1月27日。沖縄の首長や県議たちが東京・日比谷公園に集まり、オスプレイ配備反対の「建白書」を政府に届ける前日にデモをおこなった。

デモの隊列が銀座に差しかかったとき、沿道に陣取った者たちからデモ隊に向けて飛ばされたのは罵声と怒声、そして嘲笑だった。

「非国民」「売国奴」「中国のスパイ」「日本から出ていけ」──。

日章旗を手にした在特会（在日特権を許さない市民の会）などの集団が、まさに「反沖感情」を露骨にぶちまけたのだ。

この日、デモ隊の先頭に立っていたのは当時の那覇市長、翁長雄志だった。翁長が政府に対して厳しい姿勢を見せるようになったきっかけのひとつが、この下劣な「抗議行動」だったというのは関係者の一致した見方だ。

だが、それは正確ではない。後に翁長は、本当の意味で失望したのは、聞くに堪えない罵声を飛ばす者たちの姿よりも、それを無視し、何事もないように銀座を歩く「市民の姿」だったと述べている。

差別者が醜悪であることは間違いない。しかし、それを放置し、見て見ぬふりをして銀座を闊歩《かっぽ》する「市民」、あるいはメディアも、翁長にとっては等しい存在に見えたのだ。

ここ数年、ヘイトスピーチの問題を追いかけてきた私も、同じように感じている。被差別の当事者でないことを理由に、差別を傍観し、見なかったことにするのは、結果的に差別を容認していることにもなるのではないか。それは、いじめの現場を素通りするのと同じことだ。

ましてやメディア関係者が「差別される側の問題点」ばかりを強調することに関しては、いまでも怒りに近い感情を持っている。

国防や地政学を持ち出し、沖縄の過重な基地負担を容認する者たちは、本当にそれだけの理由で沖縄の「責任」を問うているのだろうか。意識の根底で沖縄を見下してはいないだろうか。

あの日、私も銀座の雑踏の中にいた。沖縄のデモ隊を小馬鹿にしたように打ち振られる日章旗を見ながら、沖縄もまた排他と差別の気分に満ちた醜悪な攻撃にさらされている現実に愕然《がくぜん》とした。沖縄が敵として認知され、叩かれる――よりわかりやすい形で沖縄は差別の回路に組み込まれていた。

その風景を目にしながら、あらためて確信した。ヘイトスピーチと沖縄バッシングは地下茎《けい》で結ばれている。

不均衡で不平等な本土との力関係のなかで「弾除け」の役割だけを強いられてきたのが沖縄だった。いまや一部の日本人からは「売国奴」扱いされるばかりか、「同胞」とさえ思われていない。

ネットで流布されるデマが、差別を正当化するための素材として用いられるという点では、手垢《てあか》のついた「在日特権」なる妄想と構図は重なる。差別と偏見のフィルターを通し、醜悪な物語が次々と生まれる。通史が意図的に作り替えられる。

だからこそ、沖縄にとって「百田発言」の中身自体はそれほど目新しいものではない。「百田発言」に先立つ形で沖縄メディアを批判し、地元2紙の不買を呼びかけた評論家の櫻井よしこについては前述した。

「百田発言」を知ったとき、私が真っ先に思い出したのは、米国務省日本部長を務めたケビン・メアのことだった。

２０１０年12月、米国務省内でおこなった講義で、彼はこう述べている。

「問題となっている沖縄基地は、もともとは田んぼの中にあったのだが、沖縄人が米国の施設の周りを取り囲む形で市街化することを許して、人口が増加したので、いまでは街の真ん中に位置するようになってしまった」

「沖縄人は東京政府を『あやつり』『ゆする』名人なのだ」

百田がこれを知っていたかどうかはともかく、メア発言がネットに飛び交う風説のネタ元のひとつとなっていることは間違いなかろう。だが、メア発言を援用したかのような言説はその後も各所で相次いだ。

〈実は、沖縄県には辺野古移転を拒否する権利はありません。日米地位協定で、米軍は日本のどこにでも基地をつくれるので、日本政府も沖縄県もそれを断れないのです〉

〈基地を人質にして、本土から金をせびり取ることが「自立的発展」につながるんでしょうか。沖縄の自立をじゃましているのは、こういうふうにいつまでも戦争の古い話を持ち出して本土にたかる人々と、それに甘える県民です〉（経済評論家・池田信夫　ネットメディア「アゴラ」14年12月29日）

〈日本政府は沖縄を優遇しすぎている。沖縄の気質は、韓国に似ていると思います。彼らのいっていることは、つまるところ「本土はカネをよこせ」ですから。アメリカ国務省日本部長の観察として伝えられた内容は、事実として正しいと私は思います〉（室谷克実『韓国人がタブーにする韓国経済の真実』〈共著者・三橋貴明〉ＰＨＰ研究所）〈日本は懸命に守った。特攻を繰り出し、戦艦大和も出した。それを「捨石にされた」と恨み言をいう。被害者意識は朝鮮の言う「七奪」より酷い〉（高山正之「週刊新潮」15年8月13・20日号）

ここまで蔑まれながら、しかし沖縄は、一方的な基地負担を強いられている。なんと理不尽なことか。

その無念と憤りを、国連の場で世界に向けて発信したのが、2年前のあの日、東京の路上で罵声と中傷を浴びせられた翁長だったのだ。

その翁長は、国連演説に先立って行われたＮＧＯ主催の公開シンポジウムで、内外記者団を前にこう語っている。

「日本の民主主義は一体どうなっているのか。米国の民主主義はどうなっているのか。ぜひ、皆様にここ（国連）で見てもらいたい。沖縄に基地を置く基地問題の真犯人は一体誰なんだということを、世界中でぜひとも謎解きしてもらいたい」

謎解きを迫られた私たちこそ考えねばならない。「真犯人」の姿を。それを支えるものを。

ジュネーブ取材で見せた二つの顔

ジュネーブには「沖縄タイムス」からも2人の記者が派遣されていた。

そのひとり阿部岳《あべたかし》（42）も、私に強烈な印象を残している。

翁長演説に先立って国連内で行われた市民団体主催のシンポジウムにおいて、司会者から発言を求められた阿部は、落ち着いた声で用意していた草稿を英語で読み上げた。

それは、辺野古で「反戦おばあ」として知られる島袋文子《しまぶくろふみこ》について触れた内容だった。辺野古に住む島袋は、「新基地建設反対」を訴え、毎日のようにキャンプ・シュワブのゲート前で座り込みを続けている。マスコミ嫌いでも知られているが、彼女のもとに何度も通い詰めていくなかで信頼を得た阿部は、その日のためのメッセージを預かってきたのだ。

「辺野古に住んでいる女性をご紹介します。86歳の、とても勇敢な女性です」

そう前置きしたうえで、阿部は次のように続けた。

「島袋文子さんと言います。大きなトラックに立ちはだかって止めたことがあります。警官が彼女の手をトラックから引きはがした時、地面に倒れ込んでけがをしたことさえあります。そしてまた、抗議行動に戻っていきます。

なぜ戻るのでしょうか。

それは、彼女が第2次世界大戦中、沖縄戦のまっただ中にいたからです。日本兵は沖縄住民を助けるどころか、自身の安全のために殺したり危険にさらしたりしました。頼るものなく戦場をさまよった島袋さんはある夜、池から水を飲みました。翌朝、その池の中に死体を見つけました。彼女は泥と血を飲んで生き延びたのです。

いま、彼女は『日本がまた同じように沖縄を犠牲にしている』と言います。日本政府は沖縄の人々のものである土地と海を奪っています。抗議参加者のけがは増え続けています。

誰もが死者が出ることを恐れています。

メッセージをお願いすると、島袋さんはこう言いました。

『私に命の予備、スペアはない。それを懸けて、若い人たちがまた地獄を見るのを阻止しようとしている。もし国連の場に集まった皆さんにも命の予備がないとしたら、私の意味するところがわかると思う。どうか日米両政府を止めてください』

ありがとうございました」

阿部が話している間、内外の記者や市民団体関係者であふれた会場は奇妙な静けさに包まれていた。いや、言葉を失っていたといってもよいだろう。

私もそうだった。「泥と血を飲んで生き延びた」ひとりの女性の存在を思った。体が震えた。

島袋の過酷な経験は、沖縄全体が抱える記憶でもある。裏切りを繰り返されてきた、苦渋を強いられてきた沖縄の歴史でもある。

「どうしてもそのことを訴えたかったんです」

シンポジウムの後、阿部は私にそう告げた。

阿部は名護市の北部報道部に所属している。辺野古取材の最前線だ。

基地建設に揺れる辺野古を見続けてきた。基地に反対する人々の思いも、僻地《へきち》ゆえに基地を容認せざるを得ない人々の気持ちにも寄り添ってきた。そのうえで、基地という負担を押し付けるだけで、他人事のように沖縄を扱う政府に、あるいは米軍に強い憤りを感じている。

実は、阿部は「タイムス」に入社するまで沖縄とは何の接点もなかった。東京生まれの東京育ちである。

漠然とマスコミの道に進みたいと考えていた阿部が、明確に「沖縄の記者」を意識するようになったきっかけは、やはり95年の「少女暴行事件」である。

東京都内の大学に通っていた阿部は、そのときに初めて沖縄に強いられた「不条理」を考えるようになる。

事件の背後にある米軍基地の存在を知った。日本の主権が及ばない状況を知った。触発され、日本の近現代史をひもといていくなかで、沖縄が歩んできた苦難の歴史を知った。

「なぜ、沖縄だけが差別されてきたのか。なぜ、沖縄だけがいつも負担を強いられてきたのか。そうした思いが自分の中で膨らんでいったのです。それがいつの間にか、沖縄で記者をしてみたい、沖縄の現実を伝えたいという気持ちにつながっていきました」

東京に拠点を持つ大手メディアも受験したが、第一志望はあくまでも「タイムス」だった。入社試験に合格すると、迷うことなく沖縄移住を決めた。

「ウチナーンチュ」ではないことから、当初は苦労することもあった。取材相手から信頼されていないかもしれないと思い悩むこともあった。しかし迷いを振り切るように取材を続け、人々の懐に飛び込み、地域の声に耳を傾けていくうちに、たとえば島袋のように心を開いてくれる人が増えてきた。同僚記者によれば、阿部には取材相手の本音を引き出す魅力があるのだという。

確かに、阿部は穏やかで、聞き上手で、私の取材にも丁寧に応じながら、ときおり私の言葉をメモに収めてから聞き直すような、几帳面さがある。そういう人柄なのだろう。

そんな阿部が、ジュネーブ取材でもうひとつの顔を見せた瞬間があった。

翁長演説を受け、それに対抗するように日本政府の演説が行われた後だった。聞き終えた瞬間、阿部は即座に記者席から立ち上がり、厳しい表情を浮かべて演説の主である在ジュネーブ日本政府代表部・嘉治美佐子大使のもとに駆け寄ったのだ。

嘉治大使は〝反論演説〟のなかで次のように述べていた。

「日本政府は米政府と協力して沖縄の負担軽減に最大限努力している」

「沖縄の経済振興にも努力している」

「辺野古移設は米軍駐留による抑止力を維持しつつ、人口密度の高い場所に普天間飛行場があるリスクを取り除く唯一の解決策だ」

演説中、阿部はメモを走らせながら、顔を強張《こわば》らせていた。そして演説が終わった瞬間、火事を見つけた消防士のような勢いで駆け出したのである。

その時の阿部の顔を忘れることができない。人間が、大切なものを傷つけられたときに見せる、悲哀と憤りが入り混じった形相で、弾かれるように彼は走り出した。

そうやって、数々の取材現場を駆け抜けていったのであろう。柔らかい物腰だけではない彼のもう一つの顔――周囲をハラハラさせるような「激しさ」を知った。

ちなみに阿部をはじめ、わらわらと集まった記者に取り囲まれた嘉治大使は、「基地の問題を人権理事会で扱うのはなじまない」と漏らし、逃げるように去っていった。

政府の立ち位置というものが、嫌というほど伝わってきた。要するに、沖縄の置かれた不均衡で不平等な状態を、政府は「人権」の問題として捉えることができないのだ。これは温度差でも見解の相違でもなんでもない。沖縄を安全保障の観点でしか見ることのできない、まさに「支配者」の視点ではないのか。私にはそれが、基地に反対する人々を「非国民」となじる差別者の視点と重なる。

阿部はこのときのことを「タイムス」のコラム「大弦小弦」で次のように記した。

〈翁長雄志知事が国連人権理事会で声明を発表した21日。理事会は、北朝鮮による拉致問題のパネルディスカッションを開いていた▼日本政府代表は「人権の尊重は最も重要な価値観だ」と表明。北朝鮮の代表は「ディスカッションは政治的動機に基づいたもので、人権とは関係がない」と反発した▼その数時間後、似たせりふを日本政府代表から聞こうとは。知事が新基地建設反対を訴えたのに対し、「人権理事会にはなじまない」。せめてもの救いは、聞いていたのが日本の報道陣だけだったことか▼個人の意思に反した拉致と同じように、民意を無視して基地を造り、事件や事故の危険を強いるのは集団への人権侵害である。政府もそれを熟知し、北朝鮮と同列にみられたくないからこそ、国内向けにだけこっそりと「人権問題」を否定したのだろう▼もっとも、理事会での反論も安全保障論や振興策を振りかざし、人権軽視の姿勢はにじんでいた。そして、民主的に選ばれた知事の願いを打ち消すことで、沖縄の声を代表していないことを自ら示した▼一方、沖縄側は知事が県民を代表して自己決定権の担い手であることを宣言し、国際社会の主体としてデビューした。今後、沖縄の主張は日本とは別々に扱われるだろう。基地拒否に懸けた県民の誇りが、ここまで道を切り開いた〉（15年9月28日付）

帰国してから、阿部の仕事場である名護市の北部報道部を訪ねた。

その日の仕事を終え、一人で社内に残っていた阿部は、いつものように腰が低く、穏やかな顔つきで私を迎えてくれた。

私はあらためて阿部に尋ねた。出口の見えにくい基地問題の先頭に立ち続けることで消耗しないか、と。

阿部は間を置かずして答えた。

「避けて通ることができませんから。沖縄で記者を続けている以上、どんな現場で仕事をしていても基地の問題に突き当たりますよ」

そうに違いない。

「百田発言」に追随する者たち、あるいは本土メディアの一部からも、「沖縄の新聞は基地問題ばかりに紙面を費やしている」といった批判が後を絶たない。だが、阿部の言葉を借りれば、基地問題は「沖縄県民の命の問題」なのである。無視することも、見ないふりをすることもできないし、許されない。新聞記事が「基地問題ばかり」なのではなく、沖縄の現実が「基地問題ばかり」だからこそ、書かないわけにはいかないのだ。

阿部は「本当は他にも取材したいことはたくさんある」と漏らした。

「切実な貧困問題を取材してみたい。沖縄の伝統文化にも興味があります。たとえば基地が沖縄からなくなれば、そうした取材がどんどんできますよ。ええ、そうなることを望んでいます」

「ジャンヌ・ダルク」と呼ばれる新世代保守

ちなみに、国連人権理事会で翁長知事への反論スピーチをおこなったのは政府の国連担当大使だけではなかった。

知事演説の翌日、同じ会場で「(知事による) プロパガンダを信じないでください」と訴えたのは、やはり沖縄からジュネーブ入りしていた我那覇《がなは》真子《まさこ》 (26) である。

名護出身の我那覇は学生時代から「愛国者」としての立場から沖縄の現状を憂い、基地新設にも賛同し、沖縄2紙の「偏向」をも主張してきた。保守系テレビ局「日本文化チャンネル桜」沖縄支局のキャスターとして活動するほか、14年の沖縄県知事選では仲《なか》井眞《いま》弘多《ひろかず》後援会の広報担当を務めている。最近では「琉球新報、沖縄タイムスを正す県民・国民の会」を立ち上げた。その若さと行動力から、保守運動界隈では「沖縄のジャンヌ・ダルク」といった呼称で紹介されることも多い。

我那覇が保守系論壇から注目されるようになったきっかけは13年、名護で行われた辺野古基地建設賛成派による集会での発言だった。

突如として現れた若い女性が、「普天間基地の移設問題が膠着《こうちゃく》しているのは沖縄のマスコミのせいだ」「沖縄の新聞は嘘をついている」「沖縄を守ってくれているのはアメリカです」と訴えたのだ。保守派がこれに飛びつかないわけがない。瞬く間に彼女は「ジャンヌ・ダルク」に祭り上げられた。

その我那覇はジュネーブにまで出向いた揚げ句、人権理事会で「翁長批判」をぶち上げたのである。

我那覇は次のようなスピーチをおこなった。

「昨日皆様は、沖縄は紛れもない日本の一部であるにもかかわらず、『沖縄県民は日本政府及び米軍から抑圧される被差別少数民族である』とお聞きになられたと思います。それは全くの見当違いです。

私は、沖縄生まれの沖縄育ちですが、日本の一部として私たちは世界最高水準の人権と質の高い教育、福祉、医療、生活を享受しています。人権問題全般もそうですが、日本とその地域への安全保障に対する脅威である中国が、選挙で選ばれた公人やその支援者に『自分たちは先住少数民族である』と述べさせ沖縄の独立運動を煽動しているのです。

我々沖縄県民は先住少数民族ではありません。

どうかプロパガンダ（政治宣伝）を信じないでください。

石垣市議会議員の砥《と》板芳行《いたよしゆき》氏からのメッセージです。

『沖縄県の現知事は無責任にも日本とアジア太平洋地域の安全保障におけるアメリカ軍基地の役割を無視しています。翁長知事はこの状況を捻《ね》じ曲げて伝えています。中国が東シナ海と南シナ海でみせている深刻な挑戦行為を知事と国連の皆様が認識をすることが重要です』

ありがとうございます」（実際は英語によるスピーチ）

こうした主張が沖縄の一部に存在することを私は知っているし、そのことじたいは当たり前だと思っている。たとえば在日コリアンの追放を訴えるデモに参加する在日コリアンを取材してきた私からすれば、別に不思議でもなんでもない。こうした沖縄が抱えるもう一つの主張に対しては後に詳述する。

ところで、私が興味を持ったのは我那覇の発言内容ではなく、なぜ、人権理事会で発言ができたのか、ということだった。

調べてみると、人権理事会における彼女の発言枠は、奈良県に本部のある「国際キャリア支援協会」なるNPO法人（現在は一般社団法人に改組）が申請したものだった。同協会はこれまでにも国連エントリー資格を利用し、保守の立場から「従軍慰安婦問題」に関連して日本の正当性を訴える集会の主催者を務めるなどしてきた。キャリアサポートを目的とする組織が、なぜにこうした発言枠を我那覇ら沖縄保守に貸し出すのか。

真意を探るため、私は同協会が公開している「本部事務所」を訪ねた。

そこは、奈良県内の県営住宅の一室だった。呼び出しブザーを押しても、何の反応もない。

仕方なく、やはり公開されている電話番号に連絡してみると、中年と思《おぼ》しき男性が電話に出た。

私が我那覇との関係などについて尋ねると、男性は途端に不機嫌そうな声色で「うんざりしてるんですよ」と答えた。

「利用されてるんです。本当にこちらとしては困ってるんです」

男性はそう答えたうえで、いまから「もうひとつの事務所」まで来れば取材に応じると言った。

男性が指定した「もうひとつの事務所」は、近くにある大学病院の一室だった。男性はここを拠点に臓器コーディネーターをしているという。

初対面の挨拶も早々に、男性は「我那覇批判」をぶち上げた。

「もともとのきっかけは、知り合いの医療関係者から、国連の発言枠を貸してほしいと頼まれたことなんです。私はコンサルティングの支援という立場で、国連でも活動してきた。そこに目を付けたんでしょうな。『日本のためだから』と、その人は言うわけです。まあ、私としても日本のためであれば、なにか役立つことをしたいとは思っている」

男性はかつて、生駒市議会議員選挙への出馬経験を持つなど、政治に無関心というわけではない。さらに言えば本業が臓器コーディネーターということもあり、医療関係者からの依頼は断りにくいといった事情もあったらしい。

「ところが、いざ、発言枠を貸してみたら、慰安婦問題やら沖縄の基地問題やら、そんなことばかり訴えるわけですよ、国連の場で。正直、失敗したなあと思いました」

そして、男性は強調した。

「私、沖縄とか何の興味もありませんから」

それからは我那覇をはじめとする運動関係者への批判が続くわけだが、それこそ政治とは何の関係もない個人的な非難が中心なので割愛する。

いずれにせよ、男性はあくまでも「利用されただけ」だと私に訴え、「沖縄に関心も興味もない」と繰り返すのであった。

問題は、こうした団体の名前を使って国連に入り込み、しかも人権理事会で「人権の回復」を訴える側を批判するといった行為に出たことである。政府の国連担当大使の言葉を借りれば、それこそ「人権理事会で扱うのはなじまない」ものではないのか。

この点、私は我那覇に直接尋ねてみたかったのだが、「多忙」を理由に、現在まで彼女は私の取材を拒んでいる。

第5章
「キチタン」記者と権力との攻防

「安保でしか沖縄を語れないのか」

「キチタン」――初めて耳にしたときは思わず「えっ?」と聞き返した。それが「基地担当記者」の略称であることを知ったときは、さすが沖縄の新聞なんだなあと妙な納得をしてしまった。「一課担」(捜査一課担当記者)などの新聞業界用語は広く知られているが、「基地担」を設けているのは沖縄紙のみである。いうまでもなく、米軍基地の問題を広く扱う記者のことだ。

「タイムス」政経部の福元大輔《ふくもとだいすけ》(38)も、そんな基地担のひとりである。ジュネーブでは、阿部岳とペアを組んで国連内を走り回っていた。

福元は一見、柔和で穏やか、細事にこだわらない泰然さを感じさせるが、彼もまた時折見せる厳しい表情が私に強い印象を残している。

福元と基地問題について話しているときだった。私が安全保障の観点から米軍基地の存在をどう考えるべきか――といった質問を口にした際、それまで穏やかな表情で取材に応じていた福元の顔つきが一変した。不快、というよりは嫌悪に近いものが込み上げたのだろう。少しばかり険を含んだ口調で彼はこう応じた。

「東京の人は基地の存在を国防や安保の問題として語るんですよね」

やや強張《こわば》った表情のままに、さらに続ける。

「沖縄にとって基地問題とは、生活と命の問題でもあるんですよ」

意志の強そうな目が、しっかりと私を見据えている。「そうやって沖縄は捨て石にされてきたんだ」と咎《とが》められているような気がした。

その通りだ。私も含め、基地問題を「国防や安保」の文脈に乗せようとする者は多い。そこに、基地を強いられる側の苦痛や恐怖は無視されている。念頭にあるのは中国脅威論を背景とした沖縄の「地理的優位性」だけだ。

福元は言う。

「戦争の記憶がある。土地を奪われた記憶がある。そしていまなお基地を押し付けられている。毎年、一度は軍のヘリが墜落事故を起こす場所ですよ。人権も命も脅かされている。なのに、安保でしか沖縄を語ることのできない人がいることを本当に悲しく思います」

人の住む島であることが忘れられている、と福元は訴えるのだ。基地を知り、軍事に精通し、世界のパワーバランスを理解している福元だからこそ、私はその言葉に説得力を見る。

「辺野古の基地建設を正当化させるために、中国の脅威や地理的優位性が過剰に用いられているのではないか」という福元の指摘は、けっして現実性を欠いた理想論に基づいたものではない。

そもそも沖縄に基地を置く根拠として用いられる「地理的優位性」は本当に存在するのか。近年はそれを疑う声も少なくないのだ。

たとえば普天間飛行場の移設問題に関わってきた元米国防次官補で、知日派の重鎮としても知られるジョセフ・ナイは、「中国の弾道ミサイルの開発で、沖縄の基地の脆弱《ぜいじゃく》性は増している」と米オンライン政治誌「ハフィントン・ポスト」に寄稿している。中国のミサイル攻撃で沖縄の基地が「無力化」すると指摘、むしろ米軍基地の管理を自衛隊に移行し、米軍拠点を太平洋各地に分散すべきだと訴えた。

ちなみにナイは2011年にも「沖縄県内に海兵隊を移設する現在の計画が、沖縄の人々に受け入れられる余地はほとんどない」として、海兵隊をオーストラリアに移すべきではないかとする論文を米紙「ニューヨーク・タイムズ」に発表している。

だからこそ「何がなんでも沖縄」ともいうべき論調に、福元は「本土」からの沖縄に対する蔑視を感じ取るのである。

そんな福元は関西出身で大学も信州大（長野県）。沖縄に縁があるわけではなく、ましてや若いころから沖縄を理解しているわけでもなかった。

大学では哲学者・ハイデガーを学び、さて、就職という時期に、福元は初めて沖縄を意識した。

「ほら、信州って寒いじゃないですか。だからひたすら暖かい場所に行きたいと思って(笑)。ほんと、どうでもいいような理由です」

日本国内で究極の「暖かい場所」を求めれば、沖縄に行き着くしかない。

「それに沖縄であれば満員の通勤電車とも無縁でいられる。関東や関西で働くことは最初から選択肢になかった」とも打ち明ける。

最初に記者として入ったのは宮古島の地元紙「宮古毎日新聞」だった。「南の果て」というイメージは望んだ通りだった。

南を目指しただけの福元にとって、安全保障に関しては理解どころか深い関心もなかった。宮古島で勤務していたときは、県紙である「新報」「タイムス」に目を通しながら、基地批判の文脈に戸惑いを覚えることもあった。なぜそこまで基地の存在に厳しいのか、なぜ多くの人が怒っているのか。

「歴史を知らなかったんです。私もまた、戦争と抑圧で塗りつぶされた沖縄の近現代史に無知であったからこそ、沖縄という存在を単なる南の島としか見ていなかった」

少しずつ沖縄を学ぶようになる。透き通った海と青い空の合間から見えてきたのは、苦渋に満ち満ちた沖縄の現実だった。

2年間勤めた後、「タイムス」に転職した。さらに広いフィールドで沖縄全体を感じたかった。

米軍基地を抱える本島で、さらに過酷な歴史を実感することになる。

うるま市のある集落を取材で訪ねたときだった。村の入り口の民家に、中が空っぽの砲弾が吊り下げられていた。これは何かと住民に聞くと、かつて、米軍兵士が集落に近づいたら、この砲弾を鐘のように打ち鳴らして警戒を呼びかけたのだという。その集落近辺では、米軍兵士が女性をジープで強引に連れ去ってしまうような事件が相次いでいたからである。

こうした風景と証言を自らに取り込むなかで、沖縄の歴史と現実が蓄積されていく。

「那覇市内の少しおしゃれなバーで酒を飲んでいたときに、居合わせた若者から基地問題をどう思うのかと詰問されたこともあった。私が本土の人間だと知って、議論を挑まれたんです。こうした積み重ねで、それまで知ることのなかった沖縄が、どんどん開けてきたように思うんです」

そして、沖縄で暮らしている以上、沖縄で記者としてやっていく以上、基地から逃れることはできないのだと実感するようになる。

「警察担当をしていたときも、米軍がらみの事件で日米地位協定の壁を何度も見ることになりました。そのことで、けっして表面化することのない事件も数多くあることを知ったんです」

憧れだった南の島が、風雪の厳しさにも似た過酷な歴史と現実を福元に叩き込んだ。

そしていま、基地問題のど真ん中から発信を続けている。

16年2月29日、福岡高裁那覇支部（多見谷寿郎裁判長）で、国と沖縄県が争う「代執行訴訟」の第5回口頭弁論が行われた。これは翁長雄志知事が辺野古での米軍新基地建設阻止のために行った埋め立て承認の取り消しを不服として、国が県を訴えたものだ。

結審となるこの日、証人として立ったのは稲嶺進《いなみねすすむ》名護市長である。

私は当日朝、那覇に飛び、傍聴席からその様子を取材した。

偶然、隣り合わせで座っていたのが福元だった。

主尋問は淡々と進んだ。

県側代理人の問いかけに、稲嶺市長は手振りを交えて、基地被害の実態を訴えていく。空には爆音が響き、海は汚され、そして陸では実弾が飛び交っている。新基地建設によって、地域はさらに壊されていくのだと、丁寧に言葉をつないだ。

隣席の福元もまた、淡々と証言を手元のノートパソコンに打ち込んでいく。機械的な作業に没頭しているだけのようにも見えた。

稲嶺の主張は、一切の飾り気を排した生身の言葉として私の胸に響いた。

「先の大戦、そして米軍統治と、私たちはずっと日本から置き去りにされてきた。力によって押し込まれてきたんです」

そのように沖縄の歴史に言及した後、震えるような声で裁判長を見据えて訴えた。

「これ以上、私たち、がまんできないんです。普通の町で、普通に暮らしていきたいんです」

それは沖縄を「置き去り」にしてきた「日本」に対するやりきれなさか。地域に分断を持ち込んだ米軍への怒りか。屈辱にまみれた歴史そのものへの苛立《いらだ》ちだったか。静かで、しかし地の底から噴き上げてくるような憤りは、傍聴席の空気を重たくした。

静まり返った法廷内では、福元をはじめ、記者たちがキーボードをカタカタと打ち込む音だけが響き渡る。

続いて反対尋問を経た後、国側の最終弁論が行われた。

国の代理人は県の取り消し処分が違法であることを述べたうえで、さらに次のように主張した。

「仲井眞前知事のした本件承認処分に法的瑕疵《かし》はない。本件埋め立て事業はわが国の存立に関わる国防外交上の問題である」

それまで私の隣でキーボードの打ち込みに専念していた福元の指先が止まった。一瞬のことではある。福元は視線を代理人のほうに向け、その存在を目に焼き付けるようにした後、再びキーボードに置かれた指をせわしなく動かした。

そのわずかな瞬間に福元の顔に浮かびあがった厳しい表情を私は忘れない。「国の存立に関わる国防外交上の問題」という国側の言葉は、沖縄の苦渋も歴史も無効化させるものである。人の営みも人権も無視されている。

福元がこだわり続けているのはそこだった。

「安保でしか沖縄を語ることができないのか」という福元の問いかけは、いつまでも私の胸奥で響いたまま消えないでいる。

「公平」「両論併記」というトリック

「琉球新報」の基地担である島袋良太《しまぶくろりょうた》（32）とは、やはりジュネーブが初対面の場だった。

編集局長とペアを組んでの取材でもあり、さぞかしやりにくかろうと同情し、小柄なうえにどこか幼さの抜けきらない顔つきのせいもあり、当初は勝手にも柔《やわ》なイメージを思い描いていたのだが、話してみればなかなかどうして。骨太で負けん気の強い、そして芯の通ったやり手記者であることがわかった。

実際、周囲の評価もすこぶる高く、私が取材した何人かの「新報」記者は「彼はエース級」だと太鼓判を押した。その手腕を買われてか、２０１４年までは同紙唯一の海外支局があるワシントンの特派員も務めている。

島袋が記者という職業を選択したのは「社会に関わる仕事をしたかったから」だという。新聞記者は事件や様々な事象を通して、人間の喜怒哀楽に寄り添って生きていく。明暗濃淡ことなる場所から社会を見つめ、探り、照らし、そして掬《すく》い取っていく。そんな仕事に憧れていた。

だからこそ地元の新聞社を受けたのだが、「新報」との出会いはそれほど美しい記憶を残しているわけではない。

「最悪でしたよ。あのような面接はいまでも腹が立つ」と島袋は苦笑交じりに言う。

入社面接は一人につき8分間と決められていた。

なんの話題であったかはよく覚えていない。ただ、面接官が島袋の話をいちいち否定してくる。「いまだったら完全な圧迫面接として問題にしてもいいくらい」のものだった。

しおらしく折れてみせるといった選択肢を、そのころから島袋は持っていなかった。否定されれば反論する。反論すればさらなる否定が待っているわけで、8分の持ち時間をはるかに超えて、およそ倍の時間を〝口論〟に費やしていた。

「そのうちなんだかバカらしくなってきたんです。そんなに俺のことが嫌ならば勝手にしろ、ふざけるな、そういう気分でしたよ」

面接を終えたときには怒りで顔も紅潮し、床を蹴り上げるような勢いで立ち上がり、面接会場を後にした。

そんな態度を露骨に見せたものだから当然に落ちるものだと思っていたら、意外にも合格の知らせが届けられたのであった。

「拍子抜けしたというか、いや、本当はいい会社じゃないかと思うようになって。こんな生意気な若者を採用してくれるのですから、むしろ感心したくらいです」

入社してみれば、想像以上に自由な社風がさらに気に入った。いわゆる「会社」の感じが少ない。一人ひとりがまるで個人商店のように、それぞれの仕事をこなしている。群れることを好まない島袋にとって、その雰囲気は居心地が良かった。

写真部を皮切りに県内の支社、ワシントン特派員などを経験し、現在の基地担となった。

基地担として、島袋もまた、基地報道をめぐって「偏向」の烙印を押されていることに苛立ちを隠さなかった。

「偏っていると言われるぶんには、まだいい」と島袋は言った。

「なにか訳知り顔で近づいて、記事には公平性がなければいけないだの、基地問題にしても両論併記をすべきだなどと指摘されると、猛烈に腹が立つ」

指摘する側の素性は想像がつく。沖縄に理解があるふうなことを口にし、しかし報道の在り方などで疑問を呈し、沖縄のためにもと言いながら、国益のことも考えろと、説教じみた言葉を残してさっさと背中を見せるような連中である。

私もそうした手合いを何度も見てきた。それこそ「偏向」であることを承知で私の主観を打ち明ければ、やたら「公平」だの「両論併記」だのと主張する者は、一見なにかを考えているようで、実はなにも考えてはいない。いや、考えることすら放棄し、安易な出口を探しているだけの人間が多い。

私のようにマイノリティーの差別問題を取材しているライターにも、こうした指摘は必ず飛んでくる。いかなる理由があろうとも、人種差別、民族差別は許容できないという立場から、私は記事を書く。しかし、批判者は「差別される側の問題点をなぜに書かないのか」「差別している側の主張にも耳を傾けよ」と迫ってくるのだ。

バカバカしい。不平等な状態であることが問題であるのに、なぜに差別される側と差別する側を同等に扱わなければいけないのか。こちらは対等な立場で殴り合っている者たちのケンカの現場を取材しているのではない。社会的力関係を背景に、マイノリティーを一方的に差別する側を糾弾しているのだ。差別する側への「配慮の足りなさ」を指摘されるいわれはない。

島袋も語気強く、こうした者たちを批判する。

「たとえば新基地建設をめぐって、もちろんそれに賛同する意見だって紙面には載ってもいる。しかし批判者はそれでも足りない、公平に、等分に載せろと迫るわけです。そもそも沖縄の置かれた現状が、本土と比べて公平、等分であるのか。両論併記で賛否を5対5で掲載するのであれば、せめて基地負担だって5対5であるべきです。不平等や不均衡を放置しておきながら、一方の側にのみ公平を押し付けるなど、傲慢《ごうまん》もいいところです」

何度でも繰り返す。全国の米軍専用施設の73・8%が、国土の0・6%の面積しか持たない沖縄に集中しているのだ。

最近では「公平」を強いるどころか、そもそも沖縄が強いられた負担そのものを必要以上に軽視し、デマや誤解も交えて「沖縄の負担は少ない」などと喧伝《けんでん》する向きも少なくない。

ネットや書店で流通する「嫌沖縄本」でもその傾向は顕著だ。

たとえば代表的なものといえば、「沖縄に73・8%の米軍基地が集中しているというのはウソ。実際は23%程度に過ぎない」といったものだろう。メディア関係者のなかにも真顔でこの論を展開する者は、けっして少なくはない。つまり、沖縄は「負担を意図的に誇張している」という主張だ。

結論から示す。沖縄に日本の米軍「専用施設」の73・8%が集中していることは紛れもない事実である。

では23％という数字はどこから出てくるのか。

それは、全国に存在する米軍と自衛隊の「共用施設」を分母とした場合の数字である。たとえば北海道の別海矢臼別演習場、千歳演習場、上富良野演習場、本州の大和王城寺原演習場、東富士演習場、あるいは九州の日出生台演習場、十文字原演習場など、広大な原野に置かれた演習場のことだ。

別海矢臼別大演習場などは沖縄の嘉手納飛行場の8倍以上の面積を持つ。いずれの演習場も人里離れた原野に展開している点は、住宅密集地に隣接している沖縄とは、そもそも環境がまるで違う。

しかもこれら「共用施設」には多くの場合、米軍が常駐しているわけではない。別海矢臼別大演習場などは、米軍が使用するのは年に1度、1週間のみである。

米軍が常駐しているわけでもないこれら広大な演習場をも分母に含み、沖縄の負担を「軽い」とするのは、完全に数字のマジックだ。いや、詐術といってもよいだろう。

よく調べればわかるものを、まるで新事実を探し当てたかのように喜々として発信する政治家までいるのが日本の現状だ。

13年2月、防衛政務官（当時）の佐藤正久参院議員は、自身のツイッターで74％という数字は「事実ではない。……在沖米軍施設（の割合）は約23％」などと発信。これには多くのリツイートが付き、「これまで騙《だま》されてきた」と、「ネットで真実」を知った者たちを沖縄攻撃の陣営に取り込む役割を果たすこととなった。一度流出し、拡散された誤った情報を正すのは難しい。結果的にいまなお沖縄攻撃、バッシングの材料として、多くの者たちがこれを引用・援用しているのである。

いや、誤ったというよりも、最初からそうなることを期待したうえでの意図的な発信であったとも考えたくなるような内容だ。私自身はそこに、沖縄の基地集中といった現実を、もっともらしい数字を用いて覆い隠そうとする底意地の悪さしか感じない。

本土から移転してきた米軍基地

「できれば差別という言葉を僕は使いたくない」と島袋は漏らした。

「それ（差別）を認めることに抵抗があるんです。しかし、沖縄が差別的な処遇を受けていることは否定しようがない」

そう述べたうえで、島袋は続ける。

「よく考えてみてください。なぜ、沖縄に海兵隊基地があるのかを。他の地域が受け入れなかったからこそ、沖縄に移転してきたんじゃないですか」

これもまったくその通りである。

航空自衛隊岐阜基地で開催された「航空祭」＝2015年10月、岐阜県各務原市

15年10月25日――私は岐阜県各務原市《かかみがはら》の航空自衛隊岐阜基地にいた。

この日、同基地では毎年恒例の「航空祭」が開かれ、約6万5千人もの入場者でにぎわった。ふだん間近では見ることのできない戦闘機や救難捜索用ヘリコプターなどの周囲に人垣ができ、親子連れが楽しそうに焼きそばなどの屋台に行列をつくった。同基地所属の飛行開発実験団による機動飛行、戦闘機や輸送機などによる異機種編隊飛行には来場者の歓声が上がり、カメラのシャッター音が鳴りやむことはなかった。

平和な光景である。私も祭りに水をさすつもりはまったくない。

ただ、私はどこかに「痕跡」がないものかと、ひたすら基地の中を歩き回った。しかし、浮かれた雰囲気のなか、そこに米軍の足跡を見つけることはできなかった。

実は、同基地はかつて、海兵隊の地上部隊「第3海兵師団」の駐留基地だったのである。

第2次世界大戦終結後、米本国に帰還していた同師団は、朝鮮戦争を契機に再編成され、岐阜に駐留したのである。海兵隊が「キャンプ岐阜」に配備されたのは1953年のことだった。もともとは旧日本陸軍の飛行場だったこともあり、米軍にとっても使い勝手の良い場所ではあった。

しかし、3年後の56年にはこの基地から撤退し、拠点を沖縄に移している。

理由は住民の反対運動だった。

当時、基地周辺には米軍向けのバーが軒を連ねていた。酒に酔った米兵による発砲事件などが多発した。女性に対する性犯罪も少なくなかった。そうしたことから治安悪化に対する住民の反対運動が盛り上がった。結果として住民運動が基地を岐阜から立ち退かせることに成功した。

少しばかり余談にお付き合いいただきたい。そのころ、岐阜において米軍基地反対運動のリーダーとして活動していたのは、後に社会党の衆院議員となり、第1次橋本龍太郎内閣では官房副長官を務める渡辺嘉蔵《わたなべかぞう》である。皮肉なことに、少女暴行事件を契機に議論された普天間基地移設問題にも深くかかわった。

私はこの渡辺と、取材で何度か顔を合わせている。

今世紀初め、渡辺は中国とのパイプを生かして中国人研修生・実習生の受け入れを事業化していた。しかし研修生が派遣された企業の労働環境は最悪で、長時間労働、低賃金が横行し、当時、外国人労働者問題を扱っていた私は、何度も渡辺と〝対決〟することになる。

だから渡辺との間には殺伐とした思い出しか残されていないのだが、それでもわずかに、彼の人生に触れる機会もあった。

渡辺は、私との取材の場を離れれば温厚な紳士だった。貧しい家庭で生まれ育った彼は若いころに読んだロバート・オーウェンの影響で社会主義に目覚め、戦後は地元の労働運動を牽引《けんいん》した。渡辺は戦後、一貫して戦争に反対し、世の中の右傾化を憂い、平和運動に参画してきたことは事実である。

「戦争だけはごめんだ。だから米軍基地反対運動に精力的に取り組んだ」と、私は渡辺の自宅でそうした言葉を聞いたこともあった。

わずかに沖縄に触れたことも記憶に残っている。

「普天間の移設はなんとしてでも実現したかった」

渡辺はそう話していた。

だが、反対運動によって立ち退いた基地が、沖縄に押し付けられたことへの思いを、渡辺から聞くことはなかった。もちろん、私が尋ねればなにがしかの答えはあったように思う。

その渡辺は16年2月に亡くなった。残念なことだ。岐阜の基地移設に関して聞いておくべきだったと後悔している。

いずれにせよ、地域の基地反対運動が、結果として基地を沖縄へ追いやったことは事実だ。しかし、押しやられた沖縄がどれほど激しく抵抗を示しても、米軍は居座ったままである。

この違いは何なのか。

「占領下」という特殊な状況があったことは言うまでもないが、「本土」の側もまた、無意識のうちに「沖縄であればかまわない」といった考え方に支配されていたはずである。

身近な場所に米軍基地があり、事故や事件が頻発すれば、間違いなく反対運動が盛り上がり、そして「本土」はその成果を手にしてきた。沖縄だけがまるで廃棄物処理場のように、人々が忌避《きひ》する基地の「捨て場所」となってきたのである。

本当に米軍基地が「危険」であると認識しているのであれば、なぜに人々は沖縄の反基地闘争にこれほどまで冷淡なのであろうか。

そこにはやはり、沖縄への歪《ゆが》んだ視線が介在しているはずだ。

いまだって、そうした意識が垣間見える瞬間がある。

たとえば前述した航空自衛隊岐阜基地である。13年11月の「航空祭」では、普天間基地に配備されたオスプレイの展示が防衛省によって計画された。しかし、各務原市など周辺自治体や住民は「危険性」を理由としてそれに一斉に反発。結果として展示は中止となった。

その結論じたいを批判するつもりはない。ならば、その「危険」なオスプレイの飛行が日常となっている沖縄を、どのように考えているのであろうか。

それは同じく海兵隊基地を抱えていた山梨県にも言えることだ。

米軍は終戦直後、富士山の北側裾野一帯を「キャンプ・マックネア」なる海兵隊基地とした。

地元紙「山梨日日新聞」が報じたところによれば、当時、「米兵が県農業会の職員2人を撲殺、北富士演習場の不発弾が爆発し少年3人が死亡、女性が米軍車両に追い掛けられ、はねられて死亡」といった事件が相次いだという。

ここでも結局、県を挙げての反対運動が〝実を結び〟、56年に基地は沖縄に移転した。

このような経緯があるからこそ、島袋は「著しい不公平と理不尽」を訴えるのだ。

かつて海兵隊基地が置かれていた陸上自衛隊北富士駐屯地＝2015年11月、山梨県忍野村

「国防が大事だと考えるのであれば応分の負担というものも同時に検討したっていいはずです。『沖縄は基地反対しか言わない』といった声を聞くことも少なくないのですが、では、基地の県外移設に反対しているのはどなたですか。本土の側が基地受け入れに反対しているわけですよ。僕だって、こんな問題ばかり追いかけたくはないし、基地問題一色に染まりたいと考えたり望んだりしたことなんかない。ただ、厳然たる事実として過重負担の問題がある以上、それを正したいと願うのは当然じゃないですか」

だが、島袋は悲観ばかりしているわけでもない。

「基地担」としての冷静な分析と、ワシントン特派員時代の経験から、少なくとも

「辺野古新基地建設」が必ずしも普天間移設の〝絶対条件〟たりえないことも知っている。


「冷静に考えてみる必要がある」と島袋は言う。

沖縄の基地の7割は海兵隊の専用施設だ。これら海兵隊の移動に必要な海軍艦船は、実は沖縄ではなく長崎県の佐世保にある。万が一の有事であっても、海兵隊は佐世保から来る艦船を、沖縄で待っているしかない。スピードに優れた空軍の大型輸送機も、沖縄ではなく米本土に配備されている。「中国に近い」ことだけをもって機動性を担保するものでないことは軍事専門家の多くも指摘している。

「何がなんでも沖縄に海兵隊基地を置かなければならない理由など、実はそれほどないのだということは米側だって当然理解しているはずです」

知日派の元米政府高官が「辺野古新基地建設」に拘泥《こうでい》していないことは先にも述べた通りだ。


島袋はワシントン時代に、こんな経験もしている。

あるとき、ワシントン市内でタクシーに乗車したら運転手に出身地を聞かれた。日本の沖縄であることを話すと、運転手は「知っている。米軍基地がたくさんあるところだ」と返した。驚く島袋の反応を待つこともなく運転手は続けた。

「知事は米軍基地をキックアウトする（追い出す）って言っているんだろ？　頑張ってほしい。米国は世界中に基地を置きすぎだ。現地の文化や伝統、生活が破壊される」

そう熱弁をふるった。

太平洋を挟んだ遠い国の、しかも小さな島の内情を知っていることに島袋は感嘆したが、同時に、外交専門家でもない一般市民にまで「沖縄の声」が伝わっていることに小さな感動を覚えたという。

「日本政府が発信し続けるメッセージとは違ったものが、米国の一部にも届いている。もちろん本土の中にも同じような思いを抱えている人は少なくないと思う」

島袋の希望はそこにある。

たとえば沖縄から米軍基地がなくなったら――そんな私の問いかけに島袋は即答した。

「喜んで違う分野の取材を手がけますよ。もう、本音を言えば、飽き飽きしてるんです、基地には」

琉球新報〝オフレコ破り〟の内幕

基地をめぐる「本土」の視線について、ある「事件」に言及する前に、ひとりの男を紹介したい。

「琉球新報」の内間《うちま》健友《けんゆう》(37)。もともとスポーツジャーナリズムに憧れていた。琉球大の学生時代はスポーツ雑誌「Number」(文藝春秋)を読みふけり、アスリートに取材する自分の姿を想像していた。

「新報」受験の際にも、面接官にそのことをはっきりと告げた。

希望がかない、入社早々に配属されたのは運動部だった。地域の少年野球からプロ野球やJリーグの試合まで、ひたすらアスリートの姿を追い続けた。

2年目には中部支社に異動する。受け持ち地区は読谷《よみたん》村と嘉手納町。言わずと知れた基地の町だ。そこで初めて基地と向き合うことになった。

「生まれ育ったのは那覇ですから、沖縄における基地の存在を意識することはあっても、内実は知りませんでした。那覇はやっぱり都会なんです」

基地の観察が日課となった。

深夜、嘉手納基地が見渡せる「安保の丘」に駆け付ける。そのころ、周辺住民を寝不足にさせる夜間飛行訓練が頻繁に行われていた。

戦闘機が深夜の基地で離発着を繰り返す。

「周囲が静まり返った時間だけに、ものすごい轟音《ごうおん》が響くんです。空気が震え、木々が震え、自分自身の皮膚までもが震えてくる。沖縄育ちの僕でさえ、そんな経験はなかった」

住民の強い反対にもかかわらず、夜間訓練は長きにわたって行われた。内間はこの地域住民の存在を無視するかのような暴力的な風景を目にしたことで、基地への思いを新たにする。

住民の安眠が妨げられ、危険と隣り合わせでいるという現実。地域の思いが軍隊には一顧《いっこ》だにされないという現実。そして沖縄全体で抱える基地の過重負担という問題。

この状況を伝えたいと、ひたすら原稿を書いた。しかしどれだけ書いても現実は変わらない。現実がそれほどまでに強固な地盤の上に成り立っているということなのか、それとも自分の力量が足りないのか。「無力さをつくづく感じた」ことで、余計に基地問題に関心を強めていく。

その後、社会部などを経て、2010年からは政治部の「基地担」となった。

11年11月28日。その夜、那覇市内の小料理屋では沖縄防衛局と担当記者たちによる懇談会が開かれていた。これは毎月1度のペースで行われているもので、酒食を交えて意見交換することが目的となっていた。これは記事にしないことを前提としたオフレコ懇談(通称・オフ懇)と呼ばれるもので、いまでも記者業界では日常的に行われている。

夜8時から開かれたオフ懇に、内間は大幅に遅刻して参加した。翌朝分の記事出稿が遅れたためである。内間が小料理屋に到着したとき、時計の針はすでに9時を回っていた。

小料理屋の店内では二つの大きめのテーブルをくっつけて、すでに料理も出尽くした感じだった。

出席者は防衛局側から田中聡局長と報道室長の2人。記者は9社9人が参加していた。遅れて出席した内間は、局長らが座る席から一番離れた場所に腰を落ち着けた。局長の田中はちょうど、普天間飛行場の移設問題を話している最中だった。酒も入っているし、和やかな雰囲気ではあった。

懇談の冒頭で報道室長から「今日は完オフ（メモや録音厳禁の完全オフレコ）で」と発言があったらしく、だれひとりとしてメモする者も、ましてや会話の録音をする者などいない。内間も黙って田中の話に耳を傾けていた。

30分が経ったころだったか。

内間は田中に向かって質問した。席が離れていたので、相手に聞こえるように声を張り上げた。

「一川（保夫）防衛相はなぜ、辺野古環境アセスの評価書提出時期を（米国に約束した）年内と明言しないのでしょうか」

環境アセス＝環境影響評価とは、開発事業が環境に与える影響を事前に調査する制度である。防衛省は普天間飛行場の辺野古移設を進める過程で環境アセスの評価書作成を進めていたが、当時の鳩山政権が移設先として県外を示唆したこともあり、一時的に作成は中断していた。しかしその後、日米安全保障協議委員会（２プラス２）で辺野古移設が再確認されたこともあり、防衛省は米国側に「評価書を年内に沖縄県に提出する」と伝えていた。しかしこうした事実がありながら、11月になっても一川防衛相は「年内提出」を公には明言しなかった。

アセス評価書の提出は、いってみれば工事のＧＯサインのようなものである。沖縄では提出そのものに危機感を抱く世論は強く、県議会も全会一致で「提出断念」を求める意見書を可決していた。

だからこそ防衛相は世論の反発を恐れ、ぎりぎりまで提出を明言しなかったものと思われる。内間もそうした状況であることを知りつつ、しかし、基地建設を左右する重要な局面でもあるだけに、質問を投げたのであった。「基地担」としては当然の仕事である。

これに対し、局長の田中はやはり声を張り上げて次のように答えたのであった。

「犯す前に、これから犯しますよと言いますか」

内間の口からは、えっ、と小さな声が漏れただけで、そのあとに言葉は出てこなかった。絶句した。どう反応してよいのかわからなかった。

「なんて言いますか、その瞬間、頭の中が真っ白になって、パーンとなにかが弾《はじ》けたような感じになってしまったんです」

犯す前に、これから犯しますよと言いますか――要するに、大事なことを事前に伝えることはないという意味で用いたのだろうが、県内の反発が強い評価書提出を性的暴行にたとえた、県民の尊厳を踏みにじる暴言であることは明らかだった。女性への凌辱《りょうじょく》を肯定するかのような、下品で下劣で、そして沖縄を見下したかのような差別発言でもあった。

内間はしばらく、体が固まったままの状態が続いた。

ひどい。ひどすぎる。いくら懇談の席とはいえ、こんな発言が許されるわけがない。次第に体が怒りで震えてきた。

どうしたらよいのだ。ここはオフ懇の席上でもある。記事にすることはできない。いや、そんな慣行など、この際どうでもいいのではないか。これはどう考えても放置、容認できる発言じゃない。

時計の針を見た。すでに10時近くだ。降版（編集作業の締め切り）までは、どんなに延ばしてもらったところで3時間足らずだ。

内間はまず、携帯を取り出すと、記者同士で共有しているメーリングリストに発言内容を投稿した。

しばらくして懇談がお開きとなると、内間は早速、その日のデスク業務を担当している松元剛に電話した。

そのころ、松元は社内で大刷りの確認に追われていた。内間が発信したメールも見ていなかった。

内間はあらためて田中の発した言葉を伝えた。

「本当にそんなことを言ったのか？」

松元は2度、そう繰り返したという。数々の現場を経験してきた松元でさえ、これには耳を疑った。あり得ない発言だと思ったのだ。

――間違いないのか？　確かなのか？

「間違いありません」

――懇談は「完オフ」が条件だったのか？

「はい」

松元は少しばかり考え込んだ。

事実関係の裏取りがその日の締め切りまでに間に合うか。オフレコ発言を報じることの是非はどうなのか。

「3分、時間をくれ」

松元はそう言って電話を切った。

慌てることなく、たとえば1日かけて裏取りしたうえで記事化してもよいのではないか。オフレコ発言を取り上げるには、もう少し慎重に議論したほうがよいのではないか。松元は頭の中でシミュレーションを繰り返す。

だが、報道を遅らせる根拠には乏しい。また、オフレコといっても、それを報じてはならないとする絶対的な定義があるわけでもない。

松元は腹を固めた。

内間に電話して、「書くぞ。いますぐ社に戻ってこい」と伝えた。

もちろん松元の性格を熟知している内間は、それを当然のことと受け取った。

内間が述懐する。

「僕自身はその時点で、記事にするつもりでいました。その覚悟はできていた。いや、絶対に書かなければならないと思ったんです」

優先すべきは事実の重みだ。そして公益性である。オフレコ前提とはいえ、集まったのは記者と官僚である。単なる私的な飲み会とはわけが違う。内間の中では、そして当然ながらデスクの松元の中でも、短い時間の中で報ずる理由、論拠が綿密に組み立てられていった。

松元は上司である編集局次長兼報道本部長（当時）の普久原均に連絡した。内間から聞いたばかりの内容を説明した後、こう告げた。

「出入り禁止などのハレーションもあるかもしれない。しかし、政府の沖縄への向き合い方を照らし出す発言でもあり、なんとしてでも記事にしたい」

普久原も即座に同意した。

「どんな嫌がらせがあってもいい。読者の知る権利に応えよう」

これで正式なGOサインが出たも同然だった。

あとは時間との競争である。

社に戻った内間に、「まずは防衛局に記事化することを通告しろ。そのうえで局側のコメントを引き出せ」と指示した。

深夜の社内は騒然とした。

整理部は紙面構成を変更し、1面トップのスペースを空けた。

東京をはじめ、各支社の記者たちにも連絡が回った。普段は従順さには程遠いうるさ型の記者からも異議は出なかった。誰もが暴言に憤りを感じ、それを追及する構えを見せていた。

内間は、当日出席していた報道室長の携帯に電話した。本当は局長の田中に連絡したかったのだが、沖縄に赴任したばかりの田中の携帯番号は、まだ知られていなかった。

電話に出た報道室長に記事化することを告げると、案の定「本当に書くのか？」「オフレコだという条件ではなかったのか」と慌てた声が返ってきた。そのうえでその後の防衛局への出入り禁止も示唆した。もちろんそれも内間にとっては想定通りの反応だった。押し問答の末、「発言の有無は否定せざるを得ない」とする防衛局のコメントを記事に盛り込んだ。

一方、出稿ぎりぎりまで松元が内間に確認を繰り返したのは、発言が「犯す」だったのか、それとも「侵す」だったのか、ということだった。耳に入る音は同じであっても、仮に「侵す」であれば意味合いもまた違ってくる。内間の記憶をもとに、前後の文脈で判断するしかなかった。

実は懇談の場において、田中はもうひとつ、問題となりかねない発言をしていた。話が95年の少女暴行事件に及んだときのことである。田中は事件当時、マッキー米太平洋軍司令官が「レンタカーを借りる金があれば、女を買えたのに」と発言したことに自ら触れたうえで、自分も「そう思う」と述べていたのだ。田中の度し難いセクシズムが露《あらわ》になったわけだが、いずれにせよ、この文脈を考慮すれば、「犯す」が妥当であることは火を見るより明らかだった。

記事はデッドライン直前に仕上がった。

1面トップに〈「犯す前に言うか」／辺野古評価書提出めぐり　田中防衛局長／懇談会で、反発必至〉の大見出しが躍る。

〈沖縄防衛局の田中聡局長は28日夜、報道陣との非公式の懇談会の席で、米軍普天間飛行場代替施設建設の環境影響評価（アセスメント）の「評価書」の年内提出について、一川保夫防衛相が「年内に提出できる準備をしている」との表現にとどめ、年内提出実施の明言を避けていることはなぜか、と問われたことに対し「これから犯しますよと言いますか」と述べ、年内提出の方針はあるものの、沖縄側の感情に配慮しているとの考えを示した。県などが普天間飛行場の「県外移設」を強く求め、県議会で評価書提出断念を求める決議が全会一致で可決された中、県民、女性をさげすみ、人権感覚を欠いた防衛局長の問題発言に反発の声が上がりそうだ。

田中局長は那覇市の居酒屋で、防衛局が呼び掛けた報道陣との懇談会を開いた。報道陣は県内外の約10社が参加した。

評価書の提出時期について、一川氏の発言が明確でないことについて質問が出たとき、「これから犯す前に犯しますよと言いますか」と発言した。

懇談会終了後、沖縄防衛局は、琉球新報の取材に対し「発言の有無は否定せざるを得ない」と述べた。

沖縄の米軍基地問題に関連し、女性をさげすむ発言は過去にも問題となった。

1995年9月に起きた少女乱暴事件後の同年11月、リチャード・マッキー米太平洋軍司令官（海軍大将）が同事件をめぐり、「全くばかげている。私が何度も言っているように、彼らは車を借りる金で女が買えた」と発言し、更迭された。

田中局長は1961年生まれ。大阪大学法学部卒。84年旧防衛施設庁入庁。那覇防衛施設局施設部施設企画課長、大臣官房広報課長、地方協力局企画課長などを経て8月15日に、沖縄防衛局長に就いた。

田中局長は非公式の懇談の席で発言したが、琉球新報社は発言内容を報じる公共性、公益性があると判断した〉（「新報」11年11月29日付）

必要な情報はすべて詰め込み、同時に何が問題であるのか瞬時に判断できる、文句なしの特ダネ記事だった。

勢いだけで乗り切った嵐のような数時間を経て、社から自宅に戻った内間は、高揚とは程遠い不安を抱えて布団にもぐったという。

「もしも僕の聞き間違いだったらどうしよう。記事に反発した防衛局が裁判に訴えてきたらどうすればいいのだろう。すべては自分の責任かもしれない。最悪、会社を辞めることも考えなければ。そんな思いが頭の中を駆け巡り、その晩は一睡もすることができませんでした」

だが、それも杞憂《きゆう》に終わった。

朝になってみれば読者からの反響はすさまじく、本支社に評価と激励の電話が相次いだ。しばらくはお見合い状態だった他社も、次々と後追い記事を報じるようになる。そして当の田中はその日のうちに更迭が決まったのであった。完全勝利である。

内間が当時を振り返って言う。

「書いてよかったと思うと同時に、もしも書くことに躊躇《ちゅうちょ》していたらと考えると、冷や汗が出てきました。それは読者に対する背信行為に他ならないからです。僕だけではなく、社を挙げて、誰のために書くのか、といったことを考えた結果でした」

そして何よりも肝心なのは、同社の決断によって、官僚たちが沖縄をどのような視線で見つめているのか、はっきりしたということである。

言葉そのものが罪なのではない。その言葉を用いた意味、使われ方、文脈を考えれば、沖縄がまさに凌辱されているかのような状況が、うんざりするほどはっきりと理解できてしまうのだ。

「僕は今でも絶対の自信が持てないでいる。これまで伝える努力を本当にしてきたのか、その力量があったのかと考えるばかりです」

内間はそう何度も繰り返した。「力量」の問題ではない。内間が誠実で、そして少しばかり謙虚なだけだ。

悩み、苦しみ、悲しみ、本当に自分が正しかったのかと振り返ってばかりいる内間を見ていると、なにひとつ苦痛を感じる立場ではない者ばかりが、国益だ、国防だと、沖縄を弄《もてあそ》ぶような言葉を吐いていることが本当に腹立たしく思えてくる。

全国紙のなかには「腑に落ちない」「疑問が残る」といった表現で、「新報」のオフレコ破りをやんわりと批判するものもあった。回りくどい批判しかできないのは、そのスクープ性だけは完全に否定できないからである。

問題はオフレコ破りの是非でもなければ、スクープの軽重でもない。

政府の立場を代表する官僚が、国と沖縄の関係を性的暴行のようにたとえたことである。しかも「加害者」であることに無自覚に、そして、きわめて不真面目に。

田中の暴言は、ある意味、国と沖縄の関係を正確に表したものであったのかもしれない。

主権も人権も、犯され、侵されているのが、沖縄という存在なのだ。

第6章
地元保守による新報・タイムス批判

2 紙批判の街宣を繰り返す男

本人が匿名を強く希望したので、仮に名を坂谷清彦とする。那覇市在住の68歳。庭いじりが似合いそうな人の好《よ》さげな男性ではある。しかし向き合ってみればその凡庸な見かけにもよらず、時空を歪《ゆが》ませるような妙なエネルギーを全身から発散しているようにも思えた。

波の上ビーチに近い老舗ホテルのラウンジで、坂谷はカバンのなかをごそごそと探ると、テーブルの上に新聞をどさっと広げた。

「世界日報」──統一教会や国際勝共《しょうきょう》連合との関係が深い保守系紙である。坂谷は「自分は統一教会とは無関係」だと念押ししたうえで、しかし、と言葉をつないだ。

「こういうのを読まなくてはいけないのですよ。本当のことが書いてある」

広げた「世界日報」の紙面には、翁長雄志知事を批判する見出しが躍っていた。

──では、やはり「琉球新報」や「沖縄タイムス」ではダメですか？

反応を引き出すためにあえて愚直な質問をぶつけてみたわけだが、坂谷はそれを「ふっ」と鼻で笑うと、「偏向報道じゃないですか。公平公正さのかけらもない」と切り返してきた。

基地反対の論調ばかりだ。左翼の意見しか取り上げない。世論操作している。中国の主張を垂れ流している。要するにウソばかり書いている、ということだ。

地元紙批判に水を向けたら止まらない。一気呵成《いっきかせい》に両紙の「悪質ぶり」をまくし立てるのであった。

坂谷はある意味、有名人である。那覇に住んでいる人であれば、一度は彼の姿を、いや正確には、彼の運転する車を目にしたことはあるはずだ。

大型の拡声器を天井に取り付けた軽自動車。日の丸と星条旗をはためかせながら、連日、那覇市の中心部を走り回る。

〈新報、タイムスの偏向報道に気をつけましょう。洗脳に気をつけましょう〉

拡声器から大音量で幾度も繰り返されるそのメッセージに耳を傾ける人は少ないが、それでも目立つ。毎日のことだから、しかも幾度も目抜き通りを行き来するものだから、いやでも視界に飛び込んでくる。もはや街の名物だ。

坂谷は午前中のうちに家を出る。「タイムス」本社の前を徐行運転で流し、国際通りを抜けて新都心に向かい、今度は「新報」本社に届くような場所で再び徐行運転に戻る。「新報」社屋前で街宣しないのは、目の前を走る国道58号が渋滞多発地帯でもあるため、警察から同所での徐行運転を禁じられているからだという。

このルートを1回につき90分で周回し、それを日に4度繰り返す。
ほとんど日課になっているのですねと、皮肉交じりに問うてみたら、坂谷は生真面目な顔で「私にとってはミッションですから」と答えた。

坂谷は50歳まで、東京で流通関係の仕事に就いていた。しかしリストラによって仕事を失い、妻と一緒に自身の生まれ故郷である滋賀県に帰った。田舎に戻ればなんとかなるとは思ったが、しかし50歳を過ぎて安定した職場を得ることは難しい。時間を持て余すような日々の中で出会ったのが「保守運動」だった。それまでは漠然と保守思想との親和性を感じる程度であったが、「学べば学ぶほど」に日本の危機を強く意識するようになった。

情報源は主にネットだ。保守や愛国を主張するネットユーザーのブログなどで知識と情報をかき集めた。保守系の学習会にも足を運ぶようになる。日本会議や「新しい歴史教科書をつくる会」などにも参加した。仲間も増えた。それがひとつの生きがいのようにも思えてきた。

こうして思想は固まってきたが、生活の改善には至らない。困窮した状況に出口は見えない。

そんなとき、沖縄出身の妻が「故郷で暮らしたい」と漏らした。沖縄であれば、妻にとっても暮らしやすいであろうし、年金だけでも生活できそうな気がした。

2011年、那覇に移住する。

想像以上に沖縄は暮らしやすい土地だったが、事前に聞いていた通り、「左翼勢力」の影響が強いと感じた。滋賀時代に知り合った日本会議の関係者から沖縄の保守系人脈を紹介してもらい、早速、運動を再開する。

「沖縄には目立った保守活動家がいなかった。だからこの土地で頑張って運動すれば、自分がその第一人者になれると思ったんです」

とにかく街宣をすることで、自分自身と保守の主張を周知させなければいけないと思った。

普段使いまわしている軽自動車にスキーキャリアを載せて、そこに拡声器を取り付けた。車内にはアンプとマイクも搭載した。これらはネットのオークションサイトで、すべて込み13万円で購入した。格安だった。

12年5月から本格的な街宣活動を始めた。糾弾すべきは「県民に左翼思想をふれこむ反日反米の新聞社」である。「新報」「タイムス」両社周辺を中心に街宣車を流し、県民に覚醒するよう呼びかけた。

ときには中国人民解放軍の制服を模した格好で、街宣車には五星紅旗と北朝鮮国旗をくくりつけ、「敵になりすまして」、左翼勢力へのホメ殺し街宣もおこなった。米軍基地前で「中国共産党万歳！」「米軍基地は出ていけ」とホメ殺す坂谷の姿は、一時期、ネット上でも話題となる。なかには本物の工作員だと勘違いして坂谷に詰め寄る者もいたので、危険を感じてこのスタイルはやめた。

「とにかく真実を知らせないといけない。基地がなくても沖縄はやっていけるなんていうのは、プロパガンダに過ぎない。沖縄の新聞による偏向報道の影響です。基地あっての沖縄。中国の侵略を許さないという強い姿勢を発信し続けるしかないのです」

坂谷は自分自身を「平成の武士」だと称した。馬の代わりに軽自動車を操り、沖縄にはびこる「左翼」をバッサバッサと斬り捨てるイメージを思い浮かべているという。

その高揚に水をさすような質問で申し訳なかったが、家族のことを尋ねると途端に声のトーンが落ちた。

「妻は私の思想をわかっていない。新聞は『タイムス』を購読しているし、14年の知事選ではどうやら翁長に投票したらしい。まあ、それはそれで仕方ない」

だから孤高の「武士」は、家の外に連帯を求める。

悲痛なまでのメディア信仰

手ごたえを感じている、と坂谷は答えた。

「ひと昔前では考えられないくらい、沖縄では保守運動が活発化している。新聞に対する偏向報道批判も盛り上がってきた」

坂谷がいうところの「保守運動」とは、旧来の自民党政治とは違う文脈で捉えなくてはならない（なぜならば昔も今も、沖縄で強い支持基盤を誇るのは自民党だ）。いわゆるネット出自の「ネット右翼」とも呼ばれる層を動員した運動のことである。

それは坂谷の街宣効果によってもたらされたものだという証拠は皆無だが、しかし、日本の一部に排外主義をまとった「ネット右翼」の言説が根付いてしまった状況に、沖縄とて、それと無縁でいられるわけがなかったことは事実だ。

新聞攻撃の叫び声を上げるだけではない。日の丸の旗をなびかせ、新基地建設推進を主張し、それに反対する者を「売国奴」と罵《ののし》り、ことさらに中国脅威論を煽《あお》る者たちの運動は、間違いなく沖縄でも活発化している。

この手の運動が可視化されたのは、12年3月が最初ではなかったか。

このとき、那覇において「沖縄反メディア」をスローガンに、日章旗を手にしたデモ隊が新都心の公園から国際通りにかけて練り歩いた。

「沖縄タイムスと琉球新報は偏向報道をやめろ！」

「我々は沖縄タイムスと琉球新報を信じないぞ！」

「米軍基地反対は県民の総意ではないぞ！」

そんなシュプレヒコールを繰り返しながら、約100人の参加者は拳を振り上げた。

このデモの実質的な主催者は、在日コリアンへの差別・排外運動で知られる「在特会」(在日特権を許さない市民の会)だった。

同会は前述した沖縄県議らによる銀座デモにも「妨害者」として姿を見せている。「沖縄県民は売国奴」と罵声を浴びせていたのは、同会メンバーらだ。

那覇のデモでは当時の在特会会長だった桜井誠をはじめ、会の中心メンバーが沖縄に集まった。在特会メンバーがシュプレヒコールを先導していたのを、私は直接に目にしている。

参加者の一部は、沿道からカメラを構える私に向けても「沖縄まで来てるんじゃねーよ!」と罵声を飛ばした。

予想を超える多くの参加者があったためか、「復帰運動以来の日の丸デモ」だと紅潮した顔で話す参加者もいた。

一方で「米軍基地反対は県民の総意ではない」といったシュプレヒコールに対し、日の丸を手にした年配の参加者グループが「いや、基本的に米軍はいないほうがいい」と在特会メンバーに詰め寄る一幕もあった。

抗議した年配者のひとり(那覇市在住の自営業者)は私にこう打ち明けた。

「デモの趣旨には賛同するが、どこか沖縄県民をバカにしたような(在特会の)物言いが鼻につく」

差別を楽しんでいるかのような在特会の〝引き回し〟に嫌悪を示している者もいたのである。

だが同時に、この男性はメディア批判を付け加えることも忘れなかった。

「それでもやはり、こうして街頭で沖縄の新聞を批判できたことは画期的だと思う。同じ論調の２紙がメディアを独占している状況はおかしい。沖縄には保守がいることも忘れないでほしい。今日のデモがメディア批判の突破口になることは間違いない」

実際、その通りとなった。在特会の姿勢が広く評価されたわけではないが、デモに〝種まき〟としての効果はあったようで、それ以降、公然と「反メディア」が沖縄の各地で語られるようになる。

保守・右翼陣営において、在特会が運動のハードルを下げるための機能をはたしていることは確かだ。在特会には運動そのものを、よりカジュアルに、そして時にはより醜悪なものへと誘導していく力はある。在特会を支持するかどうかはともかく、万人に保守・右翼の門扉を開放した事実は認めざるを得ない。

たとえば「反メディアデモ」と同じ時期、在特会は辺野古の海岸沿いにあるテント村をも〝襲撃〟した。そのときに在特会側から撮影された動画は、いまでも動画サイトに残されている。

テントに踏み込んだ在特会の桜井らは、テント内にいた基地反対メンバーを「くそばばあ」「じじい」呼ばわりした揚げ句、「日本から出ていけ」「朝鮮人」「ふざけんじゃねえよ！」などと拡声器を使って悪罵《あくば》の限りを叩き付けるのである。

この動画には多くのコメントが付けられたが、そのほとんどは「やりかたが乱暴」だとしたうえで、しかし、「在特会の主張自体は正論」などと、一定の理解を示すものだった。

前出の坂谷も「やり方には問題があるが」と前置きしたうえで、こう続けた。

「左翼に立ち向かった勇気は認めたいですよ。死ねだの殺せだの言わなければ、運動としてもっと広がりを持つと思う。主張は真っ当なのだから」と評価した。

そして実際、その後は辺野古の基地建設に反対する住民を威嚇《いかく》するような運動が、いくつもの団体によって行われるようになる。

差別的な言動を吐きながら反対市民を恫喝《どうかつ》する者たち。日の丸を手にして辺野古を行進する者たち。市民に暴行を働いて逮捕される行動派右翼。

それぞれ温度差はあるものの〝辺野古攻撃〟はいまでも相次いで仕掛けられている。

沖縄の新聞批判に特化した団体も結成された。

「琉球新報、沖縄タイムスを正す県民・国民の会」と「琉球新報、沖縄タイムスに抗議する県民の会」の2団体は、それぞれ集会やデモを活発に繰り返している。

「県民・国民の会」は15年4月に第1回大会を開催し、前衆院議員（17年衆院選で国政復帰）の中山成彬、元名護市長の島袋吉和らが招かれ、壇上から「沖縄新聞批判」をぶち上げた。ちなみに同会代表運営委員は15年9月に国連の人権理事会で翁長知事への反論演説をおこなった前出・我那覇真子だ。

同会の結成趣意書には次のような文言がつづられている。

〈本来新聞は社会の木鐸として民主主義を担保する役目を担うものとされていますが、県内主要二紙の琉球新報・沖縄タイムスはその真逆で社会の不安定勢力として猛威を振るっています。有害無益な政治闘争に県民を駆り立てるこの二紙は、正しく羊の皮を被った狼よろしく、純粋左翼イデオロギー運動を反戦平和運動に偽装し県民を不幸と悲惨な奈落へ誘おうとしています〉

〈その手段は日々の呆れる程の情報の操作、記事の捏造、プロパガンダの垂れ流しにあります〉

〈このままでは、いずれ二紙の援護を受け左翼の沖縄革命が成就するかも知れません〉

〈これら、悪質工作機関紙を糺さなければ、本来の麗しき沖縄はその回復が望めません〉

琉球新報、沖縄タイムスに対して抗議デモをする人たち＝2015年8月、沖縄県那覇市内

これを目にしたとき、正直、ずいぶんと過剰に新聞の力量を〝評価〟しているのだなあと、複雑な気持ちにおそわれた。

日ごろからメディアを批判している割には、これら言葉の隅々に見え隠れするのは、社会はメディアによって規定されるのだともとれる、悲痛なまでのメディア信仰である。

本書でも繰り返してきたように、メディアが読者を「洗脳」することなどできないし、それが可能となるのであれば、県政も国政も新聞の思うがまま、市民社会をいくらでもコントロールできるであろうし、ましてや「新聞離れ」に悩む必要もないであろう。

社会を変えたいと願う記者はいる。何かを伝えたいと熱く願う記者もいる。しかし、評価するのは常に読者の側であり、新聞を選択するのも読者の自由だ。「洗脳」されるために、けっして安くはない購読料を毎月払い続ける者などいない。

確かに、2紙の論調は似ている。だが、それも読者の選択が示した結果に過ぎない。寡占の責任を2紙に押し付けるのはお門違《かどちが》いといってもよいだろう。

沖縄の新聞市場において、「新報」と「タイムス」だけが一貫して「県紙」の指定席を与えられてきたわけではない。いくつかの新聞が生まれ、そして消えていった。なかには「保守」であることを明確に打ち出して、市場に参入した新聞もあった。

生かすも殺すも読者次第である。

選択の結果が、いま、示されているに過ぎない。

第三の新聞「沖縄時報」の興亡

仲村致彦《なかむらちげん》（77）との待ち合わせ場所は、彼の自宅マンション1階に入居する小さなスーパーの中だった。店内の端にはテーブルがいくつか並べられ、そこで飲食することが可能となっている。元祖イートインとも言うべき、沖縄には古くから存在する様式だ。

初対面の挨拶もそこそこに、仲村はまるで自宅の冷蔵庫を開けるかのような手つきで陳列ケースの中から缶ビールを2本取り出すと、店員に断りを入れるわけでもなく、1

本を私に手渡し、こちらが礼を言う前にぐびぐびとビールを喉に流し込んだ。

「こうやって昼間から飲むとうまいよね」

人懐こい笑顔を向けて、早く飲めと私を促した。


仲村は那覇高校時代に文芸部に入部して以来、とにかく創作に情熱を打ち込んできた。いまでも歌人として地域サークルなどで活動している。いわゆる文学青年であった。

その仲村が「琉球新報」に入社したのは1958年である。日本復帰にはまだ遠く、米軍政下の沖縄は、まだ戦争の傷跡がいたるところに残っていた。

定石通りに警察、港湾などを担当し、その後は経済部記者を務めた。

仕事は楽しかったが、会社の雰囲気にはいつまでたってもなじめなかった。

理由は――仲村の思想的立ち位置が保守だったからである。

「当時はどこの新聞社もそうだと思うが、革新陣営を支持する人が多くてね。僕は文学を通して精神の自由を追求していたし、そうした観点から社会主義や共産主義を嫌悪していたんだよ。時代背景を考えれば無理もないとは思うが、あの頃はまだ、社会主義的なものに憧れている人がほとんどだった」

社会主義が一定の説得力を持っていたのは、戦前戦中といった時代の反動でもあろう。

そうした社内の「居心地の悪さ」も手伝ってか、60年代半ばには地元の商工会議所からスカウトされたこともあり、「新報」を退職した。

67年のことである。仲村は沖縄在住の作家・嘉陽安男《かようやすお》に呼び出された。自身の戦争体験を基にした小説「捕虜」「虜愁」「砂島捕虜収容所」の捕虜三部作などで知られる嘉陽は、文学活動における仲村の師匠でもあった。

「今度、沖縄に新しい新聞ができる」

嘉陽は仲村にそう告げた。

「僕が編集局長になることが決まった。キミもぜひ記者として手伝ってほしい」

「新報」とも「タイムス」とも違う、保守色を鮮明に打ち出した新聞だという。しかも地元経済界が支援するので間違いはないと嘉陽は強調した。

ちょうど商工会議所の退屈な仕事に飽きてきたころでもあった。仲村は師匠の頼みを快諾する。

仲村が創刊メンバーとして加わった新聞――それが「沖縄時報」だった。

同紙創刊の経緯に関しては、『沖縄の新聞がつぶれる日』(月刊沖縄社)のなかで元同紙労組委員長の山城義男が「第三の日刊紙・沖縄時報始末」という回想記を書いている。

それによれば、「時報」創刊に動いたのは、「新報」「タイムス」両紙の革新的紙面に不満を持っていた沖縄財界の重鎮たちだったという。

67年3月、国場組社長・国場幸太郎の自宅に、星印刷社長・糸洲安剛、大城組社長・

大城鎌吉、元琉球日報専務・野村健、そして作家の嘉陽安男らが集まった。共通するのは全員が既存の2紙の論調を嫌っていたことである。

この場で新しい新聞の創刊が話し合われ、国場が当座の設立資金として必要な2万ドルの入った封筒を皆に見せた。

社長には大衆金融公庫総裁を勇退することが決まっていた崎間敏勝《さきまびんしょう》（元琉球政府法務局長）の就任も決まった。

創刊号は同年8月1日に発行された。

1面トップには〈沖縄時報発刊す〉の大見出しが躍り、〈自由と正義を主張〉〈新聞の使命つらぬく〉〈不偏不党を堅持〉といった小見出しが続く。

その日の社説は次のようにつづっている。

〈沖縄の言論界は長いこと何かしら片肝をどこかに置き忘れてきたようなものだった。頭の方も半分だけが働いて、他の半分は休止を強制されてきたような感じだった〉〈「声なき声」を、従来の各個撃破による軽視と翻弄の境遇から救い出して、住民大衆の耳に達する「声ある声」にするため、言論の市場を広げようとするものである〉

同紙は格調高く、「新報」「タイムス」による寡占状態を「片肝」と断じ、その状況を覆すために、第三の日刊紙をスタートさせたのであった。

沖縄はおろか全国のマスコミが革新びいきの中、「時報」は露骨なまでに自民党や財界の側に立ち、連日の紙面を展開した。

「教職員の幹部にアカがいる」「アカハタ教育はご免だ」といった反共記事がお家芸で、当然ながら革新陣営からは睨《にら》まれた。翌年の琉球政府行政主席選挙は事実上、保守の西銘順治と革新の屋良《やら》朝苗《ちょうびょう》の一騎打ちだったが、「時報」は当然ながら西銘陣営に肩入れし、屋良のスキャンダル探しに躍起となった。

揺らぐことなく自民党・財界の側に立ち、革新陣営を攻撃する――といった紙面を考えれば、購読者の増加はともかく、少なくとも資金だけは潤沢な援助があったのではないかと誰もが考えよう。ところが、これだけ自民党・財界に尽くしたにもかかわらず「ほとんど援助はなかった」と話すのは前出の仲村である。

「当時の財界は口先だけでね。注文はするがカネは出さない。しかも経営陣だって新聞経営の素人が大半の寄せ集めだから、すぐに行き詰まってしまった。財界の希望でできた新聞なのに広告もさっぱり集まらなくてね。唯一、琉映貿の宜保《ぎぼ》俊夫《としお》だけが定期的に映画宣伝の広告を出してくれたくらいかな」

宜保は映画館経営など興業主として知られていただけでなく、暴力団「東亜友愛事業」(東声会)の沖縄支部設立にかかわるなど、沖縄裏社会の顔役としても認知されていた人物だ。
「いずれにせよ準備不足だった。脇の甘い見切り発車だったんですよ。取材に必要な経費はおろか、給与の遅配まではじまった。会社幹部は『そのうち笹川良一が支援してくれる』『米軍が金をだしてくれるらしい』などと社員の動揺を抑えようとしたが、いつまでたっても資金繰りはよくならない」

　仲村によれば、最大の失敗は、「社長に崎間敏勝を迎えたこと」だという。
「崎間さんは確かに東大出のエリートではあったが、しょせんは官僚なんです。新聞のことはもちろん、経営のことだって素人も同然だった。そのくせエリート意識は強烈で、後輩の西銘順治のことを『あいつは水戸高出身だが、俺は一高だ』と貶《けな》してみたり、外報部長を皆の前で『お前は英語も満足にできないのか』と怒鳴ってみたり、まあ、ひどかった。おまけに内心では経済人のことも蔑視していて、〝馬引き〟だとうっかり漏らしたこともあった。まあ、トップがこんな感じでは士気も上がるはずがない」

　散々な評価ではあるが、一方で、崎間は自ら経済人を訪ね回り、資金繰りの協力を頼みこんでいたという話も残っている。回想記によれば、崎間は国場幸太郎などの自宅に朝がけしては金を引っ張り、それを社員の給与につぎ込んでいたともいう。

　崎間は琉球石油の稲嶺一郎社長（稲嶺惠一・元知事の父親）をも訪ねて資金繰りを要

請したが、そのときは「ドブに捨てる金はない！」と吐き捨てるように言われたらしい。

そうしたこともあって、当然ながら購読者数もまったく伸びない。創刊半年で最大瞬間風速的に5万部に達したことはあったが、後に急坂を下るように転落していく。

そのうち労組が結成され、お定まりの労働争議がはじまる。社員も次々と退社していった。

創刊から2年半後の70年3月、ついに第三の日刊紙「沖縄時報」は幕を閉じるのであった。

ちなみに「第三の日刊紙」の神輿《みこし》に担がれ、経済人を「馬引き」と蔑《さげす》みながら、しかし、社員のためにその経済人たちに頭を下げて回った崎間敏勝は13年4月5日に91歳で亡くなった。

新聞をつぶした後、崎間はどう生きたのか。

かつて崎間が住んでいた与那原《よなばる》の家を訪ねてみると、そこには崎間の息子が暮らしていた。

長男の学によると、新聞経営に失敗した崎間は自らも自宅を手放し、その金を借金返済や去っていく社員に手渡すなどして、すべてを失い、那覇から与那原に移り住んだという。

「おぼろげな記憶しかないのですが、確かに父は左翼嫌いでした。沖縄時報ができたとき、私は高校生でしたが、『保守の新聞をつくるんだ』と張り切っていた父親の姿は覚えています。しかし、すぐに元気がなくなりましたね。経営がうまくいかなかったからでしょう」

新聞をつぶした直後には、まだ政治に色気が残っていた。

71年に当間重剛・元琉球政府行政主席らとともに「琉球独立党」を結成、党首として参議院選挙に出馬したこともあったが惨敗した。

「そのころにはもう、過去の人になっていたんですよ。ただ、親父は保守であることを自覚していましたが、いまの排外的な保守とは少し違った。琉球王国を再興し、米国とも中国とも、等距離で外交をするといった夢を持っていたんです。沖縄が生き延びていくには独自の外交しかないと信じていたんですね」

60歳を過ぎてから中国語の勉強を始め、70歳を過ぎてからは何度も中国に旅行へ出かけた。

晩年はネットにも興味を持ち、世界各地の新聞をネットで読むことを楽しみにしていたという。

なお、仲村の新聞人生はまだ続く。

すべてが終わったわけではなかった。

「時報」をひきつぐ形で新たに「沖縄経済新聞」が立ち上がる。新しい社主は前述した宜保俊夫で、仲村も彼のもとに移った。相変わらずの「反共路線」で、仲村自身も一時、社長の座に座ることになったが、経営が好転することはなかった。その後、さらに「沖縄新報」と題字を変え、韓国・釜山日報のOBで独裁政権を批判して南米に逃げていたという経歴を持つ松村泰慶（韓国名・全泰慶）が社長に就任したりと、二転三転の迷走劇は続くわけだが、結局、沖縄紙の「第三の椅子」に座る機会は訪れなかった。

沖縄「第三の日刊紙」を目指した保守系新聞

　そう、読者は「新報」「タイムス」以外の新聞を選択しなかったのだ。

　これら保守系紙を渡り歩いてきた仲村も「敗因は、県民の支持がなかったことに尽きる」と言い切った。

「私はいまでも保守の立場であることに変わりはない。そうした考え方が反映された新聞があってもいいと思っている。しかし、新聞を選ぶのは県民です。いまある市場が崩れないのは、それもまた県民の意思だということですよ」

ちなみに「保守であり続ける」仲村は、いま、定期的に辺野古に通っている。キャンプ・シュワブのゲート前で、辺野古新基地建設反対の座り込みに参加するためだ。

「翁長知事と同じですよ。保守だからこそ、郷土のために、あらゆる理不尽と闘わなくてはならない。私はそう信じているんです」

だからこそ、沖縄の新聞を貶《おとし》めるような物言いには、あるいは「百田発言」に対しても、仲村は冷厳に言い放つ。

「くだらない。問題外。反論するのもばかばかしい」

缶ビールで顔を赤らめ、呂律《ろれつ》が多少怪しくなっても、沖縄の新聞を問われると、仲村は保守の矜持《きょうじ》を取り戻すのである。

「基地反対派による暴行事件」の謎

読谷村《よみたん》の「セーラの森公園」は座喜味《ざきみ》の高台に位置している。広大な芝生が広がる園内は開放感に満ちていて、地域住民の憩いの場として利用されているほか、最近では「隠れた名所」として足を運ぶ観光客も少なくない。私が訪ねたときは雲一つない快晴で、遠くに座間味《ざまみ》の島々を望むことができた。

「事件」は、ここで起きたとされる。

２０１５年3月27日のことだった。村内に住む6歳の女児がこの公園で遊んでいたところ、複数の男たちに押し倒され、腹部を踏みつけられるなどの暴行を受けたのだという。その際、男性らは「何でアメリカ人がこんなところにいる」と凄《すご》んだ。女児は日本人の母親とアメリカ人の父親との間に生まれた子だった。顔立ちがアメリカ人に近いこともあり、そう言われたのであろう。

幸い、女児に大きなけがはなかったとはいえ、卑劣な暴行事件である。許しがたい。ところで、この事件は奇妙なハレーションを引き起こす。主にネット上で「基地反対派による暴行」といった文脈をもって〝拡散〟されたのである。

同事件を唯一、報じたのは石垣島に本社を持つ地域新聞「八重山日報」である。「新報」「タイムス」をはじめ他紙は一切報じていないので、同紙の「抜き」である。

同紙4月3日付紙面には、次のような見出しが立てられている。

〈読谷　背景に反基地感情？　ハーフ女児押し倒す〉

記事によると、女児を押し倒したのは「マスクとサングラスをした5人の男性」だった。

さらに「沖縄教育オンブズマン協会会長」なる肩書を持つ人物のコメントが添えられている。

〈「米軍基地に対する怒りのはけ口がハーフの女の子に向けられたのかも知れない。平和運動の名のもとに事実上のヘイトスピーチが横行している実態がある」〉

凶悪犯を連想させるマスクにサングラス姿の男性。「何でアメリカ人がこんなところにいる」といった恫喝。なぜか脈絡なく記される「米軍基地に対する怒りのはけ口」といったコメント。そして「背景に反基地感情」なる見出しが立てば、「基地反対派」といった、しかも相当にステレオタイプな犯人像が浮かび上がる。

とはいえ、記事を注意深く読んでみたが、コメント以外に犯人が「基地反対派」であるといった情報は皆無だ。

だが、地域紙が発したこの記事は、瞬く間にネット上を駆け巡る。

各種SNSや掲示板などに転載されると同時に、保守系のまとめサイトは「基地反対派による女児暴行」と決め打ちして煽りまくった。

こうしたネット上の〝拡散〟に大きく貢献したのは、ツイッターで発信された前衆院議員・中丸啓《ひろむ》のツイートだった。中丸は12年の衆院選で広島3区に日本維新の会（当時）から出馬して当選。その後、次世代の党に移籍するも14年の衆院選では落選。現在は「日本のこころを大切にする党」に所属し、地元・広島で政治活動をおこなっている。

その中丸によるツイートは、「八重山日報」の当該記事の写真を張り付けたうえ、以下のように記されている。

〈沖縄の基地反対派による女児暴行事件。
大の大人が5人がかりで腹部を踏みつけるという鬼畜な犯行。絶対に許せない。沖縄県警よ、徹底的に取り締まれ！【拡散希望】〉

何の検証もなく、まとめサイト同様、「基地反対派」を犯人だと決め打ちするものだった。とはいえ元政治家であるだけに〝拡散力〟は大きい。わずか3日間で7千を超えるリツイートがつけられた。

もちろんなかには「事実関係」を問いかける反応も少なくなかったが、これらに対しても〈陰謀説等と妄想投稿する者に限って証拠がないという。得意の論点すり替え。ダブスタやな。余程、堪えているのか？〉などと挑発的に応える始末。

これがかえって〝拡散〟を後押しする形となり、少なくともネット上では「基地反対派による女児暴行」が定着した。

基地反対派はすなわち過激派であり、米国人に見えることだけを理由に、子どもにまで暴力を振るうとんでもない輩、といったイメージが独り歩きしていく。

ネットの世界には憎悪が渦巻いている。いや、憎悪をぶつけるべき相手を常に探している者たちがいる。敵を発見し、敵を吊るす。そんな回路が開かれている。

憎悪の犠牲となるのは、常に社会的な弱者かマイノリティーだ。在日コリアンをはじめとする外国人、生活保護受給者、障害者、ＬＧＢＴＱ、被差別部落、そして沖縄。そのなかでも権利獲得のために戦っている者、戦って権利を勝ち取った者が特に狙われる。弱者は弱者のままであれば同情もされるが、「物言う弱者」は叩かれる。

叩くための材料として、さもありなんな「物語」が用意される。

だからこそ、だ。確証も物証もない段階で「基地反対派」の犯行だと決めつけられるのも、どこか沖縄バッシングの延長のように思えてならない。前述した通り、「八重山日報」の記事は、被害女児の母親を支援しているという「沖縄教育オンブズマン協会会長」のコメントが「基地反対派」という犯人像を示唆しているだけである。

私は、この記事を書いた記者に話を聞くため、南風原《はえばる》町にある同紙の本島支局を訪ねたが、あいにく記者は留守で、その後、電話で話を聞くことができた。

この記者によれば、事件の情報を同紙に持ち込んだのは、記事中にコメントを寄せている「沖縄教育オンブズマン協会会長」の手登根安則《てどこんやすのり》（52）だという。

記者は手登根とともに女児の母親にも会い、「確度の高い情報」だと判断して記事を書いた。ただし犯人像については被害者が6歳ということもあり、少年なのか大人なのか、そのあたりは判然としないという。

結局のところ「基地反対派」なる犯人像は、暴行時に犯人が叫んだとされる「何でアメリカ人がこんなところにいる」といった言葉と、手登根のコメント以外には存在しないこともわかった。

正直、事件ものにしては、相当に脇の甘い記事だと思った。被害者の証言をもとに記事を書くことに異存はないが、犯人像を見出しで示唆した以上は単なる推論以上の確証があってしかるべきだし、しかも、これだけの反響を呼びながら、追撃の記事がまるでない。もちろん他紙の後追いもなかった。

これでは一部から指摘されている通り「基地反対派のイメージダウンを狙ったデマゴギー」だと思われても仕方ない。

事件から2カ月後。念のため、私は管轄の嘉手納警察署を訪ね、広報担当の副署長にその後の顛末《てんまつ》を聞いた。そもそも事件として立件されたのか。捜査はしているのか。

副署長は当惑した表情を浮かべ、言葉少なにこう述べただけだった。

「事件があったかどうかの確認ができなかった。いまは捜査はしていない」

むろん、これだけで「事件はなかった」と私は断言するつもりはない。ときに警察は真実を話さないこと、面倒な処理から逃れるために事件を「なかったことにする」こともなくはないことを知っている。

だが「女児暴行」という重大事でありながら、あまりにあっさりした警察の対応に、私もまた記事への疑念を持ったことも事実だ。

そして同紙の意図はともかく、結果的に事件は、「基地反対派」への中傷、攻撃に利用されたことは間違いない。

さて、当然ながらまず興味の対象となるのは、この事件において被害者と「八重山日報」を繋ぎ、「基地反対派」犯人説をそれとなくコメントとして残した手登根である。

手登根もまた、沖縄の草の根保守の間では、いや、彼が言うところの「基地反対派」の間でも知る人ぞ知る者だ。それゆえに、同紙記事の行間からは、なにやらにおい立つものを私は感じた。

手登根は浦添市内で自動車部品会社の役員を務めながら、「反・反基地」ともいうべき行動を精力的に展開している。

沖縄2紙の「偏向報道批判運動」に参加するのはもちろんのこと、毎週金曜日の早朝には普天間基地大山ゲートに現れ、ハートクリーンプロジェクト（ＨＣＰ）と称し、

「米軍に感謝する行動」を続けている。基地に出勤する米兵に笑顔で手を振る手登根たちの姿は、地元ではもはやおなじみだ。

保守系ネットテレビ局「日本文化チャンネル桜」にも時折出演するなど、斯界《しかい》での知名度は全国区でもある。過去には手登根らのグループ（ＨＣＰ）がオスプレイ配備に抗議している男性に対して、道路に突き飛ばすなど嫌がらせをしている動画がネットに流されたこともあった。

だが、浦添のスターバックスで顔合わせすることとなった手登根は、少なくとも私に対しては穏やかな物腰を崩すことはなく、こちらが拍子抜けするほどに、丁寧に応対してくれたとは思っている。

彼は当該記事について同紙記者の語った経緯をそのままになぞったうえで、「ネットユーザーがセンセーショナルに騒ぎすぎたきらいはある」と述べた。

「反基地の運動家が関係していると断言したわけではありません。ただ可能性として、そうした人間が関与した疑いもあるという見解を示しただけです」

手登根はフェイスブックで知人の女性が「娘が暴力を振るわれた」という投稿をしているのを目にし、警察に被害を訴えるよう勧めたことが、そもそものきっかけであると説明した。

そのうえで「無責任な情報が独り歩きしたことに関しては残念」だと幾度か繰り返し

た。

なお、手登根は自らが「保守」と呼ばれることに「違和感がある」とも付け加えた。

「確かに自分たちの運動も、かつては基地反対運動へのカウンターのような側面もあったが、いまはできるだけ政治と一線を画したいと思っています。私は日本という国と、そこに生きる人々を愛しているだけであって、自分を保守に位置付けたこともなければ、ましてや右翼とされることは心外なんです」

人懐こそうな笑顔を絶やさずに話す手登根は、在特会などの「排外主義」や「ヘイトスピーチ」をも否定し、米軍人なども含めた地域住民にとって「暮らしやすい沖縄」を主張しているだけなのだと訴えた。

沖縄に存在する多くの保守系運動にコミットしている現状を考えれば、俄《にわ》かに受け入れがたい言葉の数々ではあったが、まあ、これからそうした現場とは離れていく可能性もあるのでは、などと思えないでもなかった。

その手登根が沖縄県政記者クラブで、参院選への立候補を発表したのは16年4月18日のことである。

「政治と一線を画す」と私に告げたはずの手登根は、「一線」を越えて、まさに政治の渦の中に飛び込んだのであった。

しかも手登根を比例区候補として公認したのは、「自主憲法制定」「正しい歴史観」「国防力の強化」などを政策に掲げ、「真の保守政党」を自称する、「日本のこころを大切にする党」であった。

異端のローカル紙「八重山日報」

09年4月7日付の「八重山日報」が私の手元にある。

社会面中央、いわゆる腹の部分に〈もう二度と来るな！　米海軍艦船、石垣港を出港〉と大きく見出しが掲げられていた。

米海軍の掃海艦「ガーディアン」と「パトリオット」の2隻は、同年4月3日から石垣島に寄港しており、記事は、その艦船がいよいよ石垣を離れる場面を伝えていた。冒頭では市民らが掃海艦に向けて「もう二度と来るな」とシュプレヒコールを繰り返す光景が紹介され、記事後半は地元労組協議会の議長らによる「(米軍の) 強引な行動はゆるさない」といったコメントで占められている。

記事から立ち上る風景は、もちろん米艦船に対する嫌悪であり、「二度と来るな！」という見出しと、それを強調するエクスクラメーションマーク（いわゆるびっくりマーク）は、新聞じたいの主張であることも示しているように見える。

現在の同紙を知る者からすれば、この数年間に何があったのかと考えざるを得ないだろうし、しかも記事を書いたのが同紙編集長の仲新城誠《なかしんじょうまこと》(42)だったことを知れば、さらに驚きが増すに違いない。

「いや、当時はまだヒラ記者でしたし、自分の考えを紙面に反映させることのできる環境にはなかった。もちろん内心忸怩《じくじ》たるものがあったことは事実です」

仲新城はそう述懐する。

保守といわれ、ときに右翼と呼ばれ、沖縄言論界の異端であることを隠そうとしない現在の仲新城と、「二度と来るな!」の見出しとを、確かに結び付けることは難しい。

——では、いま、同じような状況となれば、どのように記事を書きますか?

仲新城は私の問いかけに対し、「賛否双方の意見を両論併記といった形で載せると思います」と即答した。

「できる限り公正中立でありたいと思っています。しかし琉球新報も沖縄タイムスも、一方的な主張しか載せないじゃないですか。そこが我々との違いだと思いますよ」

私はこれまで「沖縄の新聞」といった表記で、偏向批判、報道圧力に立ち向かう「琉球新報」と「沖縄タイムス」の記者たちの姿を伝えてきた。

だが厳密さにこだわるのであれば、沖縄の地元紙はこの2紙だけではない。「新報」「タイムス」両紙が圧倒的なシェアを維持しているのは、本島とその周辺離島である。

本島から南に遠く離れた宮古諸島、八重山諸島では、それぞれにローカル紙が貴重な情報源として機能している。県紙といえども、印刷・流通の点から市場に食い込むことは無理なのだ。

八重山諸島には「八重山日報」と「八重山毎日新聞」の二つのローカル紙がある（いずれも本社は石垣市）。「日報」の公称発行部数は6千部。「毎日」は1万6千部だ。つまり八重山諸島のローカル紙のなかでも、「日報」は「弱小」の規模であるといってもよいだろう。

であるにもかかわらず、知名度だけは全国区なのは、沖縄県内で発行される新聞のなかでは唯一の「保守系紙」であるからだ。

これは仲新城の功績である。

仲新城は「保守だと自称したことはない」と否定するが、「新報」「タイムス」を左翼であると規定し、そこに対抗するような言説をぶつける「八重山日報」の立ち位置は、一般的には「保守」とされたとして間違いない。

実際、仲新城は過去に産経新聞の取材に応え、次のように述べている。

〈沖縄ではメディアのほとんどが反日左翼的な報道姿勢のため、県民も記者も〝洗脳〟されている〉

〈沖縄では法の上に〝沖縄世論〟があり、違法で理不尽なことがまかり通る〉（「産経新聞」13年4月6日付、東京本社版）

また15年11月には産経新聞出版から『翁長知事と沖縄メディア「反日・親中」タッグの暴走』なる本も出した。

いわば沖縄における「反沖縄メディア」の急先鋒であり、保守系メディアは仲新城の声を、あるいは「八重山日報」の論調を「本当の沖縄の声」として持ち上げる。当然ながらネット上での人気も高い。

私があまりに「保守」を強調するものだから、仲新城は少しばかりむっとしたようでもあった。

「我々は持論を一方的に伝えるようなことはしない。何度でも言いますよ。議論が分かれる問題はできる限り、双方の意見を伝えたいと思っています」

私自身はこうした「両論併記」を完全には否定しないが、人権が脅かされるような問題に際しては単なる逃げの手段だと思っているので、それを素直に首肯《しゅこう》することはできない。

だが、同紙の名誉のためにも強調するが、同紙は毎日、イデオロギッシュな記事ばかりを載せているわけではない。地域の行事を伝え、事件事故を報じ、きめ細かな取材を続けている点では、きわめてまじめな新聞である。朝から晩まで外国人の排斥と他国の脅威ばかりを考えているような「ネトウヨ」が仮に定期購読したとして、彼らの偏狭なナショナリズムを満足させるような記事はけっして多くはない。

石垣生まれの仲新城は、琉球大を卒業して、生まれ故郷の石垣で「八重山日報」に入社した。

地域のニュースを伝えることに魅力を感じて新聞記者になったが、そのころから特段に「国益」を意識することはなかったという。

記者数人で動かしている新聞である。役所や警察を回り、農家や漁師を回り、祭りや会合に参加して、地味に地道に記事を書き続けてきた。

だが、沖縄のメディアがそろって同じような論調であることへの違和感はずっと抱えていたという。

「取材すればわかることですが、社会というのは単色に染まっているわけじゃない。様々な意見が存在するのに、たとえば米軍や自衛隊の問題にしても、なにかいつもそれに反対することが当然といった空気が沖縄メディアのなかにある。国益よりも常に〝県益〟が優先されるような言論空間への違和感はありましたね」

もちろん若手記者時代の仲新城がどれだけ違和感を抱えようとも、それを紙面に反映させることは難しかった。

「八重山日報」は1977年、かつて「沖縄タイムス」の社会部長などを歴任した宮《みや》良長欣《らちょうきん》によって設立された。当初から論調はリベラルを基調としていた。「言論空間への違和感」を持っていた仲新城でさえ、前述したように、米艦船に「二度と来るな」と書いてしまう社風である。

転機は2010年に訪れた。この年、仲新城は編集長に就任する。さらに、尖閣諸島沖で、中国漁船が日本の巡視船に体当たりするといった事件が起きた。

「これをきっかけに危機感を持つようになりました。このままでは海が荒らされる。実際、中国の傲岸不遜《ごうがんふそん》ともいうべき挑発は、私だけでなく、八重山住民にリアルな危機感を与えたんです。地元の漁船が中国公船に追いかけられる事態も少なくありません。となれば当然、基地の問題も他人事ではなくなる。我々が生きていくために、島を守るために、日本を守るために、実際どうすればよいのかを考えるのは当然のことです」

尖閣問題を精力的に取材した。その過程において、「新報」「タイムス」両紙が、危機に対してまるで真剣に取り合わず、何の処方箋も持っていないことが理解できた。

それからである。県紙が唱える「沖縄の世論」を常に疑い、現実的な脅威と向き合う必要を訴えるようになった。

領土問題だけではない。平和教育や教科書問題でも、県紙が唱える「常識」とは違う場所に、必ず異論があることを伝えてきた。

そうした姿勢が一部では評価され、部数も上向いてきた。全国紙のなかでも同じ傾向を持つ「産経新聞」との提携（記事交換など）も13年から始まった。

「部数を増やすために、あえて独自色を出してるのだろうと指摘されることもありますが、絶対にそんなことはない。商売を第一に考えるのであれば、わざわざ沖縄の多数意見に逆らうようなことはしませんよ」

こうした紙面展開を続けることで、読者の意識にも変化がみられるようになったという。

「これまで正面から国防を論じることのできなかった人でも、うちの新聞を起点に意見を発信できるようになった。遠慮がちだった声をすくい上げることができるようになったんじゃないかと思っています」

翁長知事が国連で演説した際も、やはりジュネーブまで足を運び、翁長演説を報じると同時に、対抗演説をした我那覇真子についても詳報した。

「うちは一方を切り捨てることはしない。それが存在意義だと信じていますよ」

そうした姿勢から生まれた記事の一つが、あるいは前述した読谷村の「暴行事件」であったかもしれない。

立場が違えば風景も違う。仲新城に言わせれば、「デマを報じた」と罵詈《ばり》雑言《ぞうごん》を浴びせられたのは「うちのほうだ」とも言う。

そのあたりは私とも見解が対立するところであるが、しかし、私は同紙の存在をけっして否定はしない。

異論は大事だ。異論から学ぶことだってある。異論をぶつけられ、窮する自分を意識することで道が開けることだってある。

だが——国家という枠組みのなかで翻弄されてきた沖縄の歴史を考えるとき、その異論が国家に寄り添うことで、沖縄全体の歴史を捻《ね》じ曲げることがあれば、それは国家にとって都合の良いだけの存在にはなるまいか。

仲新城が口にする「リアルな危機」は、尖閣だけに限定されたものでもない。基地の近くに住む者たちにとって、「リアルな危機」は何十年も続いているのである。その犠牲を容認してしまうことになれば、地域は常に国家の犠牲の下に置かれなくてはならなくなる。

沖縄だけに認められる自己決定権があるのか——と仲新城は疑問を呈した。そして沖縄が「国境の砦《とりで》」であること、日本とは運命共同体であることを強調した。

その主張は仲新城が抱える「リアル」な日常からの叫びであることは理解したうえで、しかし、それでも一方的な負担を強いられたままの沖縄に、さらに「砦」の役割だけを課すことは、あまりに不公平ではないのか。

第7章

歴史の視座から見る陥穽の正体

琉球処分と変わらない差別の構造

2016年春、「琉球新報」の新垣毅《あらかきつよし》（45）は文化部編集委員から東京支社報道部に異動した。

異動に先立ち、部屋探しのために上京したのは3月上旬のことである。支社への通勤に便利なマンションを見つけ、会社と提携している不動産業者に入居を申し込んだ。

その翌日――不動産業者から電話がかかってきた。

「大家が入居を拒んでいます」

理由を尋ねる新垣に、不動産業者は恐縮しきった声でこう告げた。

「琉球新報の人間には貸したくないと言ってるんです」

どうも大家は「右寄りの人」だという。

その場では苦笑で応えつつ、しかし、新垣の胸のなかでザワザワと騒ぐものがあった。大家の対応は「琉球新報」への悪感情というよりも、沖縄そのものへの嫌悪のようにも思えた。20世紀初頭、沖縄からの出稼ぎ者が多かった関西では、「琉球人、朝鮮人お断り」の張り紙を掲げるアパートが珍しくなかった。新垣には、こうした時代の風景が二重写しとなる。

「沖縄嫌悪ともいうべき社会の空気感をあらためて感じました。異質なもの、気に入らないものを排除し、蔑視する動きの中に、間違いなく沖縄も組み込まれているんですね」

だからいま、新垣は東京であらゆる「差別」の問題を必死に追い続けている。

新垣は、高校生のころまで沖縄への差別など存在しないと信じてきた。米国の大学で人種差別の問題を学んでいた兄と、沖縄差別の有無をめぐって激論したこともある。沖縄が抱える抑圧された歴史を説く兄に、敵意すら覚えることもあったという。

新垣が沖縄の「立ち位置」を知ったのは１９９５年、研究者を目指して大学院に進んだばかりのときだった。この年に米兵による少女暴行事件が起きた。

「言い表すことのできないショックを受けた。初めて不条理というものを感じた」という。

「暴行」のむごたらしさだけではない。日米地位協定のため、容疑者の身柄が当初日本側に引き渡されないという事態が起こり、日本側にまともな主権がないことが浮き彫りとなった。沖縄がまだ「戦後」を終えていないことを知り、まるで植民地でもあるかのような不平等を強いられていることを実感した。同時に「その存在に慣れ切っていた」米軍基地や沖縄戦の問題にも目が向くようになった。

そして差別を意識するようになる。

結果としてこの事件をきっかけに、新垣は研究者の道を断念する。

「学問よりももっと実践的なアプローチで沖縄を知りたいと思うようになったんです」

新垣を新聞記者の道に進ませたのは、まさに沖縄の不条理だった。

「ですから偏向だと指摘されても、少しもピンとこない。そんな物言いをする人には、拠って立つ場所が違うのだと答えるしかありません。沖縄のために、沖縄で暮らす人のために、不平等を少しでも正したいと思って報道することが偏向であるならば、では、他人事のように基地を論じれば公正ということになるのか。そんなバカな話はないですよ」

不平等で不均衡な力関係を前提にしたうえでの「公正」などあり得ない。新垣の問題意識は沖縄で活動する多くの記者が共有するものであり、また、私もそれを常に意識しながら取材を続けている。

その新垣が中心となり、「新報」は14年5月から約9カ月半にわたり「道標《しるべ》求めて　琉米条約160年　主権を問う」と題した企画記事を連載した。

これは1854年に当時の琉球王国と米国との間で締結された琉米修好条約を起点に、沖縄がたどってきた歴史の道のりを検証し、なぜ沖縄が「自己決定権」を求めているのか、取り戻すべき主権とは何であるのかを問うた、大型連載であった。

新垣は史料・史実を掘り起こすために国内各地を取材で回ったほか、独立運動が盛り上がるスコットランド、国連の人種差別撤廃委員会が開催されたスイス、94年に国連の信託統治から独立し、非核憲法を制定し、非武装を貫くパラオなどにも足を運んだ。14年夏にスイスの国連欧州本部で人種差別撤廃条約の取材をしていた私は、この連載でジュネーブ入りしていた新垣と初対面の挨拶を交わしている。

自己決定権の意味を深掘りする同連載は全編にわたって興味深く、刺激的なものだったが、なかでも白眉《はくび》は沖縄差別の原点ともいうべき「琉球処分」について、これを明確に「国際法上不正」であるとの認識を示した点であった。

「琉球処分」とは一般的に、明治政府のもとで琉球王国が強制的に日本国家へ組み込まれていった一連の政治過程をいう。有り体に表現すれば、日本による琉球の暴力的ともいえる「併合」である。

1875年、明治政府は琉球王国に対し、明治の年号使用や清国との冊封《さくほう》関係禁止などを求めた。しかし琉球がそれに従わなかったため、強硬手段に打って出る。79年、警官160人余、兵士約400人とともに琉球に派遣された処分官の松田道之《まつだみちゆき》が、武力を背景に首里城明け渡しを命じた。

これに対し琉球側士族らは「主権を持ち日本内地とは異なる」と嘆願したが、松田は

「不敬不当。従わねば不測の衝突が起きる」と脅し、結果的に琉球王国は滅び、「沖縄県」として日本に組み入れられることになった。

連載では国際法に詳しい学者の意見を引用しながら、「琉球処分」の法的不当性を説いている。準拠するのはウィーン条約法条約51条だ。同条では「国の代表者への脅迫や強制行為の結果、結ばれた条約（合意）は無効」であると定められている。これをもとに、国際法違反の「琉球処分」は不正であり、現在からさかのぼって主権の回復、つまりは自己決定権の保証を要求できるとの見方を示したのであった。

単なる理念、理想の問題として捉えるのではなく、法的根拠をもとに自己決定権のあり方を深掘りしたところに、連載に込められた強い「意志」を感じる。

ちなみにこの「琉球処分」以降、沖縄は常に日本の「捨て石」として機能していくことになった。いや、利用されていく。第2次大戦では地上戦の舞台となり、戦後は日本の独立と引き換えに米国の統治を強いられ、１９７２年にようやく日本に復帰したら、今度は国益や国防を理由に「国境の砦《とりで》」とされ、基地負担を命じられる。

連載はこうした歴史の流れを追いながら、あるべき主権を取り戻すことが、民主主義の発展のためにも必要なのだと訴えている。

「琉球処分」の不当性に関して、こうした国際法を基準に解釈したものは、これまでほとんどなかった。そうした意味からも、連載は画期的な意味合いを持っている。

後に連載は『沖縄の自己決定権　その歴史的根拠と近未来の展望』(高文研)という書籍にもまとめられた。

実は、連載の端緒ともいうべき「琉米修好条約」に注目したのは、「新報」社長の富《とみ》田詢一《たじゅんいち》だったという。

2013年夏のことである。その日は休刊日で、記者たちは宜野湾市のトロピカルビーチで「ビーチパーティー」を楽しんでいた。酒に酔ってご機嫌の富田が、新垣に話しかけた。

「お前、来年がどんな年か知ってるか?」

きょとんとする新垣に、富田は翌年が琉米修好条約が結ばれてからちょうど160年だと伝えた。

「琉球王国が一独立国として大国と渡り合った時期もある。こうした歴史を振り返り、自己決定権というものをきちんと見つめ直してみてはどうか」

富田はそう言って、連載を検討するよう命じたのであった。

新垣が取材のために最初に足を運んだのは東京の外交史料館だった。ここには社長の富田も同行している。

同館担当者が、琉米だけではなく、琉仏、琉蘭の3条約の原本を見せてくれた。

「思わず身震いした」と新垣は述懐する。

「大国に独立国として向き合った琉球人の威厳のようなものを感じることができた。同時に、その後、琉球処分によって屈服を強いられ、翻弄《ほんろう》されていく沖縄の歴史を思い、複雑な気持ちにもなりました。ただ、そのとき、連載は必ず成功すると確信したんです。沖縄の主権を取り戻すための、ひとつのきっかけがここにある、と」

新垣は走った。国内を、そして国外を。

歴史を掘り起こしながら、そのたびに「既視感を覚えた」という。

「時代が変わっても、日本と沖縄の関係はほとんど変わっていない。常に差別、被差別という関係が維持されていた」

その構図を明らかにすることで、新垣は自己決定権を持つことの重要性を、長い連載のなかで示した。

だからこそ、新垣は東京勤務となったいま、あらゆる差別の問題と向き合っている。

琉球処分と辺野古は地下茎でつながっている。そして、沖縄差別は、あらゆる差別と同じ問題を内包している。

新垣はいまも、それを繰り返し訴えているのだ。

社会から排除される側の視点で

「タイムス」の新里健《しんざとけん》(38)と知り合ったのは、彼がまだ「京都新聞」記者だったころである。

当時、私は京都朝鮮第一初級学校を在特会メンバーらが〝襲撃〟した事件を追いかけていた。

「朝鮮学校をぶち壊せ!」「日本に住まわせてやってるんや、おまえら隅っこのほう歩いとけ」――。そうした罵声を飛ばしながら差別集団が朝鮮学校に押し掛けたのは09年12月のことである。

平日の真昼間である。当然、学校の中では大勢の子どもたちが授業を受けていた。脅《おび》え、泣き出す子どもたちに対しても、「スパイの子!」といった、まさにヘイトスピーチがぶつけられたのである。この事件では〝襲撃犯〟の中心メンバーらが威力業務妨害などで逮捕されたほか、学校側が原告となった民事裁判でも、在特会や参加メンバーらに約1200万円の高額な賠償支払いが命じられた。日本社会の一部に蔓延《まんえん》する醜悪で下劣な民族差別を象徴する、許しがたい事件だった。

私は関係者を取材するために頻繁に京都に足を運んでいたが、そのとき、地元紙の

「京都新聞」で様々な差別問題に取り組んでいた新里を知った。

新里は在日コリアンだけでなく、地域に住んでいる日系ブラジル人、あるいは関西の沖縄出身者をも積極的に取材し、差別問題に取り組む研究者や弁護士からの信任も厚かった。知識、人脈ともに、私をはるかに上回っていた。

酒席で「マイノリティー差別だけは絶対に許せない」のだと熱く語っていた新里のことは強く印象に残っている。

その新里と沖縄で再会したのは14年5月のことだった。

那覇市内で「ヘイトスピーチについて考える」(沖縄弁護士会主催)と題したシンポジウムが開催された。

その際、私やヘイトスピーチ問題に詳しい弁護士らとともに壇上に登ったのが新里だった。

そこで初めて新里が故郷の沖縄に戻り、「タイムス」に転職したことを知った。

シンポジウムにおいて、私は主に在日コリアンに対する差別問題を語り、新里はオスプレイ配備抗議行動を「米軍に対するヘイトスピーチ」だと批判する保守系市民の運動に関して報告。これを「市民レベルによる、運動への弾圧行為ではないか」と批判した。

前述したように、沖縄では「反・反基地運動」ともいうべき保守系団体、市民などによる運動が登場していた。基地建設に反対する市民との間でのトラブルも絶えなかった。ヘイトスピーチの意味を曲解し、外国の軍隊に対する批判を「差別問題」に持ち込もうとする一部の動きを、新里は憂えたのであった。

ところで、このシンポジウムの会場には、そうした保守系運動に参加するメンバーらも入り込んでいた。おとなしく聞いているだけならば問題ないが、議論中にヤジを飛ばす者などもいたため、気が短い私はやや乱暴な言葉遣いで返し、結局は罵倒の応酬となるような無駄な時間をつくってしまった。いまでは大人げなかったと反省もしている。

だが、その後、ネット上で批判、中傷にさらされたのは乱暴者の私ではなく、誠実な人柄で知られる新里のほうだった。

録音された新里の発言はネット上にアップされ、顔写真なども掲載された揚げ句、まるで犯罪者でもあるかのように糾弾されるのであった。

ネット上で新里が批判されたのは、彼が「タイムス」の記者であり（その肩書だけで憎悪の対象となってしまうような風潮がある）、なおかつ「反・反基地運動」を正面から批判したためであろう。

批判者らは新里が「米軍へのヘイトスピーチ」を肯定しているかのように指摘する。

お門違いもいいところだ。そもそもヘイトスピーチの意味を全く理解していない。ヘイトスピーチとは社会的力関係を背景に、人種、民族、国籍などの抗弁不可能な属性に対する差別扇動をいう。いうなればマイノリティー差別を煽る言葉や行動である。たとえば基地賛成派が問題とする「米軍は日本から出ていけ」といった言葉は、強者たる軍隊に向けてのものなのだから、ヘイトスピーチでも何でもない。

もちろんそれが米軍人の家族や子どもに向けられたものであれば、意味合いは違ってくるし、私個人としては米軍に対して「ヤンキー・ゴー・ホーム」と叫ぶことにも、正直、抵抗はある。必ずしも適切なものだとは思えない（これに関しては様々な議論がある）。

新里が指摘したのはそういうことではなかった。主権を奪われ、踏みにじられ、苦難の歴史を強いられてきた側の抵抗運動が、まるで「差別行為」であるかのごとく曲解されることへの違和感を表明したに過ぎない。

マイノリティーの差別に敏感で、常に差別される側に寄り添い、京都時代から地道に取材を積み重ねてきた新里だからこそ、本当の意味での「差別」を考えるうえでの問題提起をしたに過ぎない。

私はむしろ、沖縄に戻っても自身が抱える問題意識を持続させている新里に、心からの敬意を抱いた。

そもそも「米軍に対するヘイトスピーチ」などといった頓珍漢《とんちんかん》もいいところの主張を展開する者たちは、丸腰の市民でありながら、その出自ゆえに「殺せ」「出ていけ」と罵声を投げつけられている在日コリアンなどのマイノリティーに対するヘイトスピーチを、どのように感じているのであろうか。「米軍批判」に敏感に反応する彼らが、マイノリティー差別への憤りを発した場面など私は一度も見たことがない。

本当にヘイトスピーチに反対し、外国人差別を許せないとするのであれば、まさに新里のような人間から教えを受けるべきなのだ。聞きかじりの言葉を都合よく援用するだけの者に対しても、新里ならば丁寧にレクチャーしてくれることだろう。

新里はけっして政治的な人間ではない。彼の繊細な神経が、常に社会から排除されている人々へ向けられているだけだ。

彼もまた、高校生のころ「少女暴行事件」によって沖縄の矛盾に関心の矛先が向いた。沖縄と本土、沖縄と米国の、理不尽ともいえる力関係に関心が向いた。

京都大学に進み、そこで初めて沖縄と「本土」の温度差を実感する。

「沖縄って偏っているよね、なんてことを平気で口にする者が多かったんです。何の疑問も感じることなく、無条件に米軍基地の存在を受け入れている人が多かったことにも驚きました」

「温度差」の埋め合わせのためでもあったし、せっかく関心を持った沖縄の歴史を調べるために、新里は大阪の大正区に通った。沖縄出身者の集住地域である。沖縄料理屋が軒を連ねる。沖縄の言葉が生きている。路地には沖縄と同じ空気が流れている。そして、そこに住む人々と交流を重ねるなかで、「ウチナーンチュの苦労を知り、差別されてきた歴史を知った」という。

卒業後、地元紙の「京都新聞」に入社した。

京都、滋賀の各支局を回りながら、新里が深い関心を持って取り組んだのが日系南米人の問題だった。特に滋賀県には自動車や家電の工場が数多く存在するため、そこで働く多くの日系南米人が暮らしていた。

日本をルーツとしながらも外国人として扱われ、そのうえ差別や偏見の眼差しを向けられ、しかも不安定雇用を強いられて生活する出稼ぎ日系人の姿は、歴史に翻弄され、ときにアイデンティティーを見失いそうになる沖縄人の姿と重なるものがあった。

そのころから、新里の繊細かつ鋭敏な感受性が、差別に苦しめられる人々の側に寄り添いながら、次々と問題意識を生み出すようになっていた。

リーマン・ショックの際は、まるで狙い撃ちされたかのように解雇される日系人たちを、とことん取材した。雇用の安全弁のごとく切り捨てられる日系人たちの悲痛な声を幾度も記事にした。

当時の「京都新聞」を調べると、新里の署名の入った日系人関連の記事をいくつも見つけることができる。たとえば不況下にあって、なんら国からの支援もなく苦境に立たされたブラジル人学校の問題で、新里は次のように訴えている。

〈好景気で受け入れる時は「日本人」、不況で解雇する時や教育現場では「外国人」。国は、こうした「ご都合主義」を改めるべきではないか。急速な景気後退で生活が危機にひんしている今、生徒のよりどころとなっている学校の支援には十分な公共性があると思う〉（「京都新聞」09年2月17日付）

静かな怒りを、丁寧な筆致で届ける、新里らしい記事だった。

そんな新里が「タイムス」に転職したのは12年秋である。やはり生まれ育った沖縄で記者活動をしてみたいと思った。さらに、仕方ないとは思いつつ、しかし沖縄出身者としては、沖縄問題への関心が薄い県外紙で働くことに、そろそろ限界を感じていたのも事実だった。

「京都新聞」のリベラルな論調は好きだったし、いまでも優れた新聞だと思っている。優秀な記者も多い。だが、たとえば沖縄の米軍基地問題などについて在阪のウチナーンチュへの取材をもとに記事を書いても、報道の公平性を理由に、基地賛成派の談話を取るように求められることもあった。そうしたことへの不満もなかったわけじゃない。

「タイムス」では、社会部記者として、思う存分、沖縄の抱えた問題を追いかけることができた。

「タイムス」における新里の仕事のなかでも、特に県内外から注目されたのは12年11月13日付の1面、〈普天間ゲート　米軍設置板／警告根拠に米国法明記／弁護士ら「主権侵害」〉と大見出しの付いた記事だ。

同年10月、オスプレイ配備への抗議行動が行われている米軍普天間飛行場の野嵩《のだけ》ゲート前に、「制限区域につき関係者以外立入禁止」と記された警告板が設置された。警告板にはさらに、次のような文言が続く。

〈国内保安条例　合衆国法797号〉

これは米国の「国内保安法」を指す。同法は「赤狩り」を名目に市民の言論や報道、集会の自由を制する目的で1950年に制定されたものだ。

反対市民への警告に米国法を、しかも米国においても自由社会を脅かす「悪法」だと評価されるものをわざわざ持ち出してきたところに、米軍の「焦り」と、沖縄を見つめる植民者的な視線が表れていた。

「当時は普天間飛行場にオスプレイが配備されてまだ間もない時期で、ゲート前で抗議を続ける県民の思いを深く取材したいと思い、足しげく通っていました。そのときに市民のひとりから『この警告板の根拠法はおかしいのでは』と指摘を受けたんです。それで基地担当を経験した先輩記者や、法律に詳しい識者から話を聞くなかで、そもそも米国法で日本国民を処罰できるものではない、という答えを導き出すことができました」

新里は自分の「成果」をひけらかすようなことは絶対にしないのだが、そのころ、反対運動を取材するため「足しげく」普天間に通っていた彼ならではの「抜き」だったことは間違いない。

結局、この件は国会でも問題となり、玄葉光一郎外相（当時）は、警告板は「不適切な面がある」と答弁。日本側の申し入れによって、米軍は問題の警告板を撤去した。

この問題の本質は、ただ単に「不適切」だったというだけではないだろう。これは翌14日に「タイムス」が社説で訴えたように、「悪名高い米国の治安法を振りかざし、日本の抗議行動をけん制していたのである。主権侵害の軽率行為」だということだ。

沖縄を介した日米関係というものが、どのような力関係によって成り立っているのか、警告板に記された文言は、両者の間に横たわる黒々とした闇を浮かび上がらせたのである。

新里はいま、「タイムス」が発行する子ども新聞「ワラビー」の編集に関わっている。子どもたちに沖縄が抱える問題や歴史を、わかりやすく伝えることが彼に任された仕事だ。

週末、たまたま「タイムス」の社屋の前を通りかかったとき、動物のお面を頭にかぶった新里とばったり出くわした。その日は「ワラビー」読者である子どもたちを対象としたイベントがあるのだという。

動物に扮して子どもたちと戯れる。差別と人権の問題を追い続けてきたジャーナリストの、もうひとつの姿である。どこまでも生真面目に。真剣に。自らを誇ることも、大きく見せることもなく。

静かに行く者は遠くまで行く。

新里を見ていたら、そんな言葉を思い出した。

エピローグ
地方紙の果たすべき役割

スキャンダル雑誌として知られた月刊誌「噂の眞相」は2004年4月号をもって休刊した。1979年の創刊時より一貫して編集長を務めた岡留安則《おかどめやすのり》は休刊から4カ月後、東京から沖縄に居を移す。

「昔から沖縄の空気が好きだった。それに、東京にいても新宿のゴールデン街で飲んだくれるだけだから、そうした環境を変えたいとも思って移住した」

スキャンダルを追い続け、ときに右翼から命を狙われるような生臭い世界から足を洗い、のんびりと南国生活を送るはずだった。しかし沖縄の抱える赤裸々な現実が、それを許さない。

移住からわずか1週間後の2004年8月13日、沖縄国際大学のキャンパス内に米軍普天間基地所属の大型ヘリが墜落するという事故が起きた。岡留にとって何よりも衝撃的だったのは、事故現場を米軍が封鎖したことだった。

「地元の警察も消防も一切、現場に立ち入ることができなかった。そこがまぎれもなく日本の領土であるにもかかわらず、支配権は米軍にあった。いまだ沖縄は米国の植民地に置かれているのだという事実をあらためて突き付けられ、脳天に一撃を食らったような気持ちになった。これでリゾート気分は吹き飛びましたね」

このとき敷地内に唯一入ることが許された日本人は、ピザ店のデリバリースタッフだけだったといわれている。

結局、沖縄を拠点に基地問題などで執筆活動を続けることとなった。その後は那覇市内で居酒屋も経営。店は地元記者のサロン的な役割を果たしている。ゴールデン街から抜け出すはずが、自らゴールデン街を那覇に持ち込んでしまったところが、いかにも岡留らしい。

店のカウンターで泡盛のロックをひっきりなしに口元へ運びながら、岡留は何度も強調した。

「切実度が違うんですよ、沖縄の記者は」

目の前に基地がある。空を見上げればオスプレイが飛んでいる。米兵による事件は後を絶たない。この地で記者として生きるということは、こうした現実と真正面から向き合うことでもある。

沖縄の地元紙に対する「偏向」批判が「本土」から発信されるたびに、現実を無視し、偏った見方をしているのはどちらなのかと反論を繰り返してきた。

「地元に寄り添い、地元の感情を代弁していくのが地方紙の役割であるのならば、沖縄の2紙はそれを忠実に守っているだけの話ではないのか」

だから「偏向報道」を理由に報道圧力が増したときは、店に集まる地元記者相手に「千載一遇のチャンス。この機会を利用して、いまこそ沖縄の声をどんどん発信していくべきだ」と言い続けている。

第2次大戦では国内最大の地上戦の舞台となった。敗戦後は日本から切り離され、米国支配下に置かれた。復帰後も米軍基地が残されている。いや、基地を押し付けられてきた。これらが単にローカルな問題であるわけがない。日本は、日本人は、沖縄の歴史と現実を直視する必要がある。

「それを伝えることに沖縄地元紙の存在意義がある。実際、私が言うまでもなく記者たちは十分すぎるほどにそのことを理解していました。私が知る限り〝偏向批判〟に萎縮したり、怯《ひる》む記者はいなかった」

その通りだった。私が沖縄で会った記者たちは萎縮どころか、まるで新しい栄養素でも発見したかのように、ますます貪欲に、そしてしたたかに、しなやかに取材の機会をうかがっていた。

ベテラン記者は自分の中で積み重ねてきた沖縄の歴史を整理し、鍛えた知識を武器に原稿を書きまくった。若手記者は何かに弾《はじ》かれたように、取材に散った。

それぞれの持ち場で、現場で、私は彼ら彼女らの情熱と言葉に触れた。

心が震えるほど感動したとか、これまで目にしたことのない気迫に圧倒されたとか、そうした経験を期待したわけでもないし、当然のことだが、そんな場面に立ち会ったわけでもない。

私が目にしたのは、普通の新聞記者たちだ。

伝えるべきことを伝え、向き合うべきものに向き合い、報ずることの意味を常に考えている、当たり前の記者たちである。

地方紙の報道機関に身を置いている者として、普通に、当たり前に、すべき仕事をしているだけである。

その姿が、ただひたすら眩《まぶ》しかった。地表を焦がす沖縄の太陽が、なんのフィルターも通さずに網膜に入り込んでしまうような眩しさを感じた。

それはつまり、いま、日本の新聞記者が「当たり前」を放棄し、輝きを失っているからではないか、と思わずにはいられない。

常に何かを忖度《そんたく》し、公平性の呪縛を疑問視することもなく両論併記で仕事をしたつもりになり、志も主張もどこかに置き忘れた新聞記者に、あるいはそこに染まってしまいかねない自分自身にも、どこかで飽き飽きしていた。

そんな私に、沖縄の記者たちは、むせかえるような熱さをともなって、「当たり前の記者」である生身の姿をさらしてくれたのだ。

美化するつもりはない。沖縄の新聞というだけで聖域視するつもりも、まったくない。

ネトウヨの中傷とは違ったレベルで、沖縄紙に対する批判を耳にする機会だって少なくはない。

「中央（国）に対しては厳しいが、県政には甘い」

「沖縄が抱える貧困問題などに対し、十分に紙面を割いていない」

主に沖縄駐在経験のある記者が、そのようなことを私にそっと耳打ちすることもある。多分に偏見を含んでいるとはいえ、それは沖縄紙の問題というよりも、地方紙全般が抱えている、構造的な問題であろう。だから許されるというのではなく、私が取材した特に若手記者の間では、克服すべき問題として認識している者も少なくなかった。

一方で多くの記者が口をそろえて「早く基地問題以外のことを取材したい」と訴えたことは強く印象に残っている。手つかずのままに転がっているネタを、しかし、基地があるゆえに拾い上げることのできない悔しさを主張する記者もいた。

それでも伝えるべきことを伝えるため、好むと好まざるとにかかわらず、多くの記者は基地のフェンスにへばりつくようにして、今日も走り回る。

その姿を見て、あるいはその現実を見て、沖縄の現実を変えたいと思って、沖縄紙の扉を叩く若者も少なくない。

比嘉太一《ひがたいち》(25)は「沖縄タイムス」に入社して2年目となる。

「絶対に沖縄で新聞記者になりたかった」

飲み屋でそう私に力説した。

記者になることを強く望むようになったきっかけがある。

12年4月のことだった。その日の夜、地元テレビ局が沖縄の基地問題をテーマに、「識者」による討論番組を生放送した。大学生だった比嘉は観覧者としてスタジオで討論を聞いていた。基地の存在、辺野古移設などをめぐって議論は白熱した。

討論が終了したのは明け方近かった。

沖縄の過重な基地負担が東京から来た「識者」になかなか理解されない番組の展開にいらだっていた比嘉も、さすがに明け方ともなれば憤りよりも空腹が先だった。

スタジオを後にした比嘉は、テレビ局近くのコンビニに駆け込んだ。陳列棚で朝食用のパンを物色していたら、つい先ほどまでスタジオで饒舌《じょうぜつ》に基地問題を語っていた2人の「識者」が店内に入ってきた。

自民党代議士の小池百合子と、米国務省日本部長を務めたケビン・メアである。

2人とも沖縄に関した「問題発言」で知られていることは先にも述べた。小池は「沖縄のメディアが言ってることが県民すべてを代表しているわけではない」「沖縄とアラブのマスコミは似ている」と言い、メアは「沖縄人は東京政府を『あやつり』『ゆする』名人」だと発言した。

討論番組のなかでも、2人は明確に辺野古新基地建設を推進する立場にあったことは言うまでもない。

こんな機会はめったにあるものではない。比嘉は2人に直接、基地問題について聞いてみたいと思った。

同じように朝食を買いに来たのであろう小池とメアに近づき、比嘉は「スタジオで観覧していた者です」と挨拶した。

――僕は沖縄国際大学の学生です。なぜ、辺野古に新しい基地をつくらなければならないのか、もう一度うかがいたいと思いました。

小池が「あなたはどう思うの？」と逆に聞いてきた。

比嘉は反対であることを伝え、「沖縄で生活してみれば、どれだけ基地の負担が大きいのか、よくわかります」と答えた。

それ以上、特に会話が弾むことはなかった。

まあ、無理もないだろう。コンビニの店内で突然に見知らぬ若者に話しかけられ、2人とも当惑したのかもしれない。

それはそれでいい。問題はそのあとだった。

小池とメアの2人はビールなどをレジに運び、その場でどちらが支払いをするかで軽くもめていた。

「私が払う」「いや、私に払わせてくれ」

比嘉の前で、双方が財布を店員に差し出そうとしている。

「私が払います」。小池がメアを制して、店員に無理やり1万円札を手渡した。続けて、小池はメアにこう告げたのだという。

「思いやり予算よ」

コンビニの支払いを、米軍駐留経費に対する日本側の財政的負担にたとえたのである。

2人は軽く笑いながら店を出ていった。

比嘉はその場で凍り付いていた。もちろん、小池はジョークを述べただけなのだろう。

だが——許せなかった。そもそも冗談で言うべき言葉なのだろうか。笑いのネタとして用いるべき言葉なのだろうか。

いや、言葉の問題ではない。結局、そういう意識なのだ。2人にとって沖縄とは、平然とそうした言葉を口にできるだけの重みしかないのだ。しかも、ここは沖縄だ。沖縄の人間がいる前でのことだ。比嘉はあらためて沖縄の立ち位置を知った。

悔しかった。怒りで体が震えた。

だから新聞記者になろうと思った。復讐《ふくしゅう》するためではない。やりこめるためでもない。

「あの2人の胸に届くような言葉を、真剣に振り向いてもらえるような言葉を、しっかりと身につけたいと思ったんです」

直情的で、勢いだけで、思慮深いのか浅いのかよくわからない、粗削りの動機である。

私は、そんな未熟さと、若い正義感が大好きだ。

比嘉はいまサツ回りで忙しい。事件のたびに呼び出され、携帯電話をかけ続け、先輩記者や警察官にドヤされながら、現場を駆け回っている。天下国家を論じるどころか、沖縄を見渡せるほどに見晴らしの利いた場所にいるわけでもない。サイレンが鳴れば何があったのかと飛び出すような毎日である。

小池やメアに届けるべき言葉など探している余裕はない。

だが、コンビニの店内で唇をかみしめて立ち尽くしていた比嘉は、もういない。たとえ届かなくても、言うべき言葉は持っている。

沖縄は、人の住む島だ。人が生きる場所だ。人が生活を営み、息遣いの響く場所だ。いつか、そこに沖縄の「思い」を付け加えたい。比嘉は、その日まで走り続ける。

みんな、そうだったから。

沖縄の記者は、沖縄で沖縄の苦渋を吸収しながら、沖縄をさらに知っていく。そして、その場所から沖縄を発信していく。

それは「偏向」なんかじゃない。

記者としての軸足だ。地方紙の果たすべき役割なのだ。

＊

本書の原稿を書き上げたところで、またしても沖縄県民が犠牲となる痛ましい事件が起きた。２０１６年4月、元海兵隊員で米軍属の男が、20歳の女性会社員を暴行、殺害した事件である。

沖縄は怒りと悲しみで震えている。新基地建設反対どころか、「全基地撤去」を訴える声も高まってきた。当然だろう。事件を偶発的に起きたものだと片づけるわけにはいかない。沖縄の構造が生み出した事件でもあるのだ。

犠牲となった女性は１９９５年に生まれている。その年、米兵による少女暴行事件が起きた。あのとき、もう二度と基地被害、人権侵害はごめんだと、多くの県民が訴えた。これをきっかけに日米両政府は普天間基地の返還で合意した。

しかし、あれから20年以上が経過しても凶悪事件は後を絶たず、そして基地の負担軽減も進んでいない。

沖縄が本土復帰した72年5月15日から２０１５年までの間に発生した在沖米軍人・軍属とその家族らによる凶悪事件（殺人、強盗、放火、強姦）は５７４件にも及ぶ。沖縄はいつまで、こうした人権侵害に耐え続けていかなければならないのだろうか。

政府関係者は、サミットを目前に控えた時期に起きた事件を「最悪のタイミング」と漏らしたという。いったい、沖縄を何だと思っているのか。

ネット上にも被害者を愚《ぐ》弄《ろう》し、沖縄を嘲笑するかのような書き込みがあふれている。「事件を基地問題に絡めるな」「犯人は民間人だから米軍は無関係」「人権派が喜んでいる」——。

ツイッターに「自称人権派が米軍基地の存在を問題視している」と書き込んだのは橋下徹・前大阪市長だった。橋下は13年に普天間基地を視察した際、性犯罪防止のために「風俗産業の活用」を米軍司令官に提案したこともある。それに絡め、今回の事件に際しても「(風俗活用発言は)やっぱり撤回しない方がよかったかも。きれいごとばかり言わず本気で解決策を考えろ!」と持論をつぶやいた。

前衆院議員の中山成彬も、やはりツイッターに「米軍基地絡みだと大騒ぎになる」「米軍が撤退したら何が起こるかは自明だ」などと書き込んだ。さらには「沖縄分断工作に加担する2紙」と、事件を大きく報道する「新報」「タイムス」両紙を批判している。

これに、けっして少なくない人々が賛同の意を示す。暗澹《あんたん》とせざるを得ない。何度でも繰り返す。凶悪事件がなくならない原因は、沖縄に米軍基地が集中しているからだ。米軍の持つ沖縄への「植民地感覚」はもちろんのこと、その状態を放置、容認してきた、わが「日本」の責任も問われている。

この「事件」が起きる数日前、沖縄在住の作家・目取真俊《めどるましゅん》と対談する機会があった。基地問題について話した際、私が95年の「少女暴行事件」について触れると、目取真は

「ちょっと待ってくれ」と私の言葉を遮った。

「事件の主体は〝少女〟じゃない。彼女は被害者にすぎません。これは米軍人による犯罪なのだから、きちんとそう指摘すべきです」

目取真は静かにそう告げた。その通りだ。問題とされるべきは「少女」ではなく、「米軍人」なのだ。締め切り直前ではあったが、この事件に関したくだりで表記の一部に手を加えることになったのは、そうした理由がある。

同時に、あらためて思った。いわゆる「報道圧力」の問題にしても、問題とすべきは圧力を受ける側ではなく、それを加える側にある。だから「沖縄の新聞」が問われているのではない。そんな限定的な問題意識で私も書いたつもりはない。

沖縄をめぐって、日本社会全体が問われているのだ。どのような立場であれ、安保や国防にどのような考え方を抱いていようが、この社会で生きていく以上、私たちは沖縄と無縁でいられることはない。

本書の取材では多くの方にお世話になった。ご協力いただいたすべての人にお礼を申し上げたい。

なかでも、多忙な取材活動の合間に私と真摯に向き合ってくれた「新報」「タイムス」の記者のみなさんには心から感謝している。なかにはせっかく長時間にわたって話をうかがいながら、紙数の都合や構成上の問題で、本書で取り上げることのできなかった記者も少なくない。そうした方々の思いや言葉は、私の拙《つたな》い文章の中で反映させていただいたつもりだ。非礼をお詫びすると同時に、多くの示唆をいただいたことにお礼を伝えたい。

取材のプロである新聞記者に取材するというのは、正直、なんともやりにくい。ぶしつけな質問を繰り返す私自身の立ち位置が、常に問われていたようにも思う。実際、少なくない人たちが「では、あなた自身はどうすべきだと思うのか」と問うてきた。それは他人事のように沖縄を論じ、安全圏のなかで沖縄に寄り添っているかのようなそぶりを見せる、私や本土メディアへの静かな抗議であったようにも感じる。

取材を重ねるなかで私も変わってきた。

ひとりの書き手として、ネタとして、沖縄を消費するのではなく、日本社会に生きる者として沖縄とどう向き合っていくべきか——それをいま、必死に考えている。そう仕向けてくれたのは沖縄の記者たちだ。

取材を始めてからちょうど1年を要してしまった。その間、ときに沖縄にまで同行して資料集めや取材を手伝ってくれたライターの松岡瑛理にも感謝を伝えたい。仕事の関係で朝日新聞出版と縁のある彼女のおかげで、私はこうして書く機会に恵まれた。

最後に、原稿が仕上がるまで、ひたすら私を励まし、そして忍耐強く伴走してくれた朝日新聞出版書籍編集部の松尾信吾にお礼を申し上げたい。

彼は沖縄出身だ。私以上に問題意識を抱え、そして、沖縄を知っている。単なる郷土愛とは違う、温かく、優しく、そしてときに冷徹な視点には教えられることが多かった。松尾の存在がなければ、私はこの面倒な取材を最後までやり遂げることができなかったであろう。

こうした多くの人々の情熱と憤怒が私を取材に向かわせた。

これで終わりじゃない。繰り返す。私にいま、何ができるか、何をすべきか。それを考えている。

沖縄「慰霊の日」を前にして

安田浩一

様々な現実と向き合って

本書の親本が発売されてから4年が経過した。いま、この段階においても私の取材は終わっていない。沖縄に向けられた差別と偏見は社会から消えることなく、同時に沖縄2紙に対する中傷や誤解も止《や》むことはない。

だからいまでも沖縄の新聞記者に会い続けている。

何度も述べているが、彼ら彼女らが「特別な存在」だから話を聞いているわけではない。「偏向」だと名指しされる場所から発信を続ける者たちの姿を追いかけることで、沖縄の、いや、日本の姿も見えてくると信じているからだ。

この間《かん》、あらたに取材した沖縄紙の記者の中から強く印象に残った4人を、以下に取り上げたい。

沖縄を知るうえで、新聞記者の在り方を理解するうえで、4人の言葉は私に多くの〝宿題〟を投げかけた。

暗闇にある親子の孤独

8歳の男の子はひとり床に寝そべっていた。視線の先では、テレビがバラエティー番組を流している。

それまでやんちゃでぶっきらぼうな様子を見せていた男の子は、年下の子たちが居間を離れた途端、後方に座る新垣梨沙《あらかきりさ》（43、琉球新報）の膝《ひざ》の上に頭を乗せた。2006年、取材で児童養護施設を訪ねたときのことだ。10分足らずの膝枕。そのしぐさが、まだ親に甘えたい幼い子どもだということを痛感させた。親元を離れた子がどんな思いで毎日を過ごし、親を恋しく思っているのか、男の子の頭の重みから伝わってきたような気がして、しばらく動けなかった。

男の子との出来事を職員に話し、思わず親に対して非難めいた言葉を使った。その言葉を静かに聞いていた職員は「親も苦しんでいる。親を孤立させる社会にも問題がある」と言った。

その言葉にはっとした。数日取材しただけで、子どもたち、ましてや親の気持ちをわかるはずはなかった。

同情ではなく、あの子たちにも親にも、関心を持ってもらえる記事を繰り返し書かなくてはならない――。

記者になって4年目。自分にテーマを課した。

なぜ〝子どもの問題〟に取り組むのですか――そう訊《たず》ねた私に、新垣が答えてくれたエピソードである。

膝枕の感触と職員の言葉は新垣の体内から消えることなく、その後の記者人生に大きな影響を与えた。もちろん、若手と呼ばれたころは仕事を選べない。様々な取材に追われ、地域の話題を追いかけ、行政の動きに翻弄された。地方紙の記者としてやるべき取材を重ねながら、子どもの問題に関心を持ち続けた。

15年に文化部生活班に配属されてから、貧困、虐待、親の不在、不登校、性暴力など、新垣は子どもに関係する様々な問題を追いかけることになる。

18年1月から8月まで新報紙面で連載した「彷徨う――少年少女のリアル」では取材班のキャップを務め、沖縄の子どもたちを取り巻く厳しい環境を世に問うた。

子どもの問題は、親の問題でもある。つまり社会全体が抱える問題だ。新垣もそこから逃れることのできる立場にはない。

新垣は母親ひとりの家庭で育った。

そしていま、自身もまた、6歳の娘を抱えたシングルマザーである。

「琉球新報」に入社したのは02年。大学時代に元同紙記者・前泊博盛（沖縄国際大学教授）の授業を受けたことがきっかけでジャーナリズムに興味を持った。

「でも、それは建前で、記者になった本当の理由は違うところにあるんです」

新垣は少しばかり恥ずかしそうな表情を浮かべた。

「母親が周囲に誇れる仕事に就けば、父親のいない〝恥〟を拭えると思ったんです」

母親のため――。途中まで言いかけて、新垣は「いや、自分のためだ」と言葉を改めた。

「幼い頃から、周囲に『お前を産んだせいで、母親は苦労している』と言われ続け、常に〝お利口〟にしなくてはならない、という息苦しさを感じていました。田舎の地域で、私や母に対する差別的な視線も感じていた。だから、〝いい仕事〟に就くことは自分にとって至上命題であり、それがモチベーションにも圧力にもなっていました」

子どもの問題に意識が向くのは、そこに自分自身の姿が重なるからだ。「問題児」とされる子どもたち、孤独を生きる子どもたち。みんなが追い詰められている。常識を語る大人の視線に反抗し、あるいは逃げ続けることで殺伐とした社会を生きている。不信と諦めで今日を乗り切る。

その風景は、別世界のもの、自分とは無縁のものだとは思えない。「そこにいたかもしれない自分」を新垣は思う。

「自分だから書けると思ったわけではないです。ただ、通り過ぎることができなかった。息苦しさを感じながら生きている子どもの姿は、もうひとりの私ですし、さらに言えば、苦しむ親の姿もまた、いまの私の姿でもあるんです」

子どもや、その親が抱えた苦痛は、新垣自身が感じてきた息苦しさとシンクロする。

膝の上で幼い子どもの頭に触れたことを思い出すたび、子や親の問題と真剣に向き合おうと考えてきた。

15年、宮古島で3歳の女の子が継父から暴力を受けて死亡する事件が起きた。以前から虐待や母親に対するDVが確認されていたにもかかわらず、子どもの死を防ぐことはできなかった。

同じ年、立て続けに母子の無理心中や中学生による乳児の置き去りなどが起きた。それぞれの背景には「暴力」があった。

事件を追いかけ、取材を続けるなかで浮かび上がったのは、苦悩し、追い詰められる母親の姿だった。

だが司法も、そして社会も「あるべき家庭」の規範に縛られ、母親を非難するばかりだ。「母親は何をしているんだ」。そうした声が圧倒的に多かった。

後に新垣はそのときの思いを同紙のコラムで次のように記した。

〈こうした苦悩や理不尽さはすべて帳消しにされて、彼女たちは「母親ならば子どもを守って当然なのに」と強い非難を浴びていた。子育てに息切れしていたひとり親の私は、彼女たちに自分を重ねた。母親＝女性だけを厳しく見る社会に憤り、その矛盾を突けない自分にもいら立った〉

親もまた苦しんでいる。かつて取材先で自分に向けられた言葉が、新垣の視線に深度

「当事者だけの問題にしてはいけないのだと、そのとき、あらためて思いました。刑事罰を厳しくするだけでは問題の解決にならない。苦しんでいる当事者をさらに追い込むような社会こそ変えていく必要があるのではないでしょうか」

そうした問題意識を抱えて取り組んだのが、前述した連載記事「彷徨う――少年少女のリアル」である。

それは沖縄の「もうひとつの現実」を深掘りする作業でもあった。

ひとり親家庭の数、離婚率、低所得者の割合、沖縄県はそのどれもが全国平均より高い。もちろんそこには「本土」から見放され、偏見のまなざしを向けられ、差別されてきた沖縄の歴史が複雑に絡む。当然ながら沖縄に限定された問題でもない。だが、現実を直視し、社会に問うことが記者の仕事である。

「沖縄に存在するのは基地だけじゃない。青い海だけでもない。『ゆいまーる』がすべての人を助けているわけでもない。偏見と理想の両方を押し付けられることで埋もれてしまった現実を、きちんと拾いたかったんです」

取材は17年10月から始まった。同僚と夜の街を歩いた。暗闇の中に溶け込んだ子どもの姿を探し出し、声を聞き、日常を追いかけた。大人への不信や諦めの言葉、時には記者に向けられた罵声《ばせい》にも耳を傾けた。

性を売る子どもがいた。SNSで寝床を探す子どもがいた。犯罪に加担させられる子どもがいた。

取材するにあたって、新垣は自分だけのルールを設けた。

〝ワンショット〟取材ではなく、取材後も長く関係を続けていく——。

そう決めたのは、表面をすくいとっただけの、ありがちな問題提起にしたくなかったからだ。

「話を聞いたらそれでおしまい、というワンショット取材では子どもたちの本音に触れることはできないと思いました。だから、どの子も初回で聞いたことは記事にしませんでした。最初は一緒にご飯を食べるだけ。ノートも開かないし、録音もしない。何度か顔を合わせるなかで、相手が心を開いたときに、あらためて詳しく話を聞きました。それを繰り返して、一緒に泣いたり、その子の置かれた状況に怒ったりしながら記事を書きました」

断罪するための、誰かを糾弾するための取材ではないのだ。時間を共有し、心が共振するまで、新垣はけっして子どもの前でペンを走らせることはなかった。

なかには目を合わせて話すことが苦手な子どももいた。横に並んで座れば話しやすいだろうと、ドライブしながら車中で取材することも多かった。ＬＩＮＥや電話で会話を重ねることもあった。

目を背けたくなるような風景も目にした。

面前DVを受け続ける少女を取材したときのことだ。ファミレスで話を聞き、自宅まで送り届けた。集合住宅の一室だった。半開きになったドアから室内が目に入った。扇風機が床に転がっている。網状のフード部分はべっこりとへこんでいた。金属製のドアチェーンも引きちぎられて、無造作にぶら下がっていた。

ファミレスで少女は「おかーは殴られている」と話していた。暴力をふるうのは「おかー」の彼氏だという。

どれだけ暴れればドアチェーンを引きちぎることができるのか。そんな男は女性や子どもに手をあげるときだって容赦しないだろう。突っ立ったままぼんやりと考えた。

「この現実をどうする？　新聞記者はどうやったってエリートだ。あなたたち記者は、子どもたちの置かれた状況を見ていない」

沖縄の風俗業界で働く少女や若年で出産した女性の声を聞き取り、ケアに心を砕く上間陽子（琉球大学教授）の言葉が浮かんだ。だが、暴力の跡を目の当たりにしておじけづいた。自分では抱えきれない。取材を断念しようかと逡巡《しゅんじゅん》するなか、ファミレスで聞いた少女の話と表情を思い出した。

「おかーは（彼氏に殴られた）あざを化粧で隠して出勤した」「殴られるとき、おかーは隣の部屋に連れていかれる。殴られる音を聞くと、妹が泣くわけ。そしたらなんでか、自分も涙が出るんだよ」

痛みをこらえて仕事に向かった母の姿を、母を見送った姉妹を、暴力の中で暮らす母娘の日常を思った。「もう、見なかったことにはできない」。自分なりに子どもたちと向き合おうと覚悟を決めた。のろのろと鞄《かばん》の中からノートを取り出し、ペンを走らせた。

〈ドアチェーン、鎖こわれぶらさがる　せんぷうき　網のとこへこみ、床にころがる〉

取材を続けながら、新垣は何度もそのメモを読み返した。動揺しながら書いた文字が、子どもの怯《おび》えた姿を映し出す。一方的に殴られる女性の姿を立ち上げる。そして、暴力で支配することしかできない男性のエゴをあぶり出す。まさに日本社会そのものの姿だった。

そこにはひとり親家庭で育ち、ひとり親となり、子育てに苦悶する新垣自身の姿も重なった。

「何度も揺らぎ、途方に暮れながら取材していました」

「彷徨う」の連載は約8カ月に及んだ。子どもたちの声を拾い、痛ましい現実を取り上げた同連載は、大きな反響を呼んだ。「子どもたちを犠牲にしている大人社会の問題点が理解できた」といった声だけでなく、「新聞で取り上げているのは一部の子の話で、沖縄の子ども全体がこうだという印象を持たれて困る」といった批判も同時に寄せられた。

「批判はきちんと受け止めたいと思っています。ただ、地元紙の仕事は地域のなかに聖域をつくることでも、地域を美化することでも、問題にふたをすることでもない。壊れかけているものがあるのならば、そのことをしっかり伝えたい。そして、もっとも苦しんでいる人を追い込むことで、何かが解決したかのように振る舞う社会は妥当なのか問うていきたい」

暗闇のなかに無数の孤独が潜んでいる。それもまた、沖縄なのだ。

別れ際、新垣は私に向かってこう告げた。

「特ダネとかいう武勇伝はなくて。がっかりされたならごめんなさい」

私は「武勇伝なんてもう聞き飽きていますから」と笑いながら返したが、本当は新垣のような記者にこそ話を聞いてみたかった。

巨大で、わかりやすい「敵」と闘うばかりが記者ではない。困難な立場にある人に寄り添い、一緒に苦しみ、ともに希望を見いだす記者は、貴重な存在だ。さらに言えば、そうした記者こそが、もっとも手強い相手と対峙している。家父長制、ミソジニー、セクシズム、差別、偏見。新垣もまた、そうした見えない敵と闘い続けている。

地域の問題を追いかけながら新垣が迫ったのは、崩れそうで崩れない「日本社会」のガラスの天井だった。

「知ること」と「知ってもらうこと」

徐潮《じょちょう》（31）と初めて会ったのは2018年のことである。彼女はまだ「沖縄タイムス」の1年生記者だった。

栄町市場（那覇市）のカウンターしかない小さな飲み屋。酒の勢いもあったのだろう。徐潮は険しい表情を浮かべて、同じ社会部の先輩記者・吉川毅に語気強く迫っていた。

「なぜ、私に調査報道をさせないんですか」

徐潮は日ごろの不満をぶつけていた。入社以来、来る日も来る日も〝街ダネ〟ばかりを書かされている。しかもインバウンド関連の取材では、中国語を母語とする徐潮が他の記者の通訳を任されることも少なくなかった。

「私は通訳をするためにタイムスに入ったんじゃない。調査報道がしたいんです」

詰問された吉川は、ほとほと困った様子でグラスを傾けていた。彼はけっして立場の上下を押し付けるタイプではない。

「気持ちはわかるんだよね」

まずは同意の姿勢を見せてから、徐潮に向けて諭すように話す。

「でも、いまは様々な現場を経験する時期でもあると思うんだよ」

だが、徐潮の不満は収まらない。

その後も二人の攻防は続き、酒は進み、何の結論にも達することなくカラオケ店に突入し、明け方近くになって私たちは店を追い出された。

帰り際、吉川が夜の色を失っていく空に向かって、ひとりごとのようにつぶやいた。

「徐潮さん、いいですよね。やる気に満ちていて」

弱々しく反論し、諭し、説得しながらも、吉川は徐潮に期待していた。

私も同感だった。自分の仕事に少しの懐疑も抱かず、先輩の顔色をうかがうばかりの新人記者よりも、よほどいい。平地に波乱を起こしてこそ記者だ。私には1年生の徐潮が頼もしく思えた。大きく見えた。そして、感じたことを素直に口にできる徐潮が羨《うらや》ましかった。

あれから2年が経過して久しぶりに徐潮と顔を合わせた。私は当然、あの夜のことを話題にする。

「えっ、そんなこと言いました？　ああ、言いましたよね。あはは」

快活さは少しも変わっていなかった。

「しかし、すごいですよね、私。ほんと、偉そうだし。恥ずかしい」

現在は社会部の教育担当として、行政や学校周りを取材するほか、外国人労働者に関係する問題も追いかけている。

「教育や外国人に関する報道は、もともとやりたかった仕事なんです。日本社会で生きる外国人だからこそ、見えてくるものもある。そう信じて仕事してるんです」

言葉に迷いや躊躇《ちゅうちょ》はなかった。自信と確信を彼女は身に着けていた。

徐潮は中国・陝西《せんせい》省の小さな田舎町の出身だ。けっして豊かとはいえない家庭で育った徐潮は義務教育を終えると、工場で住み込みで働いた。そうした苦労を経て、大連（遼寧省）の外国語大学に進んだ。日本語はそこで学んでいる。

日本に特段の関心があったわけではない。もともと英語が得意だったが、人気語学なだけに学ぶ人も多かった。そこで競争相手の少ない日本語を選んだのだという。

「ロシア語や韓国語という選択もありましたが、やはり同じ漢字圏ということが決め手となりました。しかも、それでいながら中国と仲が悪いというところが、日本に対する興味を引き立てたのかもしれません」

ジャーナリズムの道を目指していたわけではなかったが、すでにそのころから発想がジャーナリスティックだった。

「不思議だったんですよ。漢字を使うというだけでなく、同じように箸を用いる文化を有しながら、互いに悪口ばかり言っている。いったいなぜ、こんなにも嫌い合うのか。それには日本を学ぶしかないなと思ったんです」

嫌う、嫌われる理由を学ぶ。必要なのは「知る」ことだ。徐潮は大学で日本を知った。たとえば、それまで徐潮が知っている日本人といえば、日中戦争における中国人の抵抗を描いた「抗日ドラマ」に登場する日本軍人だけだった。ところが、日本語専攻クラスの日本人教員は、農民を無慈悲に斬り殺す軍人とはまるで違った。

「大学に入って初めて生身の日本人と接したんです。残虐でも暴力的でもない。温厚で礼儀正しい先生たちの姿は、私が頭の中で描いていた日本人像とは遠くかけ離れたものでした」

当たり前のように受け入れてきた日本人像が崩れ、小さな好奇心が親近感に変わる。そこからまた新しい「発見」が生まれる。知る、変わる——これこそが「学び」のダイナミズムであるならば、徐潮はその王道を走っていた。

卒業後は一度日系のメーカーに就職したが「リアルな日本を見たくなって」、日本留学の道を選んだ。大阪の日本語学校に通った後、早稲田の大学院に進む。そこで選んだのが、日本のジャーナリズムを学ぶことだった。「知る」ことと同じくらいに「伝える」ことの重要性も感じていたからだ。切実に。真剣に。

「抱えていた世界観が逆転する可能性。それを示唆するのがジャーナリズムですよね」

報道の自由が認められていない中国で育ったからこそ、徐潮はそれを求めた。

大学院での生活は、まさに「世界観が逆転」する日々だった。内外の様々な新聞に目を通し、乾いたスポンジが水を得たように情報を吸収した。

「地球が見えてきた感じ」だと徐潮は言う。

若者の間でジャーナリズムへの関心や信頼が薄れていることは徐潮も知っている。それは日本も中国も同じだ。新聞を読まなくたって生きていける。新聞がなくなっても、困る人はそう多くない。

「かつての私だってそう。日本語やジャーナリズムを学ぶ機会を逸していたら、楽しいことだけを見つけて生きる〝普通の中国の若者〟だったかもしれない。でも、世界を知ってしまった。もう元には戻れない」

過去の話とはいえ、どこか切迫感すら伴った徐潮の物言いは、調査報道を自分に任せろと先輩記者に迫っていたときの彼女と重なった。生意気なのではない。私が感じたのは彼女の「跳躍力」である。貪欲なまでに「知る」ことを望み、先へ、その先へと進んでいく。柔軟でしなやかな若い才能は、立ち止まることを拒む。

大学院で2年間学び、日本のマスコミ各社を受けた。マスコミ以外の企業から好待遇で招き入れたいという打診もあったが、断った。ジャーナリズムを知ることができた日本で、ジャーナリストになりたかったのだ。

タイムスは数多《あまた》受験した会社の一つだったが、インターンで働いた際に「雰囲気の良さを知って」、どうしても入社したいと願うようになった。

入社を決めた理由はもうひとつある。

「日本の民主主義を学ぶために、その最前線である沖縄を知りたかった」

大学院時代に沖縄の歴史や基地問題についての講義を受けたことはある。だが、インターンのときに沖縄の空気や風景と接したことで、民主主義を学ぶにはここしかないと考えるようになった。

徐潮の目に映る沖縄は、いつも揺れていた。南国のゆったりしたリズムの中にも、苦痛と悲しみが、迷いと懐疑が、そして憤りが小さな渦をつくっていた。そこに民意、いや、押しつけではない民主主義を見たのだ。徐潮が「民主主義」と口にするとき、いくぶんかの〝力み〟が加わるのは、そこに希望と覚悟が込められているからである。単なる記号ではない。それは跳躍の果てにたどり着いた地平だった。

明るく振る舞い、どんな質問にも迷いなく応える徐潮だったが、一瞬、暗い表情を見せる場面があった。

沖縄で嫌な思いをしたことは？――私がそう訊ねたときである。

「嫌な思いというわけではないのだけれど……」

そう切り出した徐潮は言葉を慎重に選びながら、こう続けた。

「実は、辺野古に取材に行くことだけは、ストレスを感じていました」

タイムスでは辺野古取材はローテーションを組んで、すべての記者が担当することになっている。特に若手記者にとっては〝必須〟の業務だ。辺野古には沖縄に強いられた問題が詰まっている。様々な思いも、歴史も、国家の姿も見えてくる。いまの沖縄の立ち位置を俯瞰《ふかん》できる場所でもある。

だが、徐潮はその仕事がつらかった。気が重たかった。

「私が中国人だから」

それが理由である。

新基地建設で揺れる辺野古は、国家権力と民意が正面からぶつかる民主主義の〝最前線〟だ。それだけに基地建設を進めたい側から発せられる様々なデマと中傷が、辺野古の実像を歪《ゆが》めてきたことは本書でも指摘してきた。

なかでも代表的なデマは、何の根拠もない「中国脅威論」である。辺野古における基地建設反対運動が「中国の指揮下にある」といったデマは、もはや〝定番〟だ。

右翼やレイシスト集団が辺野古に押し掛け、座り込む人々に「中国人は出ていけ」と罵倒する光景も珍しくはない。実際は中国人の姿などないにもかかわらず、あえて「反中国」の差別感情を煽《あお》ることで、基地建設反対運動にダメージを与えようとしているのだ。

徐潮は自身が辺野古に出向くことで、右翼に攻撃の材料を与えてしまうことを恐れた。

「座り込んでいる人々に迷惑をかけてしまうんじゃないかと思ったんです。右翼などからすれば、中国人の記者がそこにいるだけでも攻撃の口実とするでしょう。そもそも彼らは〝反対運動に中国のカネが流れている〟といったデマを繰り返し叫んでいるのです。だからこそ私の存在が辺野古に、いや、沖縄への偏見につながるのかもしれないと考えたら、足がすくんでしまったんです」

だが、少なくとも座り込んでいる人々は徐潮をひとりの記者として当たり前のように受け入れてくれた。それが救いだった。

おかげで当初ほどの「ストレス」は感じなくなっているが、いまでも辺野古に出向く際は少しばかりの気負いを感じているのは事実だという。

それだけではない。徐潮はけっして多くは語らないが、日常の取材活動においても、中国人に向けられた「独特の視線」に戸惑いを覚えることも少なくない。

名刺交換するとき。電話で取材を申し込むとき。自分がタイムスの記者であることを名乗っても、「どこの人?」「何人?」「出身はどこ?」と属性を聞かれるのは日常茶飯事だ。

なかには「中国人は嫌い」だとはっきり口にする人もいる。

尖閣諸島をめぐる領有権問題もあり、対中感情の悪化は沖縄とて例外ではない。

右翼による反中街宣は誰にとっても見慣れた光景だ。「本土」のレイシスト集団も沖縄まで出向いてデマの流布に余念がない。那覇市内では定期的に〝中国人排斥〟の街宣をおこなう集団も現れた。コロナ禍にあっては、「チャイニーズは歩く生物兵器」だと訴えるヘイトスピーチを那覇市役所前で繰り返したのである。

18年の沖縄県知事選でも、玉城デニー（現知事）に対するすさまじいネガティブ攻撃が加えられたが、その多くが〝中国がらみ〟だった。選挙期間中には「デニーの背後には習近平がいる」といった言葉がネット上にあふれ、現在に至るも「これで沖縄は中国に侵略される」といった文言が流布している。県内主要都市で、中国の脅威を煽ったDVDが各戸のポストに投函されたこともあった。チベット弾圧などの映像を交えながら、地元では知られた女性保守活動家が「中国の侵略のターゲットは沖縄です」と訴える内容だ。

私が「中国脅威論」のデマに関する取材をした際、沖縄国際大学教授の佐藤学（地方自治、アメリカ政治）から以下のようなエピソードを聞いた。

ある学生がひどく深刻な顔をして佐藤の研究室を訪ねてきた。何事かと聞いてみれば、学生は突拍子もないことを口にした。

「先生、『中国人観光客が一斉に武装蜂起するかもしれない』とメールが回ってきたのですが、本当でしょうか」

佐藤は「開いた口がふさがらなかった」と深いため息を漏らした後、私に向かってこう告げた。

「想像以上に中国脅威論は浸透しているかもしれない。しかも、それは中国人に向けた差別感情とセットになっています。街中でゴミが落ちていれば中国人のせいだと言う学生もいる。中国人観光客など来ないような場所に落ちていたゴミですら中国人のせいにするのですから、相当に強い偏見がある。一部の学生は、沖縄の現在の貧困問題すらも、親中派の知事によって引き起こされたのだと信じている。要するになんでもかんでも中国のせいにしておこうという回路が存在しているのですね」

こうした差別と偏見が、ときに徐潮にも向けられる。記者であることよりも、ひとりの人間であることよりも、その属性が問われてしまうのだ。

だが、徐潮は「脅《おび》えていてもしかたない」のだと、あるいは自分を鼓舞するかのように明るい声で答えた。

「そこはもう、開き直るしかないと思うようにしました。むしろ、嫌いなのだとはっきり言ってくれたほうがありがたい。それで会話の端緒をつかむことができるし、私という中国人を知ってもらえるチャンスでもありますから。それに、名前だって覚えてもらえる」

偏見を抱えた人物と向き合う際、徐潮は自身の学生時代を思い出す。抗日ドラマに出てくる残虐な軍人こそが日本人なのだと思い込んでいた自分も、生身の日本人と出会うことでイメージを塗り替えた。

知ること。知ってもらうこと。そうすることで世界観は逆転する。過去の経験が徐潮に勇気を与える。

実際、中国人嫌いを公言する取材相手に食らいつき、その人物と結局は飲み友達になったこともある。

「私に向けられた反感も嫌悪も、そして取材拒否も、私にとっては貴重な経験の積み重ねなのかもしれないですよね」

そしてこう続けるのだ。

「衝突は化学反応。何かが変わったり、何かが新しく生まれたり。それを促すことが私の存在価値なのかも」

何もそこまでひとりで背負い込まなくても。私はそう思いつつ、しかし、徐潮の覚悟を思った。

跳躍を重ね、いま、彼女は自分自身と闘っている。ジャーナリズムという舞台で。民主主義の最前線で。徐潮はこれからも跳ね続ける。

酔って先輩記者に詰め寄った調査報道の夢も、きっとかなえるに違いない。

沖縄で鍛えられた記者ですから――帰り際、徐潮は私にそう言った。

少しばかりの無理と決意が同居した、清々しい表情がそこに浮かんでいた。

元ギャルが見つけた新しい報道の形

「ウチの会社で何をしたいのか」――。

「沖縄タイムス」の入社試験。面接担当者にそう問われた與那覇《よなは》里子《さとこ》（38）は、何の躊躇《ためら》いもなく答えた。

「ギャル向けのイベント」

担当者は少しばかり怪訝《けげん》な表情を浮かべた。

與那覇はその時点で記者職に興味はなかった。希望していたのは事業担当。つまりイベント企画である。

ジャーナリズムについて深い知識も関心もなかった。新聞社であれば、若者のカルチャーを広く伝える場を提供してくれるのではないか。「たとえばパラパラ（00年代にクラブで流行したダンス）のイベントができれば面白いと思ってた」。そうした動機で、自身もまた「ギャル」だった與那覇は同社の試験を受けたのである。

しかし担当者の口からは意外な言葉が飛び出した。

「記者のほうが向いてるんじゃないですか？」

おそらく何かの〝資質〟を見いだしたのだろう。

結局、與那覇は記者として採用された。

ジャーナリズムに関心のなかった與那覇は、いまやタイムスきっての〝デジタル担当記者〟としてウェブ記事の発信を続けている。

たとえば與那覇が手掛けた仕事として社内外に広く知られるのは、沖縄戦中の生存者と戦没者の足取りを追った「沖縄戦デジタルアーカイブ～戦世（いくさゆー）からぬ伝言（ちてーぐとぅ）」（首都大学東京〈当時〉渡邉英徳研究室、GIS沖縄研究室との共同制作）。地元紙ならではの機動力と調査能力を生かした〝見応え〟あるデジタル作品である。新しい沖縄戦の記録に戦没者の位置情報を加えたことで、視覚にも訴えるつくりとなった。新しいジャーナリズムの可能性、ウェブ報道の道筋を示したことは各界から高く評価され、2016年には「ジャーナリズム・イノベーション・アワード」最優秀賞を受賞した。いわばデジタルジャーナリズムの頂点を極めたことになる。ギャルイベントをやりたくて新聞社を目指した與那覇が、入社9年目にたどり着いた地平であった。

私が與那覇と初めて会ったのは、同賞授賞式が行われた「デジタルジャーナリズム・フォーラム2016」の会場である。同フォーラムには新聞、テレビ、ネットメディア各社から総勢400人が参加し、デジタル時代のジャーナリズムの在り方などが議論された。

私と與那覇はこのとき、それぞれ別のセッションで登壇している。

私はNewsPicks編集長の佐々木紀彦、BuzzFeed Japan編集長の古田大輔（肩書はいずれも当時）とともに「ウェブメディアでジャーナリズムが成立するか」といったテーマで議論した。〝デジタル音痴〟の私がパネリストとして呼ばれたのは狂言回しの役割を期待されたからだ。「紙代表」で化石のような私は、前述の二人にやりこめられるという筋書きを、しっかり演じた。週刊誌記者の駆け出しだったころ、先輩記者に「筆圧が低い」と手書き原稿を破り捨てられた経験を持つ私は、いまだ「紙文化」に呪縛《ただ》され、無駄に後れを取っている。デジタルに対する〝食わず嫌い〟を糾されても当然だった。

一方、與那覇は「デジタル時代の『地方』を考える」セッションに参加。これまでの取り組みを紹介しつつ、「ウェブ記事では地元沖縄だけでなく、オールジャパンに届く言葉を意識している」と熱く訴えた。しかもこのとき、ウェブ報道の最高賞を受賞しているのである。〝紙の会社〟でデジタルを駆使し、しかも報道の意味も意義も十分に理解しながら成果を積み上げてきた與那覇が、私にはただただ眩しく見えた。

私がそのことをあらためて伝えると、與那覇は「いやいや」と首を横に振り、続けてこう言った。

「そもそも、この会社がなんで私なんかを採用したのか、いまだによくわからないんです。本当に謎」

そして「へへへ」と、いたずらっ子のような笑みを浮かべる。

中学生のころから「ギャル」に興味を持っていた。愛読していたのは「Popteen」や「egg」などのギャル雑誌。

「楽しそうじゃないですか。自由でポジティブ。そして群れない。自分一人で『自分、サイコー』と言える世界。それがギャルなんです。個人のアイデンティティーが確立されている」

ギャルは世間や大人に媚《こ》びない。ファッションもメイクも、誰かに見せるためではなく、自分自身を奮い立たせるためのものだ。自由のための武装。学校という存在が放つ同調圧力を窮屈に感じていた與那覇にとって、大人社会に屈しないギャルは輝いて見えた。

高校生になって髪の毛を金色に染めた。原色系のデザインで知られるギャル御用達ブランド「ココルル」の服を買った。ギャルデビューである。那覇の国際通りを闊歩《かっぽ》した。

「でも、沖縄では完全な少数派。規範から逃れようとする人は、ほとんどヤンキーの道に走りますからね。私、完全に浮いた存在でした」

がはじまる。

高校を卒業して千葉大に進学した。関東に移り住んだことで、本格的な〝ギャル活〟

当時、ギャルの聖地といえば渋谷のファッションビル「109」。連日、千葉から渋谷の〝マルキュー〟に通った。ギャルファッションに身を包み、ギャルイベントに参加した。ギャル文化にどっぷり浸かるなかで、世間の白い目を感じることもあった。

「ギャルって、世間からは下に見られているんですよ。女性であることはもちろん、異端、異質なものを排除したがる日本社会の排他性も意識しました」

大人たちの見下したような視線、女性に対する偏見は何度も味わった。ギャル仲間はイベント会場を探すのにも苦労していた。ギャルというだけでバカにされるのだ。だからこそ、新聞社のような〝公器〟がイベントを手掛けてくれればありがたいと思った。

「そうすれば社会も変わるかもしれない。世の中がもっと面白くなるのかもしれない。そう考えたんです」

浮ついた気持ちでタイムスの試験を受けたわけではない。志望動機には切実な意味も込められていたのである。

ちなみに千葉大の卒論は「ギャルの研究」。数学の専攻だったが、「数学に挫折してギャルに乗り換えた」という。

入社後に配属されたのは子ども新聞の「ワラビー」だった。その後、社会部で教育や辺野古埋め立ての環境アセスメント問題などを担当。自ら希望してデジタル部に異動したのは14年だった。

そのころまだ、多くの新聞社にとってウェブ記事は紙の付属物でしかなかった。すでにネットの影響力が注目されていたが、あくまでも紙へ誘導させるための存在に過ぎない。

こうした紙とデジタルの〝主従関係〟に、與那覇はずっと疑問を持っていた。きっかけはスマホの登場だ。07年に「iPhone」が発売されて以来、携帯電話はスマホが主流となった。掌《てのひら》に収まるパソコンを持ち歩くという感覚は、人とメディアの接し方を変えた。ニュース記事を「読む」のではなく、「見る」人が急増したのである。

「これ、ヤバくないか？」。社会部時代、スマホの流行に対して與那覇が感じたのは、ある種の危機感である。

「スマホを凝視していたら怖くなったんです。新聞はこれと闘わなくちゃならないんだ、って」

世の中の動きに敏感であることも與那覇の強みだ。ファイティングポーズを崩さない猟犬のような記者もいれば、指先を風に当てて明日の天気を予言する職人のような記者もいる。與那覇はスマホから新聞の明日を占った。

新聞社には私のような〝ネット嫌い〟が少なくない。だが、内実は不勉強なだけだ。

「紙」にこだわるのは、鈍感である自分を否定されたくないからである。

与那覇はそうした空気があることを社内にも感じていた。

「社会部時代は、周囲に関心を持つ人は少なかった。でも、私はデジタルの世界を知らなければ生き残れないと思ったんです」

誰に頼まれたわけでもなく、デジタルやウェブ報道に関する書籍を買い込み、片っ端から読破した。知識を増やし、頭の中で将来の新聞像を組み立てた。

けっしてジャーナリスト志望ではなかった与那覇だからこそ、発想が柔軟だった。しなやかだった。

怖じけない、偏見を持たない、興味があれば理屈抜きで食らいつく。そして、あきらめない。それが、ギャル道を歩んだ与那覇の〝背骨〟である。

デジタル部に移った与那覇はウェブ記事を根本から見直した。

それまでデジタル部の仕事は紙に掲載された記事をウェブに転載することだった。ネットユーザーに興味を持ってもらい、紙へと誘導することじたい、けっして間違ってはいない。だが、それだけでは面白くない。与那覇が考えたのは〝ネット独自〟の記事発信である。いまや多くの新聞社が取り組んでいることではあるが、そのころ紙媒体によるネット先行記事はまだ珍しかった。そもそもデジタル部に「記者」は存在していなかったのだ。

「紙数の都合で掲載されない記事があります。あるいは、新聞では難しいけれどウェブであれば掲載できる記事もある。そうしたものをどんどん発信していこうと決めました」

一方で、新聞社としての矜持《きょうじ》は忘れないようにした。あくまでも取材に基づいた記事であることにこだわった。

「ぎりぎりのところで新聞が信用されているのは、蓄積された情報と、きちんとした取材力があるからだと思います。一部には、取材もしないで発信を続けるネットメディアもありますし、ツイッターの書き込みを転載しただけの記事を発信しているメディアもある。ネットであろうが、そこで発信されるものは、責任を持った〝報道〟でなければいけない。公益性があり、検証可能な取材記事の発信。それが私なりに考えたジャーナリズムです」

與那覇はウェブ記事を新聞の「余芸」にはしなかった。

実は紙以上のスキルも必要とする。読まれるためのポイントはどこに置くべきか、切り口はどうするか、最後まで読んでもらうために文章をどう構成するか、常に考えなければならない。デザインや写真の使い方にも気を配る。読者の家に毎朝配達されるものではないのだ。広大なネットという原野の中から「見つけてもらう」必要がある。かといって面白ければいい、というわけでもない。いいかげんな記事は新聞社の看板が許さない。

筆力、取材力、そして演出力。これらによほどの力量がなければ務まらない仕事である。このあたり、ストレートニュースで「抜く」ことだけが新聞社の役割だと考えている記者には、なかなか理解してもらえないことでもあろう。

デジタル部で初の専任記者となった與那覇は〃我が道〃を行く。従来通り新聞記事をネットに転載するだけでなく、自ら取材し、原稿を仕上げ、〃ネット発〃の記事を発信した。

ネタに縛りはない。街ダネから政治、経済まで、與那覇の感性に響くものがあれば、どんな事象でも取り上げた。

県内でラーメンが流行《はや》っていると聞けば、各地のラーメン店を回った。たびたび「本土」のメディアが取り上げる「沖縄の荒れる成人式」も、表層ではなく、その背景や内実に迫った。

ときに、紙→ウェブという流れをひっくり返した。

たとえば14年4月から始まったウェブ連載「沖縄のネイルサロン、東京に次いでなぜ最多?」はネイルサロンと生活経済の関係を追ったものだが、途中経過を一度紙面に反映させ、記事の最後に、続きはウェブで読んでほしいと記した。

これまでとはまったく違った〝逆流〟の仕掛け。紙の読者をウェブに誘導したのである。

デジタル部に異動して以来、こうした試みを繰り返してきた與那覇は、県内のみならず全国で注目されるようになる。当然と言えば当然のことでもあった。ウェブ記事は読者の居住地に関係なく世界中に発信される。ライバル紙と「抜き」を争う紙の記者とは違い、市場は無限だ。しかも署名やプロフィールを掲載することで「誰が書いたのか」が注目される。読み応え、見応えのある記事であれば、瞬く間にSNSで〝拡散〟され、書き手の名前が多くの人の間で共有される。

ヤフーをはじめとする大手ウェブサイトが與那覇に注目し、社外での執筆をも依頼するようになった。

しかし與那覇は単にアクセス数を稼ぐだけの記事を量産してきたわけではない。守ってきたのは取材による裏付け。そして、地元紙である以上、どんなテーマであっても沖縄に引き寄せて報じた。また、他地域の閲覧者を意識し、沖縄の視点を伝えることも忘れなかった。地元紙記者としての基本動作をかたくなに守り続けたのである。

待機児童問題を報じたときは、ネットによるアンケート調査をおこない、県内各地で働く女性たちの生の声をまとめた。

19世紀末まで沖縄女性が手に入れ墨を彫る文化（ハジチ）があったことを記事にした

際は、沖縄に対する差別や偏見が文化の継承を阻んだという視点を織り交ぜた。

沖縄戦戦没者を慰霊する20年の「慰霊の日」には、事情があって糸満市の平和祈念公園を訪れることができない人を募り、記者が代わりに「平和の礎」を訪ねて「オンライン参り」するといった企画を後輩記者とともに実施した。

そうしたなか、やはり與那覇の真骨頂が発揮されたのは、前述した「沖縄戦デジタルアーカイブ～戦世からぬ伝言」（15年に公開）であろう。

きっかけは同僚記者との何気ない会話だった。

「沖縄戦に関して、もう少し視覚的に訴える記事が欲しい」

「でも写真や図版を大量に載せると紙面が窮屈だよね」

こうしたやり取りをするなかで與那覇が思いついたのが、特設サイトによる沖縄戦報道だった。

沖縄紙は毎年、記憶の風化を防ぐためにも、慰霊の日に合わせて沖縄戦の特集記事を掲載している。

これを新聞離れの進む若年層に読んでもらいたいと與那覇は考えた。

「良し悪《あ》しの問題ではなく、実際、若者はニュースをネットで〝見ている〟現実がある。風化させてはいけないからこそ、そうした人々に届く〝伝え方〟も編み出さないといけない。沖縄戦報道の柱となるのは生存者の証言ですが、それを書き連ねるだけだと、なかなか読んでもらえない。戦死者はどこで亡くなったのか、どのような状況だったのか、それらを視覚に訴えることで、戦争の悲惨さもよりわかりやすく伝えることができるんじゃないかと思ったんです」

目指したのは沖縄戦の追体験だ。

同僚記者の協力を得て、地図に当時の避難経路を書き込むことから始めた。証言を聞き取り、その足取りを地図上で照合する。さらに戦没者名簿のデータを活用し、どこでどれだけの人が亡くなったのかといったデータも地図に落としこんだ。

ビジュアル面での〝仕掛け〟も多用した。沖縄戦当時の写真はもちろん、現在に至るまでの航空写真も用いて〝過去といま〟をリンクさせる。戦争体験者の証言も、顔写真をクリックすると取材時の動画が流れるようにした。

いわゆる「イマーシブ（没頭）」と呼ばれる手法である。

読ませる。見せる。想像させる。そして沖縄戦とは何であったのかを考えさせる。新聞社ならではの取材力と技術力がフルに発揮されたコンテンツだった。

——與那覇さんなりのジャーナリズムがここで表現されたわけですよね？

私の問いに與那覇は「そうかなあ」と首を傾《かし》げた。

「結果としてそれがジャーナリズムだと言われればそうなのかもしれないけれど、私にはもともと、新聞記者はこうあるべきだという先入観がなかったんです。だからこそ前例にとらわれることなく自由にできたのだと思います」

その通りなのだろう。「ギャル」として生きてきたころから、お仕着せの価値観に従うことはなかった。自由で柔軟な発想こそ與那覇の持ち味であり、それが新しい報道の形として結実した。

だが、それだけじゃない。與那覇は沖縄で仕事をする新聞記者として、大切にすべきものを理解している。

「沖縄戦という惨禍の記憶を引き継ぐこと。そしてその傷跡と闘ういまの沖縄を伝えること。絶対に譲ることのできない、沖縄紙の役割ですから」

あるべき姿にはこだわらない。だが、やるべき仕事は知っている。基地と戦争にこだわり続ける記者たちの姿を見ながら、その思いはますます強くなったという。経験を積み重ねるなかで地方紙としての立ち位置を学んできた。

だからこそ沖縄をめぐるネット上の根も葉もないデマや偏見にも、毅然《きぜん》と立ち向かう。沖縄を貶めるネトウヨの言説に関するコラムで、與那覇は「地方の問題は全国の土俵に載せないと、問題を共有してもらえない」としたうえで、最後にこう記した。

〈地元のことを知るには、やはり地方紙が近道だ。地方紙、もっと読もうぜ！〉

「何でも見てやろう」

菅義偉《すがよしひで》政権の誕生間もないころだった。琉球新報東京支社に滝本匠《たきもとたくみ》（47）を訪ねた。滝本は2年半の東京駐在を終え、那覇の本社に戻るための引き継ぎ作業に追われていた。

取材現場では何度も顔を合わせてはいるし、私自身が取材を受けたこともある。だが、滝本自身の話を聞くのは、その日が初めてだった。

東京支社の報道部長として、主に永田町周りを取材してきた。政権の顔が代わったばかりである。当然、沖縄に向けられた新政権の〝視線〟について聞いてみたくなる。菅が官房長官だった期間、滝本は議会取材や記者会見を通して、その〝人となり〟を見てきた。

「沖縄のことに限ったことではないけれど」

そう前置きしたうえで、滝本は続けた。

「菅さんには体温のようなものを感じないんですよね。おそらく沖縄への思い入れも、こだわりもない。ましてや沖縄の民意を強く意識したこともないんやろうなあ」

つまり、何も考えていない。私が相槌《あいづち》代わりに応答すると、滝本は「そんなもんかもしれない」と苦々しい表情を浮かべた。

例えば、こんなことがあった。

2018年11月15日の参院内閣委員会。官房長官だった菅は、米軍普天間飛行場返還の日米合意に至る経緯について問われた際、次のように答えた。

「今から22年前に〝事故〟があり、橋本龍太郎元首相とモンデール駐日大使との間で県内移設が合意された。政府としては危険除去をなんとしてもやり遂げたい」

普天間飛行場の「危険除去」が目的だとして、辺野古（名護市）基地建設の正当性を主張したのだ。

それ、ちゃうやろ——滝本は思わず叫びそうになったという。

「返還合意のきっかけは米兵による少女暴行事件です。〝事故〟ではなく事件なんです。辺野古移設の意義を示す狙いもあって事故の『危険除去』を強調したのかもしれませんが、完全に事実のすり替えです」

本書で何度も触れたように、「事件」が起きたのは1995年だ。沖縄は島ぐるみで怒りと悲しみを訴えた。それが普天間移設の〝入り口〟となった。

しかし菅は、こうした経緯を無視して「事故の危険性」を理由に挙げたばかりか、野党議員の反論に対しても「事件もあったが、その以前に事故があったことも事実ではないか。その点で移設の要望があったことも事実だ」と、あくまで事故を理由として普天間返還の要望が地元から上がっていたと述べたのだ。

すり替えどころか事実の捻《ね》じ曲げに等しい答弁だった。

滝本が漏らした「体温を感じない」という言葉は、この一件とも重なる。米軍に奉仕し、そのためには歴史をも歪める菅の、いや、政権の沖縄に対する冷淡な態度が、そこに表れていた。透けて見えるのは、どんな理由を設けてでも辺野古に基地をつくりたいという意志と、人間の尊厳に対する鈍感さだ。

この時、滝本は早速、菅の認識をただすファクトチェックの記事を書いている。

「すぐに反論しなければならないと思いました。こんな誤った認識を放置するわけにはいきませんしね。そもそも事故の危険除去をいうのであれば、事故数では嘉手納基地のほうが普天間を上回っている。ならば嘉手納を返還するんかい、ということですよ」

2年が経過したいまでも、滝本は怒っていた。「辺野古移設」だけが目的化し、そのためにどのような理屈をも動員する政府に腹を立てていた。

「安倍さん（前首相）も沖縄に寄り添いたいと繰り返し述べていたが、結局は口だけだった。ただただ空虚なものしか感じない」

怒りの矛先は同業者にも向かう。

「全国紙など他メディアの政治部記者も同様ですよ。沖縄に敵対しているというよりも、最初から関心がない。官房長官会見などで、こちらが沖縄の基地政策について質問しても、早く終わらせろと言わんばかりの視線を感じることもありました。少なくとも政治部マターで沖縄が話題となるのは、政局が絡んだときだけです」

そもそも前述した「菅答弁」に関しても、記事にしたのは沖縄2紙だけだった。関心も薄ければ感度も低い。滝本が東京勤務で感じたことのひとつは、やはり「体温」を感じさせないメディアの姿だった。滝本はこれを「在京メディアの壁」だと評した。どれだけ力を込めて球を投げても壁にはね返される。自らが投げた球を自らで拾うしかない無力感は、記者の気持ちを萎《な》えさせる。

だが、憤《いきどお》りを感じながら、ときに脱力しながら積極的に沖縄が抱える基地問題を質問し続けてきたのは、それが「同業者に向けたメッセージでもあったから」だ。

「あんたらはスルーするかもしれへんけど、沖縄にとっては大事な問題なんですよ、それに日本社会の問題でもあるんですよと、そんな副次的な狙いもあって、政府に質問をぶつけてきたんです」

答えを引き出すことだけが仕事ではない。新聞記者はときに主張する。無視するな、直視しろと訴える。

「そうでもしないと沖縄の現状は伝わらんからねえ」

アクセントに泉州なまりが混じる。大阪・岸和田の出身だ。関西を離れてから20年以上経つが、岸和田の方言は抜けない。

学生時代はメディアに強い関心があったわけではなかった。

京都大学農学部から同大学院に進み、「ギターの研究」に取り組んだ。ギター製造に用いられる木材の違いが、音色にどのような影響を与えるのか、どんな違いがあるのか。様々な木材を集め、薬品を用い、材質の変化とギター音色の関連性に関して実験を繰り返した。

フォークソングが好きなギター少年が、いつしかマニアックな領域に踏み込んでしまった。

「アリスや中島みゆきのコピーばかりしていた。四条河原町の路上で弾き語りしていたこともあります」

意外だった。私が取材現場などで目にしてきた滝本の姿は、獲物を虎視眈々《こしたんたん》と狙う猛獣のようなものだった。熱が入ると早口の泉州弁でまくしたてる滝本から、マイナーコードのフォークソングを感じ取ることは難しい。私には河原町の雑踏の中で中島みゆきの歌をつま弾く滝本の姿が、どうしても想像できなかった。

そんな滝本がどのようなコード進行を経て沖縄の新聞社で働くことになったのか。

「まあ、えらそうなことばかり言ってますけど、ぼく自身、新聞社に入るまでは沖縄に対する関心が高かったわけではないんです。沖縄と聞いてぱっと頭に浮かぶのは航空会社のポスターとか、水着姿のキャンペーンガールとか、その程度。知識として、かつて戦場になった島だってことが頭の片隅にあるくらい」

リゾート時々戦争。私自身も含め、「本土」の描く沖縄は今も昔もそれほど変わらない。多くの人にとって。

滝本が学生時代に「ギターの研究」と並んで熱中したのがダイビングだった。大学1年のとき、八重山諸島の黒島に滞在した。熱帯魚の研究をしていた先輩に「研究を手伝ってくれたらタダでダイビングができる」と誘われた。そこで沖縄の自然に魅せられた。以来、時間と金に余裕ができるたび、沖縄に足を運ぶようになる。

そうしたなか、95年に米兵による少女暴行事件が起きた。繰り返すが、この事件の衝撃は大きかった。当然だ。少女が犠牲となったことで、それまで米軍によって、あるいは日本政府によって踏みにじられてきた人間としての尊厳に火がついた。歴史の記憶が人々を動かした。

翌96年の9月8日、日米地位協定の見直しと米軍基地の整理・縮小について賛否を問う県民投票が行われた。都道府県レベルでは全国初の住民投票だった。結果、投票者の約9割が賛成票を投じた。それこそが沖縄の民意だった。

県民投票が実施された日、滝本はたまたま那覇に滞在していた。そのころ、滝本にとって那覇は慶良間諸島でダイビングするための中継地点に過ぎなかった。

「街中がなにかの渦に巻き込まれているような雰囲気を感じた」と述懐する。

「単なる熱気ではない。祭りの時のような高揚感でもない。ぐつぐつと煮え立つような感覚。なにかものすごい勢いで歴史が動いているようにも感じました」

後にこれが怒りであり、希望でもあり、苦痛に耐えかねた叫びでもあることを、滝本は知る。疼《うず》くような思いを人々は県民投票に託していた。

もちろんその当日に、すべてを理解したわけではなかった。だが、通い慣れた沖縄に、見落としてきた風景があることを知った。無視してはいけない歴史があるのだと悟った。

その日の夜、県庁と国際通りに挟まれた路上で、当時報道番組のキャスターを務めていた筑紫哲也が「沖縄の熱くて長い一日」をリポートしていた。照明の強い光を当てられて、筑紫の姿が青白く浮かび上がる。「沖縄の意思」を訴えていた。

「それを見ながら、現場から〝伝える〟ことの意味を考えていました」

沖縄の立ち位置に思いを馳《は》せつつ、ほとんど関心のなかった報道にも興味を抱くようになった。

新聞記者への入り口は、沖縄にあった。

「新報」に入社したのは98年。全国紙や通信社などいくつかのメディアの試験を受け、結局、入り口を示してくれた沖縄に落ち着いた。

記者2年目。警察取材に明け暮れるなか、滝本は「ジグソーパズル」と題したコラム記事を書いた。事件報道を繰り返す過程で、事件の全体像をつかむため、様々な素材や断片をかき集める自身の姿を描いた後、このように記した。

〈パズルの全体像はどんなものか、いったいどこまでパズルの完成図に近づけているのか。ピースの数も分からない、カギとなるピースはどれなのか…。背中のかゆい部位に手が届かないようでいてもどかしいが、パズルがどんな絵なのか知りたければピースを集めるよりほかない〉

刑事同様、細かな証拠や事実（ファクト）を積み重ねていく事件記者の日常に触れたものだが、ピースが欠けたままには全体像に迫れないのだと考える若き日の滝本の意気込みが、そこには投影されている。

滝本はその後もピースを拾い続ける。自身の目と耳と足で確認するまでは絵を完成させないという〝作法〟を押し通す。

たとえば入社4年目で配属された八重山支局（石垣市）時代。

滝本自身が「記事の主役」になったことがある。

03年9月20日付の「毎日新聞」（大阪本社版）は次のように報じた。

〈琉球新報の記者が尖閣諸島に上陸　「個人的興味で」と説明
日本が中国、台湾と共に領有権を主張している沖縄県・尖閣諸島の一つ、魚釣島に、沖縄県の地元紙、琉球新報の八重山支局長（30）が今月7日、同県石垣市議（53）と一緒に上陸していたことが分かった。支局長は「取材目的ではなく、現状を見てみたいという個人的な興味から、休暇を取って初めて上陸した」と説明している。
支局長によると、7日午前0時ごろ石垣港から北へ約150キロ離れた島へ漁船で向かい、午前9時40分ごろ上陸。約3時間滞在し、島内を見て回った。第11管区海上保安本部（那覇市）は、周辺海域に巡視船を派遣して警戒し、上陸前には立ち入り検査を実施。「国や所有者の民間人の意向に反するため、上陸しないように」と指導していた。石垣港に戻った後、支局長と漁船の船長（65）から事情を聴いた。
琉球新報の宮良健典編集局長は「休暇中で関知していなかった。個人的とはいえ、許可を得ず上陸したことは残念。本人に口頭で注意した」とコメントした〉
同記事における「八重山支局長」とは滝本のことである。
「毎日」以外の各紙からも、スキャンダラスな扱いで記事にされた滝本の「尖閣上陸」であったが、当人からすれば「何も見ないで記事を書くのもおかしいんじゃないか」と考えた結果の行為だった。つまり、パズルのピースを探しに出かけた先に尖閣があった。

「現場を見たかったから足を運んだ、という以外に説明がつかんのですわ。小田実さんじゃないけれど『何でも見てやろう』ってことです」

地元市議が漁船で尖閣に行くと聞いた時、迷うことなく「同乗」を申し出て、許可を得た。実はその際、会社には「尖閣上陸ができるかもしれない」と報告はしている。だが、会社は「海上保安庁の許可を取ったのか」と聞いてきた。むろん、許可など取っていない。そもそもなぜ取材するのに「許可」が必要なのかも理解できなかった。わかったことは、会社がこうした取材を求めていないということだけだった。

だから休みを取り、誰の承諾を得ることもなく、漁船に乗り込んだのである。

「石垣に戻ると早速、他社の記者から電話があって『尖閣に上陸したんですか?』と。もうバレてしまったんかいと思い、すぐに会社に連絡したんです。『尖閣に上陸したんで他社が取材に動いてます。会社としても何かコメント求められるかもしれないので、よろしくお願いします』って伝えたら、『お前、行ったんかい!』って突っ込まれて」

休暇中のことだから、記事にするつもりはなかった。上陸してみれば、山羊が駆け回るだけの無人島でしかない。こんな小さな島をめぐり、日中両国のナショナリズムがぶつかりあっているのだ。滝本はそれを実感したに過ぎない。

ただ他紙が報じた通り、国は尖閣への無断上陸を認めていない。物議を醸すのは必然だった。

だが、国境に近い〝最南端の記者〟として、現場を一度も見ることなく「尖閣問題」を報じ続けることが、滝本にはできなかった。

欠けたピースを探すためであれば荒波をも越える。そうやって記者の道を歩んできた。

〝デマの放置〟で失われるもの

「こんなものを放置しといていいのか」――。

滝本の警戒心がいつになく反応した。

名護市長選挙がおこなわれた18年2月。選挙戦の最中、ネットの書き込みを見ていた滝本は思わず天を仰いだ。明らかにデマとわかる情報が、燎原《りょうげん》の火のごとく広がっていたのである。

同市長選は全国的にも大きな注目を集めていた。名護は新基地建設で揺れる辺野古を抱える。辺野古基地建設を進めたい安倍政権（当時）と、建設反対を掲げる「オール沖縄」との〝代理戦争〟と目されていた。それ故に、両陣営は国政選挙並みの総力戦を展開していた。

そうしたなかで異様なほどに目立ったのが、ネットを中心に流布したデマ情報である。その多くは、辺野古基地建設に反対する「オール沖縄陣営」が推す現職候補に向けられたものだった。

代表的なデマの一つが、名護市で春季キャンプを実施するプロ野球球団・日本ハムが撤退するというものだった。撤退の理由は現職市長の責任とされ、ネット上では「オール沖縄勢力が勝利すれば日本ハムは永遠に名護には戻ってこない」とする書き込みが相次いだ。

実際には施設改修のための一時移転に過ぎなかったが、「日ハム撤退」情報は、地元に大きな動揺を与えた。それが有権者にどのような影響を与えたのかは不明だ。だが、選挙中であることを理由に、メディアは明らかにデマであるとわかっていても、これを記事にしなかった。デマを放置した。

滝本はため息をつくしかなかった。いや、地元を知る多くの記者が同じ思いであったはずだ。

選挙報道に求められるのは公平性だ。記事の行数から写真の大きさ、顔の向きまで候補者ごとにそろえることが慣例となっている。一方の陣営がデマ攻撃を受けているとしても、報道機関がそこに介入すれば、特定候補への〝肩入れ〟だとみなされてしまう恐れもあった。

「だが、デマや誤情報が有権者の投票行動に影響を与えてしまうとすれば大きな問題です。メディアに求められる本当の公正さとは何か。考え込まざるを得なかった」

そうした疑問から生まれたのが、後に高い評価を得ることとなる同紙の「ファクトチェック報道」だ。

もともと沖縄はデマや中傷の標的とされてきた。私が本書を書くきっかけとなったのも、作家・百田尚樹による根拠なき沖縄攻撃であることは、繰り返し述べてきた。

「本土」出身の滝本もまた、沖縄メディアで働く機会を得て、それまで知る機会の少なかった沖縄をめぐるデマや中傷と対峙することになる。

「考えてみたら、沖縄はずっと蔑《さげす》まれてきたのかもしれない。特にネットによる誹謗《ひぼう》中傷はひどかった。掲示板への書き込みなどは、沖縄を貶《おとし》めるデマ情報で埋まっていた」

沖縄は基地でメシを食っている。国に甘えている。外国勢力の支配下にある。こうした差別意識に基づいたデマは、沖縄の実像を歪めていた。

「けれども、かつては社内では『そんなものは無視しておけ』という空気があった。ネット空間は〝オタクの世界〟であり、そんなことより現実を追いかけることのほうが重要なのだと認識されていたんです。確かに、日々のニュースに振り回される日常にあって、デマごときにつきあう時間をつくりだすことは難しい。ですが、デマをスルーすることで現実が歪められるとすれば、それもまた問題ではないか。デマの放置は、容認につながってしまう。結果として民主主義の根幹すら脅かされる」

滝本をはじめ、社内の一部にあったこうした思いが、ファクトチェック報道に結実した。

地方紙としては初の試みともいえる選挙戦のファクトチェックは、18年9月の沖縄県知事選報道のなかで産声を上げた。

同知事選もまた、新基地建設に反対する玉城デニーと、安倍政権の後押しを受け、基地建設を容認する保守系の佐喜眞淳による激しい戦いとなった。

名護市長選と同様、ネット上には真偽のわからない怪情報が乱れ飛んだ。

「スルーできない」

このとき知事選取材班のキャップを務めた滝本は編集会議でそう訴えた。名護市長選報道の「反省」があった。さらには、従来の選挙報道に対する不満も抱えていた。

「おもろないでしょ、選挙報道って。選挙報道でおもろいのは、選挙後の〝振り返り記事〟だけですよ。こんなことがあった、あんなことがあったと、選挙の裏話を記者が披露するものですが、だったら最初から言わんかい、という思いを持っていたんです」

選挙後に報じることが慣例だった「裏話」を、選挙期間中に「表」に引きずり出して検証する。そのほうが「おもろい」というわけだ。

編集会議では公平性の担保をめぐる激しい議論を経た後、滝本の主張が通った。早速、ネット上で広く流布していたデマの検証に入る。

「朝日新聞の世論調査では玉城氏がダブルスコアでリードしている」「元歌手の安室奈

美恵が特定候補を支持している」「沖縄一括交付金導入に玉城は関与していない」「佐喜眞が当選すれば携帯電話料金が値下げされる」――。

取材班は関係者や公的機関に取材を重ね、これらネットで出回る情報がまったくのデマであるとする記事を選挙期間中に掲載した。

「それにしても」と滝本は顔をしかめる。

「デタラメばかりで暗澹《あんたん》とした。たとえば知事選に言及するツイッターを調べてみても、そのほとんどは政策とは無関係。候補者への中傷ばかりが目についた。しかもそうした書き込みほど、より多く拡散されている」

実は、数の上で圧倒的に多かったのが玉城に関するデマだった。たとえば、先に挙げた事例以外で大きな注目を集めたのは、玉城の「大麻疑惑」だった。玉城が若いころに大麻を吸引していたと最初に報じたのは保守系のブログである。情報の出所には触れていないが、関係者として名前が挙げられた人物はいずれも実名が記載されていた。こうしたことから一定の信憑《しんぴょう》性をもって受け止められたのだろう。瞬時に拡散され、ネット上で影響力を持つ著名人や国会議員、玉城に対抗する陣営の関係者までもが、これに乗った。

もちろん滝本率いる取材班も取材に動いた。

玉城の大麻吸引を「知っている」とネット上で名前が挙げられた人物らを軒並み「当

てた」。そして、すべての関係者がこれを否定した。もちろん玉城本人も「悪質なデマ」だと言い切った（この書き込みについて、後に玉城は被疑者不詳のまま、那覇署に名誉毀損《きそん》の疑いで告訴状を提出した）。

当初はこの件をファクトチェック記事の初回に取り上げる予定だった。だが、議論の末に初回掲載を見送った。

「本人が否定しているだけで、その事実がなかったとは断定できません。この場合、古い事案ということもあり、捜査資料も見つからなかったんです」

結局、選挙期間中は玉城の名を伏せたまま、真偽不明の情報が出回っている、といった内容の記事を出すしかなかった。真実を追求することと、新聞ならではの公平性をどう両立させていくのか。「いまなお正解を求めている」と滝本は話す。

だが、知事選における一連のファクトチェック報道は、読者からも高い評価を受けることとなった。19年には言論の自由に貢献した記事を表彰する新聞労連ジャーナリズム大賞を受賞したほか、報道関連の各種アワードに選ばれている。

また、県知事選を終えた後、「新報」では正式に「ファクトチェック取材班」を発足させ、滝本を含めた専従記者が、その後も様々な検証記事を紙面で展開した。

「浮かび上がってくるんですよね」

滝本が腕組みしながら、つぶやくように漏らした。

「デマを追いかけていると沖縄の置かれた現実が目の前に広がってくる。蔑まれ、貶められ、そして差別され、ときに娯楽として利用される沖縄の姿に、打ちのめされそうになる。それこそが、日本における沖縄の立ち位置じゃないかとも思うんです」

誰のためのフェイクニュースか。デマで得するのは誰か。ファクトを丹念に刈り込んでいけば、本当の黒幕にたどり着く。

「強いものに異議を申し立て、大きな権力に対抗しようとする者に、フェイクとヘイトの矢が放たれる。在日コリアンなどマイノリティーに向けられた差別と同じ構造だと思うんです。それに対し、新聞はなにをどう報じるべきか。ぼくらは機械的にニュースを送り出すことだけが仕事じゃない。せめて、民主主義を壊す動きにはしっかり対抗せなあかんでしょ」

沖縄紙の記者だから、ではない。新聞記者として、すべきこと、してはならないことを、滝本は常に模索している。

文庫版　あとがき

同じ現場に立ち続けること。まるで風景の一部であるかのように、気が付けば常にそこにいること。

それができる新聞記者は、おそらくスクープを連発する記者よりも多くはない。

だからこそ際立つ。圧倒的な存在感を示す。

阿部岳（沖縄タイムス）も、その数少ない記者のひとりだ。

その日も、彼はそこにいた。那覇市役所前の歩道に立ち続けた。

この場所は、長きにわたってヘイトスピーチ街宣の舞台となってきた。毎週水曜日の昼になるとヘイト集団が陣取り、中国人や韓国人への差別を煽り続けた。彼らは「シナ（中国に対する蔑称）が県庁を襲う」「韓国客に工作員が紛れている」などと声を張り上げ、時に通りすがりの中国人観光客にも「出ていけ」と罵声を浴びせる。そんな醜悪な光景が5年間も繰り返されてきたのだ。

2020年の5月から、そこに「NO HATE」のプラカードを手にした人々が集まるようになった。差別者集団へのカウンター（抗議活動）が目的である。

呼びかけたのは名護市に住む高野俊一《たかのしゅんいち》だ。高野はそれ以前から関西や関東で、ヘイトスピーカーたちへのカウンターに参加してきた。在日コリアンの「排除」や「抹殺」を叫んで隊列を組む者たちに抗してきた。私にとっては、差別の現場で顔を合わせる〝路上の友人〟だった。彼は沖縄に移住してからも、高江（東村）や辺野古の基地建設反対運動にも参加している。

そんな高野が、名護から車で1時間も離れた那覇でのカウンターに参加するようになったのは必然でもあったが、それを多くの人に呼びかけるきっかけをつくったのは、阿部が書いた記事だったという。

同年5月15日、阿部はコロナ禍で社会不安が広がるなか、那覇市役所前のヘイトスピーチ街宣がますます悪質化していることを報じた。レイシストによる「今入国しているチャイニーズは歩く生物兵器かもしれない」といったヘイト発言を取り上げ、それが暴力を誘発するのではないかと訴える内容だった。

「記事を読んで、これ以上の被害を放置できないと思った」

高野はそう振り返る。ヘイトスピーチとは下品で乱暴な言葉遣いを意味するものではない。社会的力関係を利用して、抗弁不可能な属性を差別し、扇動することだ。つまり、ヘイトスピーチが発せられた瞬間から、マイノリティーや地域は「被害」を受けることになる。危機感をもった高野は、ツイッターでカウンターを呼びかけた。

いま、那覇市内はもとより、県内各地から多くの人が毎週水曜になると市役所前に集

た。
人々と談笑していた。まるで大昔からそこにいたかのように、風景の中に溶け込んでい
私が沖縄を訪ねた夏の日も、阿部は市役所前のガジュマルの木の下で、カウンターの
そして、そこには必ず阿部の姿がある。
まり、カウンターに参加するようになった。

私は阿部という人間の立ち位置を見たような気がした。

幸い、レイシストの姿はなかった。拡大する一方の抗議活動に恐れをなしたのか、レ
イシストは定例街宣を中止せざるを得なくなっていた。

それでも人々は市役所前に足を運ぶ。

「ヘイトに反対する人たちがここにいるのだと、知ってもらうことも大事ですから」

高野はたとえレイシストが姿を見せなくても「ここにいる」必要性を理解している。

それが壊れそうな「地域」を元通りにする力になるのだと信じている。

南国の強烈な陽射しが降り注ぐ昼時。わずかに日除けの役割を果たすガジュマルの木
陰で、私は阿部に問うた。

なぜ、ここに立ち続けるのか――。

少しの沈黙の後に、彼は「本気で（ヘイトを）止めたいから」だと答えた。

「書きたい」のではなく「止めたい」。その言葉に、記者としての軌跡が浮かび上がる。

そういえば、彼はいつも「そこにいる」記者だった。

高江で、辺野古で、阿部は立ち続けていた。ノート片手に誰かの話を聞いていることもあれば、腕組みしながら何かを凝視していることもあった。たまに思いついたように沖縄へ足を運ぶ私には、「現場」に行けば阿部がいるだろうという安心感もあった。

阿部のその姿は、同時に彼の「主張」でもある。どっちの方向につま先を向けて仕事をしているのかを全身で表現していた。

「主観はあえて隠さない」と話す。

そう決めたのは、ヘイトスピーチに関する報道で知られる神奈川新聞記者の石橋学《いしばしがく》の姿勢に学んだからだという。石橋はヘイトスピーチやヘイト集団の活動に対して厳しい視点を崩すことなく、時に体を張って闘っている。当然、ヘイト集団をはじめ、いわゆる「ネトウヨ」などからも「偏向報道をするな」といった批判の嵐に襲われることになるのだが、石橋は少しもひるまなかった。それどころか紙面において「偏っていますが、何か?」と堂々と応答した。それは権力の暴走や、差別の存在に対して「中立」などあり得ないという石橋なりのメッセージだ。

阿部はそこに、あるべき記者の姿を見た。

「たとえば他社を〝抜く〟ことは喜びの一つでもあったし、いまでもその重要性も理解できます。ただ、ぼく自身が、そこで満足してしまっていたような気がしたんです。本当にそれでいいのか。記者として、たとえば差別の問題にしても、闘いの先頭に立つことも重要ではないかと思うようになりました」

思えば、初めて阿部に会ったのは14年、那覇で開催されたヘイトスピーチに反対するシンポジウムに私が出席したときだった。そこで取材に来ていた阿部と短く挨拶を交わしている。その後、ジュネーブ（スイス）の国連欧州本部でおこなわれた人権理事会の取材で再会し、そのときは日本社会における「沖縄差別」について阿部の知見を得た（本書でも触れている）。つまり、阿部もまた、その姿勢は少しも変わっていない。ブレていない。

強引に進められる辺野古の新基地建設の現場に通い、沖縄をめぐって飛び交うデマに抗し、ヘイトスピーチと闘っている。ネット上で悪口《あっこう》雑言をぶつけられ、影響力を持つ著名人から脅しめいた批判をされることもあるが、それでも彼の姿勢が揺らぐことはない（その詳細は、ぜひ阿部の著書である『ルポ沖縄　国家の暴力』〈小社刊〉を読んでほしい）。

けっして阿部だけではない。沖縄紙の多くの記者が、こうした理不尽と対峙し、そして報じ続けてきた。

本書の親本（単行本）が発売されたのは16年6月だった。タイトル通り、「偏向」だと攻撃される沖縄の新聞の内実に迫ることを目的としていた。

あれから4年が経過しようとしている。果たして沖縄の新聞は、あるいは沖縄の歴史と現実は、日本社会において正確に理解されるようになったか。

正直にいえば、沖縄に対する視線はますます冷淡になっていると指摘せざるを得ない。

＊

2017年1月2日、東京のローカル局、東京メトロポリタンテレビジョン（MXテレビ）が情報番組「ニュース女子」で沖縄の基地問題を取り上げた。

取材陣が沖縄に飛び、新基地建設反対運動の「現場」を見て回ったとするものだが、主張も内容も、とても「報道」とは呼ぶことのできない悪質なデマ番組だった。

そもそも取材らしい取材はほとんどされていない。「徹底取材」と銘打ちながら、実際は物見遊山《ゆさん》さながら街中を車で流すだけで、基地建設反対運動がいかに「怖い」ものであるのか、といったイメージ操作だけに時間を費やすものだった。

そのうえで「反対運動に日当」「取材すると襲撃される」「反対運動の黒幕は外国勢力」――といった手垢のついたデマや憶測が何の根拠もなしに報じられた。

結局、同番組が描きたかったのは「外国勢力と暴力に支配さた沖縄」という歪み切った絵なのであろう。

バカバカしいにもほどがある。圧倒的な国家の暴力、あるいは右翼や差別者集団のヘイト攻撃によって被害を受けているのは、市民の側ではないか。

辺野古の現場では、機動隊員に組み伏せられ、締めあげられ、ごぼう抜きされる市民の姿を何度も目にしてきた。また、右翼や差別者集団による〝襲撃〟も珍しくはない。

街宣車で乗り付け、集団で反対運動のテントに乱入し、そこにいた市民を殴って逮捕されたのは地元右翼団体のメンバーだ。この右翼団体の幹部にも話を聞いたが、「ぶつかりあうのは仕方ない」と開き直るばかりだった。そもそも辺野古で座り込む市民は右翼団体と「ぶつかりあう」ために集まっているわけではない。一方的に「ぶつかりあい」を仕掛けているのは右翼団体の側である。

また、私は差別者集団・在特会の元会長、桜井誠が率いる日本第一党のメンバー約30名による〝辺野古襲撃〟の現場に居合わせたこともある。17年の冬だった。

メンバーらは辺野古で座り込む市民に対し「じじい、ばばあ」「くさい」などと罵声を飛ばし、威嚇した。

取材中の私に「安田は出ていけ」などとはやし立てるのは一向にかまわない。だが、無抵抗で座り込む高齢の市民に悪罵《あくば》をぶつける態度はチンピラ以下だ（街のチンピラだって、そこまではしない）。

差別者集団はこうしたことを幾度も繰り返している。旭日旗を振り回しながら市民に向けて「非国民」「売国奴」「無法者」と絶叫し、「ここにいるやつらを撃ち殺せ」と殺《さつ》戮《りく》を煽る。「無法者」はいったいどちらなのか。

「暴力の被害」を訴えたいのは、むしろ一方的に罵られる側の市民たちであろう。

このようにデマ屋と差別者が車の両輪よろしく沖縄を蹂躙《じゅうりん》している。

ちなみに前述した「ニュース女子」の放映から1カ月後の2月24日、日本プレスセンター（東京都千代田区）において、「辛淑玉《シンスゴ》氏等による東京MXテレビ『ニュース女子』報道弾圧に抗議する沖縄県民東京記者会見」がおこなわれた。名称が示す通り、これは番組内容が人権侵害だとしてBPOに申し立てした辛淑玉（番組でも運動の黒幕として名指しで批判されている）に抗議し、さらには一連の番組批判を「報道弾圧」だと訴えるものだった。

会見に出席したのは「琉球新報、沖縄タイムスを正す県民・国民の会」代表運営委員の我那覇真子、「沖縄教育オンブズマン協会」会長の手登根安則、「カナンファーム」代表の依田啓示ら沖縄県民と、衆院議員の杉田水脈、カリフォルニア州弁護士のケント・ギルバートの5人（肩書はそれぞれ主催者が発表したもの）。沖縄県民3人は、いずれも「ニュース女子」の沖縄ロケで番組側に協力、インタビューに答えた人たちだ。なお、司会進行は『沖縄の不都合な真実』（新潮新書）の著者で、評論家の篠原章が務めた。

記者会見と言いながら、私と、そして私と一緒にネット番組『NO HATE TV』の進行役を務めているフリー編集者の野間易通《やすみち》の二人は、一切の質問を禁じられた。
その代わり、聞くに堪えない彼ら彼女らの主張を一方的に聞かされることになる。
「高江に常駐する約100名程度の活動家のうち、約30名が在日朝鮮人だと言われている」（我那覇）
「日本の安全保障にかかわる米軍施設への妨害、撤去を、外国人たる在日朝鮮人が過激に行うことが、果たして認められるものなのか」（同）
「運動の背景に北朝鮮指導部の思想が絡んでいるとすれば重大な主権侵害に当たる」
「在日朝鮮人たる辛淑玉氏に愚弄される謂《いわ》れがどこにあろうか」（同）
「沖縄の基地反対運動のバックに中国が暗躍している」（杉田）
「大阪のあいりん地区の日雇い労働者をリクルートして沖縄に送り込んでいる」（同）
「反対運動に資金を出してるのは中国」（ギルバート）
呆れるしかなかった。いや、その無根拠な思い込みとデマ宣伝に怒りが込み上げてきた。
そしてあらためて確信した。
沖縄への差別と、マイノリティー差別は地続きであることを。
何の段差もなく、ひとつにつながっている。
こうして言論が歪められる。沖縄が歪められる。

もうひとつ、沖縄に向けられた偏見について言及したい。

それは16年10月のことだった。高江の米軍ヘリパッド建設工事に反対する市民に向けて、大阪から派遣された機動隊員が「土人《どじん》」と暴言（というよりもヘイト発言）を放つ〝事件〟が起きた。

このとき、私はたまたま那覇に滞在していたこともあり、某テレビ局の情報番組でコメントを求められた。

私は1903年の「人類館事件」（※大阪内国勧業博覧会にて、沖縄県民をはじめ世界の少数民族が「土人」として見世物にされた事件）などを事例に引き出したうえで、「土人発言」は紛れもなくヘイトスピーチであり、これは偶発的なものではなく、日本社会の沖縄に対する差別と偏見が引き起こしたものであると話した。

だが、スタジオの反応は冷淡だった。出演中の「識者」（いずれもメディア関係者）からはこんな言葉が返ってきた。

「沖縄差別というのは間違いですよ。本土の人は沖縄を好きな人が多い。いまどき、差別なんてありません」

この言葉に反応したのは私ひとりだった。

いくぶんムキになって反論したが、短い時間の中では、おそらく十分に私の思いなど伝わっていないだろう。

差別者が差別を自覚することはない。出演した私が得たのは、その確信だけだった。沖縄の新聞を取材する過程で沖縄の歴史と接し、少しは人々の思いに触れ、同時に「本土」の無関心と偏見、メディアの冷淡さも知ることができた。だから私も立ち続けようと思う。いつまでも、この場所にいようと思う。それは沖縄のためじゃない。沖縄に寄り添って、沖縄から好かれるためでもない。私が生きている社会を変えるためだ。差別と偏見がぶつけられる沖縄の姿は、日本社会の歪みやねじれでもある。だから私は、ここから離れない。

＊

文庫版の発行に当たっては、あらたに4人の沖縄紙記者を取材した。この小さな地方紙が多様な価値観を持つ記者によって支えられていることにも触れたかったからだ。「大記者」や「名記者」と呼ばれなくとも、それぞれの信念と思いが、あるいは仕事に対する懐疑や躊躇も含めた情熱が、新聞社の屋台骨となっている。そうした内実を、「偏向」を口にする人々にも届けることができれば幸いだ。

取材を始めてから5年が経過した。この間、本書にも登場いただいた岡留安則氏、山根安昇氏など、鬼籍に入られた方もいる。また、新聞社を去った人、記者職から他部署へ移動した人など、いま、それぞれがそれぞれの道を歩んでいる。
取材に協力してくれたみなさまに、あらためてお礼を伝えたい。
なお、文庫版においても敬称は略させていただいた。
所属、肩書は特に注釈のない限り取材時のものである。

安田浩一

解説
誰かの「偏見」に加担しないために

望月衣塑子

「沖縄の新聞は本当に『偏向』しているのか」。このタイトルには、日本社会の中に厳然と存在する沖縄への差別に対する、筆者の問題意識が端的に表れている。「元々、普天間基地は田んぼの中にあった。周りにはなにもない。そこに商売になるということで人が住みだした」。百田尚樹氏はネット上に広がる虚偽の言説を事実のごとく発信し、「沖縄の新聞はつぶさなあかん」と述べた。安田氏は「誇張、デマ、ときには、妄想をも動員する『ネトウヨの作法』そのものだ」と痛烈に批判する。

「琉球新報」「沖縄タイムス」の2紙が公権力の横暴を検証してきたのはなぜか。意見を封殺され、虐げられ、尊厳を傷つけられた「民の声」を聞き、報じる責務があると自任しているからだ。2、3章に書かれている記者一人ひとりの思いと、2紙のこれまでの報道を知れば、彼らに憎悪と差別意識を込めて「偏向」というレッテルを貼ることこそ、ひどい偏向だとわかるだろう。著名人の口から侮蔑の言葉が平然と発せられるようになった背景を探るため、安田氏は地元記者たちの姿を丹念に追う。一方で、差別発言をする相手にも切り込み、緻密《ちみつ》な取材を重ねた。1章の多くを使って沖縄をとりまく偏見と、それを生み出す構造を検証している。

安倍晋三政権の7年8カ月の間、官房長官として政権を支えた菅義偉首相は、2014年9月から沖縄基地負担軽減担当相を兼務し、基地問題や振興政策を一手に担ってきた。その間、県民が重ねて示してきた民意を徹底して無視し、権力を使った陰湿な「いじめ」を繰り返してきた。こうした政府の無理解と差別は、本土と沖縄との対立だけでなく、県内の分断も生んできた。

もっとも罪作りなのは、「あいつらには何をいってもいい」「沖縄はわがままだ」という不穏で非民主的な空気を醸成したことだろう。そして「辺野古が唯一の解決策」と何度も強弁してきた〝首謀者〟が総理大臣の座にいる。政策能力と政権基盤の弱さから、菅氏は今後もこうした強硬策しかとれない。

例えば、2020年10月、政府が日本学術会議から推薦された新会員候補のうち、6人を任命拒否したことが「しんぶん赤旗」の報道で明らかになったが、政府は拒否の理由を「総合的・俯瞰《ふかん》的」としか説明せず、日本学術会議の抗議も無視し、任命拒否の方針を取り下げようとしない。各団体からの反対意見や異論を黙殺している。

そして、気持ちの悪い動きが出てくる。「お上」の意向を上目遣いで窺《うかが》っていた一部の「知識人」やマスコミが、学者6人や日本学術会議への中傷やデマを発信し、SNS

を通じて広がっていった。「学術会議のほうにも問題があるのではないか？」「どっちもどっちでは？」「6人の思想は偏っていたから当然だ」――。そんな世論誘導を狙っているのだろう。

本書の5章に「両論併記」「公平」について触れたくだりがある。是非、もう一度読み返して欲しい。「どっちもどっち」と説教してくる人が厄介なのは、グロテスクな異論をわざわざ持ち出して、足して二で割ってバランスを取ろうとする点だ。学術会議の問題の根本は、過去に国会答弁で示した政府の方針（＝首相は推薦された人を形式的に任命する）を一方的に変えたうえ、具体的な理由を示さずに6人を任命拒否したことであり、手続き的にも法的にも疑義がでている。ところが、自民党も政府も「学術会議のあり方」という別の問題にすり替え、その動きに、ネット上で発言力のある著名人が後押しする。

この構図は、これまで沖縄に対して政府がしてきたこととそっくりだ。「学術会議」「6人」を、「沖縄の新聞」に置き換えてみるとよくわかる。菅政権は沖縄や学術団体だけでなく、同様のことをさらに他の分野でも広げていくだろう。こうして、思想・良心や表現、集会・結社、職業選択など、憲法が保障する様々な自由権がゆっくりと侵害されていく。次は自分たちかもしれない。それに備えるには、沖縄が受けてきた仕打ちを知っておくことが早道だ。

安倍政権下において、沖縄がどのような扱いを受けてきたか振り返ってみたい。13年3月に辺野古沿岸部の埋め立てを県に申請。反対派の仲井眞弘多知事に対し、21年度まで毎年3千億円台の沖縄関係予算や、普天間飛行場の5年以内の運用停止を示し、埋め立ての承認を取り付けた。また、14年11月の知事選で菅氏は、那覇空港の第2滑走路建設の前倒しや米軍北部訓練場の返還なども持ち出した。こうしたわかりやすい「アメ」を県民はどう感じたか。取材で知り合った県民の声を聞く限り、屈辱と感じた人は多い。「ごねて利益をもらう」ために声を上げているのではないからだ。県民は仲井眞氏ではなく、辺野古移設反対派の翁長雄志氏を選んだ。

当選後、官邸は翁長知事からの会談の求めを一切、無視した。「こんな子どもっぽい嫌がらせを知事にもするのか」と驚いたので、今でもよく覚えている。ようやく、那覇市内のホテルで会談が実現したのは15年4月のことだ。結局、この会談でも菅氏は、普天間飛行場の危険性の除去を重要課題に挙げ、「辺野古移設を断念することは普天間の固定化にもつながる」「辺野古移設というのは唯一の解決策」と従来の政府見解を繰り返した。

15年9月の集中協議で、沖縄の歴史を説明した翁長氏は菅氏に「私の話は通じませんか」と問うた。菅氏の口から出たのは「私は、戦後生まれなので、沖縄の歴史を持ち出されたら困りますよ」という言葉だった。担当になって1年もたつのに、沖縄の歴史を知ろうとすらしない。「お互い別の70年を生きてきたような気がする」と返した翁長氏の絶望感はいかばかりだったろう。

その翁長氏の逝去に伴う18年9月の知事選では、東京からも自民・公明両党（維新、希望も推薦）が組織的に沖縄に支援者を送り込んだ。結果は、辺野古基地反対を掲げる玉城デニー氏が、佐喜真淳氏を8万票の大差で破り圧勝だった。だが、「選挙は民意だ」と発言していた菅氏は会見で「選挙は様々なことが争点になる」と前言を翻し、民意が示された後も辺野古ありきの方針を全く変えなかった。

政府による民意の黙殺。県民の怒りは9万3千筆の署名につながった。県民投票の実施が決まったが、直後から宮古島市など5市の市長が投票への不参加を表明する。県民の3割が民意を示せないという状況に対し、「『辺野古』県民投票の会」を立ち上げた大学院生の元山仁士郎氏が思い立ったのがハンガーストライキだった。

一人の若者が一票の権利を獲得するために抗議のハンストをする。果たして日本は民主国家といえるのか。19年1月、私は官房長官会見で菅氏に直接尋ねた。「若者がハンストで抗議の意を示さざるを得なくなっている。この状況について、政府の認識をお聞かせください」

菅氏の答えは「その方に（元山氏）聞いてください」と小馬鹿にしたものだった。元山氏の背後にいる幾万の県民の存在が全く視界に入っていない。会見の質疑はネットで拡散され、元山氏は「体を張って抗議をしている私を嘲笑《あざわら》い、政府の認識を本人に聞いてとはどういうことですか。いまの日本政府、政権というのはどれだけ冷酷なのか。選んだ方々もどう思うんだろう」と怒りを込めてツイートした。結果的に全市町村での実施が決まった同年2月の県民投票では、投票率が5割を上回り、「反対」が7割を超えた。しかし、やはり菅氏は「結果を真摯《しんし》に受け止める」と言いながら、工事を中断する気配も見せなかった。

前述したように、安倍・菅政権で一貫しているのは「政府に刃向かう者を徹底的に封殺し、孤立させる」という非民主的な価値観だ。そして、沖縄については「世界一危険な普天間基地の除去」「辺野古移設が唯一の解決策」と繰り返すことで世論を誘導し、国民全体を思考停止に追い込んでいる。私も官房長官会見で、埋め立て現場の赤土使用など何度か問いただしたが、「そんなことありません」「今答えた通りです」と木で鼻をくくった対応ばかりだった。これらの質疑からわかったのは、菅氏は徹底して沖縄を見下しているということだ。総裁選でも繰り返した「地方分権を進める」とは虚偽ではないか。

政府の横暴には怒りしか湧かない。ましてや沖縄の記者たちはどう思うだろうか。沖縄の日常や事件を取材する記者たちはみな、基地問題にぶち当たる。現在まで続く「不条理」に否応《いやおう》なく直面しなければならなくなる。私が知る沖縄の記者たちは穏やかな記者ばかりだ。でも、その根底には沖縄県民が受け続ける不条理への怒りと、ペンの力で少しでも現状を伝えたいという気持ちがあふれている。

安田氏は本書で「それぞれの持ち場で、現場で、私は彼ら彼女らの情熱と言葉に触れた……私が目にしたのは、普通の新聞記者たちだ。伝えるべきことを伝え、向き合うべきものに向き合い、報ずることの意味を常に考えている……その姿が、ただひたすら眩《まぶ》しかった……そんな私に、沖縄の記者たちは、むせかえるような熱さをともなって、『当たり前の記者』である生身の姿をさらしてくれた」と記している。全く同感だ。そう。私だけではないだろう。原発事故があった福島の記者、広島・長崎の被爆者を取材する記者――。それぞれが、現場で出会った市井の民の思いを背負って取材をしている。

本文からもう一節、引用したい。安田氏が沖縄の記者を描こうと思った理由とは？「それはつまり、いま、日本の新聞記者が『当たり前』を放棄し、輝きを失っているからではないか、と思わずにはいられない。常に何かを付度《そんたく》し、公平性の呪縛を疑問視することもなく両論併記で仕事をしたつもりになり、志も主張もどこかに置き忘れた新聞記者に、あるいはそこに染まってしまいかねない自分自身にも、どこかで飽き飽きしていた」

記者に限らない。多くの人が公平性の呪縛にとらわれていやしないだろうか。だれかの主張を反対側の極論と足して中和してバランスを取ろう、などと思っていないだろうか。自分が誰かへの「偏見」に加担していないだろうか。そう省みることができれば、この本を手に取った意味があったのだと思う。

（東京新聞記者）

沖縄《おきなわ》の新聞《しんぶん》は本当《ほんとう》に「偏向《へんこう》」しているのか　朝日文庫

2021年1月30日　第1刷発行

著　者　安田浩一《やすだこういち》

発行者　三宮博信
発行所　朝日新聞出版
〒104-8011　東京都中央区築地5-3-2
電話　03-5541-8832（編集）
03-5540-7793（販売）
印刷製本　大日本印刷株式会社

© 2016 Koichi Yasuda
Published in Japan by Asahi Shimbun Publications Inc.
定価はカバーに表示してあります

ISBN978-4-02-262028-6

落丁・乱丁の場合は弊社業務部（電話 03-5540-7800）へご連絡ください。

送料弊社負担にてお取り替えいたします。

河原　理子
フランクル『夜と霧』への旅
強制収容所体験の記録『夜と霧』の著者、精神科医フランクルの「それでも人生にイエスと言う」思想を追うノンフィクション。《解説・後藤正治》

緒方　貞子
私の仕事
国連難民高等弁務官の10年と平和の構築
史上空前の二二〇〇万人の難民を救うため、筆者は難局にどう立ち向かったか。「自国第一主義」が世界に広がる今、必読の手記。《解説・石合　力》

中島　岳志
秋葉原事件
加藤智大の軌跡
秋葉原で発生した死傷者一七名の無差別殺傷事件。加害者の人生を追い、事件の真因と現代の病巣を暴くノンフィクション。《解説・星野智幸》

松田　美智子
新潟少女監禁事件
密室の3364日
男はなぜ少女を拉致したのか？　九年二カ月にわたる監禁の全貌とその後の新事実を明かす衝撃のノンフィクション！　文庫化にあたり大幅加筆。

尾形　誠規
袴田事件を裁いた男
無罪を確信しながら死刑判決文を書いた元判事の転落と再生の四十六年
熊本裁判官は、無罪を確信しながら死刑判決文を書くが――。罪の意識を背負った半生に迫る一方で、冤罪の過程を克明に記す。《解説・江川紹子》

湯浅　誠
ヒーローを待っていても世界は変わらない
「反貧困」を掲げ、格差拡大に立ち向かう著者渾身の民主主義論。地方創生や教育問題の深層にも迫る補章を追加。《解説・あさのあつこ》

朝日文庫

森崎 和江
からゆきさん
異国に売られた少女たち

明治、大正、昭和の日本で、貧しさゆえに外国に売られていった女たちの軌跡を辿った傑作ノンフィクションが、新装版で復刊。《解説・斎藤美奈子》

朝日新聞取材班
【増補版】子どもと貧困

風呂に入れずシラミがわいた姉妹、菓子パンを万引きする保育園児……。子どもの貧困実態を浮き彫りにする渾身のノンフィクション。

朝日新聞国際報道部／駒木 明義／吉田 美智子／梅原 季哉
プーチンの実像
孤高の「皇帝《ツァーリ》」の知られざる真実

独裁者か英雄か？ 彼を直接知るKGB時代の元同僚やイスラエル情報機関の元長官など二〇人の証言をもとに、その実像に迫る。《解説・佐藤 優》

青木 理
安倍三代

安倍首相の、父方の系譜をたどるルポルタージュ。没後なお、地元で深く敬愛される祖父と父。丹念な周辺取材から浮かび上がる三代目の人間像とは。

磯村 健太郎／山口 栄二
原発に挑んだ裁判官

原発訴訟の困難な判断を迫られた裁判官たちが苦悩を明かす。住民勝訴を言い渡した元福井地裁裁判官・樋口英明氏の証言も。《解説・新藤宗幸》

塩田 潮
田中角栄失脚
『文藝春秋』昭和49年11月号の真実

時の最高権力者を退陣に追い込んだ二本のレポートはどう取材され、日本の政治と言論をどう変えたか。傑作ノンフィクション！《解説・池上 彰》

朝日文庫

阿部　岳
ルポ沖縄　国家の暴力
米軍新基地建設と「高江165日」の真実
米軍ヘリ炎上、産経の誤報、ネトウヨの攻撃——。基地建設に反対する市民への「暴力の全貌」と、ウソとデタラメがもたらす「危機の正体」に迫る。

朝日新聞取材班
相模原障害者殺傷事件
二〇一六年七月に神奈川県相模原市の障害者施設で起きた殺傷事件。二〇年一月から始まった裁判で明らかとなる、加害者の実像に迫る。

本多　勝一
日本語の作文技術
わかりやすい文章を書くための秘訣を、数々の実例をあげながら論理的に解説する実践的文章指南の白眉。《解説・多田道太郎》

高橋　源一郎
非常時のことば
震災の後で
「3・11」以降、ことばはどう変わったのか？　詩や小説、政治家の演説などからことばの本質に迫る、文章教室特別編。《解説・荻上チキ》

池澤　夏樹
終わりと始まり
いまここを見て、未来の手がかりをつかむ。沖縄、水俣、原子力、イラク戦争の問題を長年問い続けた作家による名コラム。《解説・田中優子》

ドナルド・キーン
日本人の質問
著者が受けた定番の質問から日本人の精神構造や文化を考える表題作ほか、ユーモアたっぷりに綴られる日本文化についての名エッセイ集。

早川　タダノリ
「日本スゴイ」のディストピア
戦時下自画自賛の系譜

現代も氾濫する「日本スゴイ」言説。そのご先祖様とも言える、戦前戦中の書物から見えてくる世界とは。日本って何がそんなに「スゴイ」の？

阿部　謹也
近代化と世間

日本という「世間」でいかに生きるべきか――。西洋中世史研究と日本社会論とを鮮やかに連結させた、碩学の遺著。《解説・養老孟司》

網野　善彦／鶴見　俊輔
歴史の話
日本史を問いなおす

教科書からこぼれ落ちたものにこそ、この国の未来を考えるヒントがある。型破りな二人の「日本」と「日本人」を巡る、たった一度の対談。

中川　右介
松田聖子と中森明菜【増補版】
一九八〇年代の革命

アイドルを演じた聖子と、孤高のアーティスト、明菜。相反する思想と戦略で八〇年代消費社会を代表するアイドルとなった二人の闘いのドラマ。

貴田　庄
原節子物語
若き日々

大戦前の激動する世界で女優に目覚める原節子の、最初の一二年間を丹念に描く。デビューから、日独合作映画の主役、欧米への旅立ちと、帰国まで。

岸　惠子
私の人生　ア・ラ・カルト

人生を変えた文豪・川端康成との出会い、母親との確執、娘の独立、離婚後の淡い恋……。駆け抜けるように生きた波乱の半生を綴る、自伝エッセイ。

朝日文庫

横田増生
評伝 ナンシー関
「心に一人のナンシーを」
伝説のコラム職人にして消しゴムの鬼、ナンシー関。夭折した彼女の素顔が傑作消しゴム版画と共に甦る。《巻末インタビュー・マツコ・デラックス》

海音寺潮五郎
西郷と大久保と久光
明治維新の中心に立ち革命に邁進した西郷隆盛と、大久保利通、島津久光との関係性を浮き彫りにした史伝的小説。《解説・高橋敏夫》

原 武史
大正天皇
《毎日出版文化賞受賞作》
これまで風説に埋もれていた大正天皇の素顔を明らかにし、明治と昭和を含めた近代天皇制全体の見取り図を描き出した傑作評伝。

ベアテ・シロタ・ゴードン／構成・文 平岡磨紀子
1945年のクリスマス
日本国憲法に「男女平等」を書いた女性の自伝
日本国憲法GHQ草案に男女平等を書いたのは、弱冠二三歳の女性だった。改憲派も護憲派も必読、憲法案作成九日間のドキュメント！

山崎朋子
サンダカンまで
わたしの生きた道
『サンダカン八番娼館』著者の自伝。朝鮮人青年との恋、顔を切られる事件、結婚、出産、女性史の道へ。戦後民主主義を体現した波瀾の半生。

中島岳志
ガンディーに訊け
「歩く」「食べない」「（糸車を）回す」という非戦主義者ガンディーのメッセージを独自の視点で読み解く。禅僧・南直哉氏との対談も収録。